판타스틱 중국백서

초판 1쇄 인쇄 2011년 6월 10일
초판 2쇄 발행 2012년 7월 28일

지은이 설우진
펴낸이 조치영
기획 스크린영어사 기획 2팀
인쇄 보광문화사
펴낸곳 스크린영어사

주소 서울특별시 관악구 대학동 1514번지
등록 1997년 7월 9일 제16−1495호
TEL 02-887-8416
FAX 02-887-8591
홈페이지 http://www.screenplay.co.kr

ISBN 978−89−6415−067−2 13720

판타스틱 중국백서

설우진 지음

머리말

중국은 어떤 나라야? "글쎄? 나도 잘 모르겠는데…." 누가 중국에 대해 물어오면 항상 하는 대답이에요. 혹은 "알다가도 모를 나라가 중국!"이라고 얘기하기도 하고요. 중국은 이렇다고 한마디로 정의하기는 불가능해요. 한국 인구의 30배. 세계에서 3번째로 큰 땅덩어리. 몸집만 봐도 거대한 공룡과 같죠. 56개 소수민족이 공존하고 80종의 방언이 쓰이는 재미있는 나라. 한겨울 북방과 남방의 최고 온도 차는 무려 70도. 이러한 중국을 한마디로 정의할 수가 있을까요?

1996년 3월 14일 오전 12시 30분. 중국 베이징에 첫발을 디뎠어요. 아직도 그때 탔던 항공기 탑승권을 가지고 있답니다. 중국에 온 지 어느덧 10년이 훌쩍 넘었네요. 이 험한(?) 중국땅에서 그렇게 오랜 세월을 버텨내다니, 저 자신조차 믿어지지 않을 때가 많아요. 화양연화! 인생에서 가장 아름다웠던 시절을 뜻해요. 중국에서 오롯이 보낸 10여 년의 세월. 바로 제 인생의 화양연화가 아니었나 싶어요. 중국땅을 밟자마자 뭔가에 홀린 듯 '중국'에 빠져들었어요. "니하오!"란 말조차 못했던 시절이 있었는데, 지금은 중국인 환자들을 치료하고 또 중국인보다 더 정확한 표준어를 쓴다는 말을 듣기도 하니 정말 용 됐네요. 중·고등학교 시절부터 투박한 중국 본토 영화를 즐겨봤었는데, 그런 것도 '차이나홀릭'의 전조 증상이었을까요? 티베트의 '장무'라는 오지 마을에서 신비한 전생 체험을 하기도 했어요. 제가 본 전생의 제 모습은 중국인 보부상이었답니다. 그래서일까요. 중국에서의 생활은 순풍에 돛단 듯 순조로웠어요. 물론 셀 수 없이 많은 우여곡절이 있기도 했지만…….

　　대학 강의실에서 머리 안 감은 중국인 학생들과 듣는 수업. 그들의 외모는 한없이 촌스럽지만, 학문에 대한 열정과 순수함은 인상적이었어요. 동양의학의 흐름을 주도하는 수많은 대가 밑에서 가르침을 받을 수 있었다는 것도 경이로웠고요. 방학 때면 미친 듯이 여행을 했어요. 북방의 하얼빈부터, 남방의 윈남성, 서부의 실크로드와 티베트. 그리고 중국과 국경을 접한 모든 인접국가를 육로로 여행하기도 했지요. 적은 돈으로 여행하느라 돌아올 때는 늘 거지꼴이 되었지만, 이렇게 떠도는 게 연애하는 것보다 짜릿했어요. 한국에는 잘 알려지지 않았지만, 중국에서 진정한 한류 문학 열풍을 불러왔던 숨은 주인공. 김하인 작가. '국화꽃 향기'라는 책은 중국어로 번역 출판돼 베스트셀러 1위에 오르는 기염을 토하기도 했답니다. 상하이를 시작으로 중국 10개 도시를 돌며 진행된 언론사 인터뷰와 팬 미팅. 그 열기는 상상을 초월할 만큼 뜨거웠죠. 당시 전담 통역을 맡았던 저는 15일간 총 120여 명의 중국 기자들과 릴레이 인터뷰를 했습니다. 한류의 열기를 직접 체험한 순간이었죠. 중국 무술 대가에게 사사하는 행운을 얻고 우슈 단증까지 따고, 또 의사 면허를 취득해 중국인들을 치료하고도 있으니 제 노력에 비해 커다란 행운이 주어진 거 같아 감사하기도 합니다.

　　중국의 발전속도가 무섭습니다. 저 자신도 그리고 어떠한 전문가도 중국이 이렇게 빨리 강해지리라곤 예측하지 못했어요. 문득 창밖을 내다보니 천지가 개벽했네요. 중산복과 자전거 행렬, 그리고 도로를 질주하던 당나귀 마차. 이젠 TV 드라마에서나 볼 수 있는 과거가 되어버렸어요. 언제 어디서든 담배를 피우고, 침을 뱉고 무단횡단을 하는 개념상실(?) 중국인들.

G2는 무슨 개뿔! 이런 말이 절로 나올 정도로 시민의식이 꽝이지만 놀랍게도 조금씩 변하고 있지요. 등잔 밑이 어둡다고 했나요? 중국에서 오랫동안 살다 보면 중국이 얼마나 빨리 변해가는가를 느끼지 못하는 경우가 많아요. 하지만 다시금 정신 차리고 주의 깊게 관찰하면, 여러 가지 사소한 변화가 눈에 들어온답니다. 마치 역사를 기록하는 사관이라도 된 듯, 시시각각 변해가는 중국을 관찰하는 게 그렇게 재밌을 수가 없어요. 때론 전율이 올 정도로 무서울 때도 있지만…. 무슨 번갯불에 콩 구워 먹는 것도 아니고 모든 게 너무 빠르게 바뀌거든요.

책 한 권으로 중국을 다 보여주기는 어려울 거에요. 책을 써가는 도중 일주일이 채 안되 새로운 정보들이 쏟아지기도 해서 애를 먹기도 했지요. 제가 아침에 일어나자마자 하는 첫 일과는 30분간 중국과 한국의 신문읽기에요. 같은 이슈라도 양국에서 바라보는 시각이 확연히 달라서 꼭 여러 언론사의 논평을 다중으로 훑어봅니다. 그런데 한국에서 다뤄지는 중국발 기사들을 보면 너무 편협한 시각으로 중국을 바라보지 않나 하는 생각이 들곤 해요. 물론 중국도 마찬가지이지만…. 중국에서는 진작에 한물간 이슈들이 국내에선 최신 기사인 양 머리기사로 올라오는 경우도 부지기수고요. 다들 중국을 알아야지, 공부해야지 하는데, 막상 제대로 된 양질의 콘텐츠가 없는 것도 조금 아쉽습니다. 사실 이런 부분은 저 같은 중국 유학 1세대들이 어느 정도 담당해야 할 몫이기도 한데, 게으르고 노력이 부족해 많이 부끄럽기도 합니다.

　이 책은 제가 중국에서 느꼈던 감상을 위주로 썼어요. 중국은 지역에 따라 그 차이가 심해서 글 쓰는데 어려움이 많았어요. 하지만 최대한 정보의 객관성을 유지하기 위해 각계각층의 중국인들과 대화를 나누고 때로는 술잔을 기울이며 인터뷰를 진행하기도 했습니다. '쉬운 느낌으로 중국을 한번 제대로 소개해 보자!'가 컨셉이니 만큼, 부담 없이 중국을 간접 체험해 보셨으면 해요. 또 책을 읽고 나서 중국이란 나라에 대해 좀 더 많은 흥미와 관심이 생겼으면 좋겠고요. 중국 유학을 준비 중인 학생들, 현재 중국에서 고군분투하며 땀 흘리는 미래의 중국 전문가들. 이들 모두가 중국에서 꿈을 실현할 수 있게 되길 열렬히 기원합니다. 파이팅!

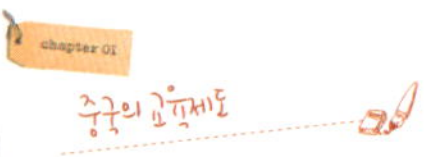

주제별 중국 이야기

중국의 교육, 문화, 사회, 정치 등 중국 전반에 걸쳐 한국인이
잘 몰랐던 흥미로운 중국 이야기를 읽으면서 관련 어휘까지 자
연스럽게 습득한다.

중국 테마 어휘 파고들기

본문 관련 어휘 혹은 특정 주제에 관한 중국어 어휘를
소개한다.

중국어 필수 표현 따라잡기

다양한 상황별로 꼭 필요한 중국어 필수 표현들을 학습한다.

차례

PART 1 교육편

chapter 01

중국의 교육제도

아침에 출근할 때 보면 근처 초등학교 정문 앞에 길게 늘어선 차량행렬이 눈에 띄어요. 예전엔 자전거로 자녀를 바래다주는 경우가 많았는데, 언제부턴가 자동차로 싹 바뀌었네요. 제 경험상 그 학교가 얼마나 명문인지, 아님 사립인지 공립인지는 정문 앞에 늘어선 차가 얼마나 고급인지에 따라 구분할 수가 있어요. 방과 후에도 부모들이 몰고 나온 차들로 일대 교통이 순간 마비되기도 합니다. 하여튼 중국 부모들의 자녀 과잉보호는 알아줘야 해요. 부모가 바쁘면 할머니, 할아버지들이라도 나서서 자녀를 마중 나가니까요. 주말에도 영어학원 앞에는 아이들을 기다리는 학부형들로 북새통을 이룹니다. 학원에 가기 싫다며 생떼를 부리다, 결국 엄마에게 얻

교육 **教育** [jiàoyù 찌아오위]
인맥 **关系** [guānxi 꾸안씨]

14

어터져 서럽게 우는 아이들도 종종 볼 수 있고요.^^ 흔히 한국은 세계에서 교육열이 가장 높은 나라 또는 사교육의 천국이라 불리지만, 중국도 절대 만만치 않아요. 언젠가 신문에서 아시아 국가 중 사교육 열기가 가장 센 곳 1위가 서울, 2위가 베이징과 상하이라는 기사를 본 적이 있어요. 중국은 한 가정당 자녀를 한 명밖에 못 가지니 자녀교육에 대한 열정은 상상을 초월해요. 베이징이나 상하이에서는 몇 년 전부터 3~6세 영유아들을 대상으로 한 MBA 과정이 큰 인기를 끌고 있어요. 유치원 학비만 1년에 우리 돈 400만 원. 수업시간엔 천문학·지구과학·경제학 등을 가르친다고 하니, 정말 코가 막히고 귀가 막힐 노릇이죠. 제 친구는 4살배기 딸을 베이징의 한 유명 유치원에 입학시키기 위해 새벽부터 줄을 서고, 그것도 모자라 갖은 인맥을 동원하기도 했답니다. 중국 부모들이 이렇게 극성을 떨어대서일까요? 최근 전 세계 65개국의 15세 학생들을 대상으로 한 '국제 학업 성취도

평가(PISA)'에서 중국 상하이가 교육강국인 핀란드와 한국을 누르고, 읽기·수학·과학 전 영역에서 모두 1위를 차지하는 기염을 토하기도 했답니다.

중국의 교육 시스템은 한국과 비슷해요. 만 6살에 초등학교에 입학해 6년간 공부하고, 중학교 3년, 고등학교 3년 과정을 거쳐 대학에 진학하죠. 차이가 있다면 중국은 의무교육이 우리와 달리 9년이란 점이에요. 즉 초·중학교까지만 국가에서 학비를 대주고, 고등학교는 자비로 가야 하죠. 중국은 워낙 땅덩어리가 넓은지라 지역마다 조금씩 다른 학제를 갖고 있어요. 예를 들어 베이징은 초등학교 6년, 중학교 3년이지만, 상하이는 초등학교 5년, 중학교 4년 과정으로 돌아가거든요. 일부 학교는 미국처럼 초·중·고교 과정이 모두 통합된 학교도 있고요. 이런 학교를 '완전학교'라 부르는데, 베이징의 '징산학교'라는 곳이 대표적이에요. 이곳엔 덩샤오핑의 손녀, 총리를 지낸 리펑의 손자 등 중국 최고 지도층의 자손들이 재학 중이에요. 돈 좀 있고 연줄 있다고 아무나 들어가는 곳이 아니라, 국가에 큰 공헌을 한 사람의 자녀들만 입학이 허락돼 현대판 '귀족학교'라고도 불려요.

중국은 고등학교가 의무교육이 아니어서 시험을 쳐서 진학해요. 이 고입시험을 중국에선 '중카오'라고 하는데, 경쟁률이 대입만큼은 아니지만 굉장히 센 편이에요. 살벌한 대입시험의 전초전이랄까? 이 '중카오'는 매년 6월 말에 2~3일간 치러지는데, 국어(어문)·수학·영어·물리·화학 이렇게 5과목을 봐요. 체육 실기시험도 보고요. 그리고 이 성적에 따라 제1지망, 제2지망 이렇게 총 8곳의 고등학교에 원서를 넣을 수가 있어요. 뭐 거의 대입시험의 축소판이라고 보면 돼요. 일반 인문계 고교는 대다수의 학생들이 무리 없이 진학하지만, 은근 떨어지는 학생들도 많다네요. 그러면 이들은 우리나라의 공고나 상고 같은 실업계 고등학교로 진학하게 되죠.

완전학교 完全学校 [wánquán xuéxiào 완취엔 쒜씨아오]
귀족학교 贵族学校 [quìzú xuéxiào 꾸이주 쒜씨아오]
고입시험 中考 [zhōngkǎo 중카오]

중국에도 우리의 외고나 과학고 같은 특목고가 있을까요? 중국에는 각 도시별로 '중점학교'로 지정된 우수학교가 있는데, 이런 학교가 바로 특목고에 해당합니다. 당연히 고입시험에서 우수한 성적을 거둬야만 이런 학교에 입학할 수가 있죠. 베이징은 '런민대학 부속중'·'베이징 4중'·'베이징 사범대학 실험중'·'칭화대학 부속중' 등이 대표적인 명문고예요. 이 중 '런민대학 부속중'과 '베이징 4중'은 중국 전체를 통틀어 최고의 명문고로 꼽히는 곳이에요. 한국으로 치면 매년 서울대를 가장 많이 보내는 서울과학고나 대원외고쯤 될까요? '런민대학 부속중'을 예로 들면 이 학교에서만 매년 200명 정도가 중국 최고 명문대인 베이징대와 칭화대에 합격한답니다. 그리고 나머지 학생의 3분의 2도 런민대, 푸단대 같은 일류대에 거뜬히 진학을 하고요. 그뿐만 아니라 매년 수십 명의 학생이 홍콩대는 물론이

고, 하버드 · MIT · 스탠퍼드 · 옥스퍼드 등 세계 명문대에 줄줄이 합격하기도 하니, 이곳에 입학하기만 하면 명문대 합격은 거의 따놓은 당상이라 할 수 있죠.

베이징은 내놓으라 하는 '중점학교'들이 '하이뎬'구라는 지역에 몰려 있어요. '하이뎬'구는 베이징대 · 칭화대 · 런민대를 포함해 수많은 명문대가 있어, 이곳이 한국으로 치면 8학군에 속한다고도 할 수 있죠. 참! 고교 입학시험과 관련해 특이한 제도가 있는데, 바로 기부금 입학제에요. 아니 고등학교 입학에 웬 기부금? 이는 원하는 고등학교에 지원했지만 성적이 살짝 못 미쳐 떨어졌을 때, 돈을 내고 입학하는 걸 말해요. 이를 '학교를 선택한다'는 의미의 '택교'제도라 부르는데, 보통 위에서 말한 명문고에서 많이 실시하고 있어요. 학교마다 차이는 있지만, 기부금은 보통 3만 위안 (550만 원) 정도 낸답니다. 뽑는 인원은 전체 학생의 10% 미만으로 모집하고요. 위에 소개한 명문 고교들도 모두 이런 기부금 입학제를 시행하고 있는데, 비록 돈을 내고 입학하지만 성적도 정말 우수해야 하죠.

중국 학생들도 교복을 입을까요? 입긴 입는데, 이게 사실 교복이 아니라 체육복이에요. 처음 중국에 왔을 때, '왜 모든 학생이 매일 체육복을 입고 다닐까?' 생각했었는데, 알고 보니 그게 교복이더라고요. 중국인들은

중점학교 重点学校 [zhòngdiǎn xuéxiào 쭝디엔 쒀씨아오]
택교 择校 [zéxiào 져씨아오]
교복 校服 [xiàofú 씨아오푸]
체육복 运动服 [yùndòngfú 윈똥푸]

한국 드라마를 자주 봐서인지 한국 교복이 예쁘다고 부러워하기도 해요. 그 예쁜 교복이 얼마 하는지 알면 아마 까무러칠 테지만 말이에요. 얼마 전 중국의 한 동영상 사이트에선 한국식 교복을 입는 지방의 한 고등학교가 소개되어 화제가 됐었어요. 몸에 꼭 맞는 재킷에 넥타이, 여자는 체크무늬 스커트에 검은색 스타킹을 신은 복장이었는데, 이를 본 중국 네티즌들은 "우와! 정말 예쁘다.", "나도 저런 멋진 교복 입고 싶다." 이런 반응부터 "저거 너무 한국 따라 한 거 아냐?", "학생이 검은색 스타킹이라니……. 너무 야한데.", "좀 더 중국풍으로 만들었으면……." 등등 여러 의견이 올라왔답니다. 제가 봐도 상당히 세련된 그 교복은 한 벌에 140위안(약 2만 5천 원)이라던데, 우리나라 교복은 왜 이렇게 비싼 건지… 쩝!

학창시절 하면 빠질 수 없는 게 도시락이죠. 맛있는 반찬 싸오면 금세 동나는 추억의 도시락! 물론 요즘은 전부 급식을 하지만 말이에요. 중국에서는 도시락 문화가 없어요. 물론 급식도 없고요. 그럼 점심은 어디서 먹느냐고요? 학교 안에는 식당이 있지만, 많은 학생이 밖에 나가서 사 먹는답니다. 집이 가까우면 집에 가서 후딱 먹고 오기도 하고요. 그래서 오전 12쯤 되면 학교 근처의 분식점이나 KFC, 맥도날드에는 체육복을 입은 한 무리의 중·고등학생들로 언제나 북적인답니다. 이런 거 보면 중국 학교가 우리보다 좀 자유로운 거 같아요. 우리는 점심때 학교 밖에 나가려면 몰래 개구멍(?)을 통과하거나 담을 넘어야 하잖아요.^^

스타킹 丝袜 [sīwà 쓰와]
도시락 盒饭 [héfàn 허판]
점심 午饭 [wǔfàn 우판]

유치원 **幼儿园**
여우얼위엔, yòuéryuán

초등학교 **小学**
씨아오쒜, xiǎoxué

중학교 **初中**
추중, chūzhōng

고등학교 **高中**
까오중, gāozhōng

특목고 **重点高中**
중디엔 까오중, zhòngdiǎn gāozhōng

인문계 고등학교 **普通高中**
푸퉁 까오중, pǔtōng gāozhōng

실업계 고등학교 **职业高中**
즈예 까오중, zhíyè gāozhōng

대학교 **大学**
따쒜, dàxué

사범대학 **师范大学**
스판 따쒜, shīfàn dàxué

전문대학교 **大专**
따주안, dàzhuān

대학원 **研究生院**
이옌지우셩위엔, yánjiūshēngyuàn

대학원생 **研究生**
이옌지우셩, yánjiūshēng

학사 **学士**
쒜스, xuéshì

석사 **硕士**
슈워스, shuòshì

박사 **博士**
보스, bóshì

박사후 **博士后**
보스허우, bóshìhòu

사립학교 **私立学校**
쓰리 쒜씨아오, sīlì xuéxiào

공립학교 **公立学校**
꿍리 쒜씨아오, gōnglì xuéxiào

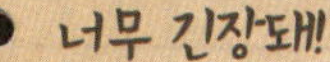

너무 긴장돼!

A: 马上就要高考了。 이제 얼마 안 있으면 수능이야.
Mǎshàng jiùyào gāokǎo le. 마샹 찌우야오 까오카오 러.

B: 太紧张了。 너무 긴장돼.
Tài jǐnzhāng le. 타이 진장 러.

나 베이징대에 합격했어!

A: 我考上北大了。 나 베이징대에 합격했어.
Wǒ kǎoshàng Běidà le. 워 카오상 베이따 러.

B: 祝贺你！ 축하해!
Zhùhé nǐ! 주허 니!

넌 전공이 뭐야?

A: 你什么专业的？ 넌 전공이 뭐야?
Nǐ shénme zhuānyè de? 니 션머 주안예 더?

B: 经济学。 경제학.
Jīngjìxué. 찡지쒜.

chapter 02

중국도 입시지옥?

지금이야 추억이지만 고3 시절은 정말 악몽이었어요. 학교, 도서관, 학원을 옮겨다니며 1년 365일 열공모드. 그때 "아! 전 세계에서 학생을 이렇게 괴롭히는 나라는 한국뿐일 거야."라는 생각을 많이 했었답니다. 하지만, 알고 보면 중국의 고3 수험생들도 쌍코피 터지게 공부를 많이 한다는 사실! 학교수업이 끝나면 보충수업에, 밤에는 의무적으로 '야자'를 하고, 주말엔 학원에서 족집게 강의를 듣는 그야말로 강행군의 연속이죠. 제가 취재차 몇몇 고등학생들에게 물어보니 반에서 입시학원에 다니지 않는 친구는 거의 없다고 해요. 시간당 300위안이 넘는 개인과외를 받는 학생들도 많다고 하고요. 학교에선 매달 빠짐없이 대입 모의고사를 보는데, 담임

■ 성적 成绩 [chéngjì 청지]
대입시험 高考 [gāokǎo 까오카오]

선생님이 격려(?)차원에서 성적순대로 학생들을 앉힌다고도 하네요. 교실 안에는 '대입시험 앞으로 50일', '삼당사락' 같은 표어들이 여기저기 붙어 있기도 하고요. 아니 세상에 이런 일이……. 정말이지 한국의 교육실정과 닮아도 너무 많이 닮았죠?

매년 6월이 되면 중국 전체가 입시 열풍에 휩싸입니다. 중국에선 우리의 수능시험에 해당하는 대입시험을 '까오카오'라고 해요. 우리나라는

11월에 대입이 있어 '입시 한파'라고 부르지만, 중국은 더운 초여름에 시험을 봐서 '까오카오 열풍'이라고 불러요. '까오카오'는 6월 초에 보는데, 이틀간 진행되며 전국에서 약 천만 명의 수험생들이 시험을 치릅니다. 중국은 한국과 달리 대학입학에 내신성적을 반영하지 않아요. 오직 딱 한 번의 '까오카오'만이 있을 뿐! 그래서 전국 천만 명의 수험생과 학부모들은 이 '까오카오'에 목숨을 건답니다.

2009년도에 중국 전체를 발칵 뒤집어놓은 쇼킹한 사건이 있었어요. 일명 '뤄차이샤' 사건. 지방의 한 공안국 간부가 자신의 딸과 수능성적이 좋은 딸의 친구 이름을 바꿔치기해서 딸을 사범대에 부정입학시킨 사건이 에요. 그 딸은 친구였던 '뤄차이샤' 명의로 4년간 대학을 다녔고, 졸업 후에 는 교사자격증까지 취득했답니다. 이런 황당한 사기가 가능했던 건 권력 자인 딸의 아버지와 학교 담임, 대학 직원이 서로 짜고 삼위일체 합동작전 을 펼쳤기 때문이에요. 자신도 모르는 사이 명의를 도용당한 피해 여학생 은 그냥 시험을 못 봤겠거니 하고 재수를 해야만 했고, 그로부터 5년이 지 난 최근에서야 비로소 자신의 명의가 도용당했다는 사실을 알아챘어요. 정말 어이없죠? 중국에서는 이와 유사한 사건들이 해마다 한두 건씩 벌어 지고 있어요.

중국 시험장의 풍경도 우리와 비슷해요. 선배를 응원 나온 후배들, 자 녀를 위해 기도하는 학부모들, 마지막까지 요점 노트를 훑어보는 수험생 들까지 너무나 낯익은 풍경이죠. 차가 막혀 경찰차나 오토바이를 타고 등 장하는 학생들도 꼭 있고요. 그런데 고사장 주위에 보면 경찰과 경비원들 이 참 많이 깔렸어요. 국가고시 시험장에 경비원들을 쭉 풀어놓는 게 중국 의 특징인가 봐요. 제가 의사 국가고시를 볼 때도 시험장에 제복 입은 경비 원들이 엄청 많아 괜히 주눅이 들었던 기억이 있거든요. 아무튼, 경비원이 이렇게 많은 건 시험장에서 갖은 부정행위가 빈번하게 벌어지는 것과 관 계가 있어요. 매년 시험이 끝나면 전국에서 일어난 다양한 입시부정 관련

졸업 毕业 [bìyè 삐예]
재수 复读 [fùdú 푸두]

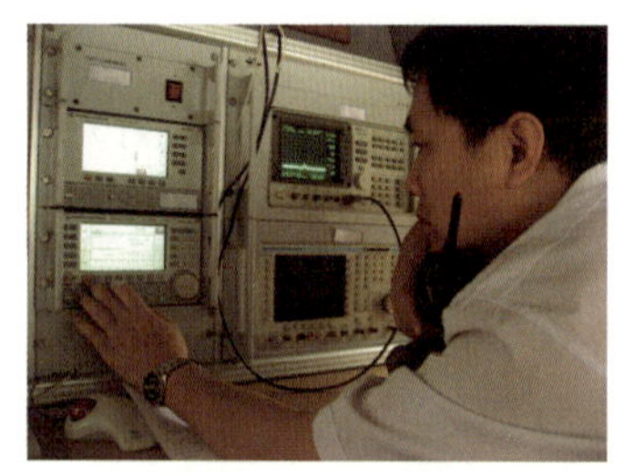

기사가 신문을 도배하거든요. 대리 시험, 휴대전화 문자를 이용한 커닝은 정말 귀여운 수준이고요. 요즘은 카메라가 내장된 시계, 무선 이어폰, 단추 카메라 같은 첨단 장비까지 등장했어요. 이걸로 어떻게 커닝을 하느냐? 무선 이어폰을 낀 수험생은 특수장치가 내장된 지우개로 문제지를 쓱 촬영해요. 그럼 외부에서 누군가가 시험문제를 전송받아 즉시 풀어서 다시 학생에게 전송하는 방식이죠. 뭐 거의 007 영화에서나 나올법한 장면이지만, 실제로 매년 중국 고사장에서 벌어지는 일이에요. 그래서 대부분의 고사장 안에는 CCTV가 설치되어 있고, 모든 수험생은 금속탐지기를 거쳐야 해요. 또 고사장 밖에는 불법 라디오 전파를 탐지하는 무선 감청부대가 동원되기도 한답니다.

중국 대입시험은 첫째 날은 어문(국어), 수학을 보고, 둘째 날은 문과 종합(정치 · 역사 · 지리) 또는 이과 종합(물리 · 화학 · 생물), 외국어 시험을 봅니다. 외국어는 영어, 일어, 불어 등에서 선택하는데, 대부분이 영어를 보죠. 특이한 점 하나! 중국은 대입 시험문제가 전국적으로 같지가 않고, 성급별 · 도시별로 다 다르게 출제가 돼요. 우리로 치면 서울 · 경기도 · 경상도의 수능문제가 다 다른 거나 마찬가지죠. '까오카오'의 총점은

750점인데, 역대 입시에서 만점이 나온 적은 단 한 번도 없답니다. 우리나라는 한해에 무려 66명의 수능 만점자가 나온 적도 있지만 말이에요. 그 이유는 시험문제에 서술형 주관식이 많기 때문이에요. 어문시험은 우리의 논술에 해당하는 작문 문제 배점이 60점이나 되거든요. 참고로 2010년 베이징시 최고 수석 점수가 이과 703점, 문과 675점이었답니다.

시험을 보고 3주 정도가 지나면 성적이 나오는데, 이때부터 피를 말리는 원서 접수 전쟁이 시작됩니다. 지역마다 차이가 있지만 모든 수험생은 자기 성적에 맞춰 중점대학(일류대학), 일반대학, 단과대학, 전문대학 순으로 총 10~15곳 정도의 대학에 지원을 할 수 있어요. 중국의 대학들은 각 도시별 모집 인원수를 쿼터제로 정해놓고, 소재지 지역 학생들을 우대하는 정책을 쓰고 있어요. 예를 들어 베이징대와 칭화대는 베이징지역 학생들을 다른 지역에 비해 4~5배나 많이 뽑아요. 마찬가지로 상하이의 명

커닝 作弊 [zuòbì 쭈워삐]
수석 状元 [zhuàngyuán 쥬앙위엔]
지원 志愿 [zhìyuàn 즈위엔]

문인 푸단대는 상하이지역 학생들을 훨씬 많이 뽑고요. 우리로 치면 서울대는 주민등록지가 서울인 학생들을 많이 뽑고, 경북대는 대구지역에 사는 학생들을 많이 뽑는 것과 같아요. 2010년 베이징대의 지역별 입학현황을 살펴보면 베이징시에서만 무려 250명의 학생을 선발했어요. 텐진은 50명, 상하이에선 고작 38명을 모집했고요. 저 외딴 티베트 자치구에서는 딸랑 4명만 선발! 지역별로 차이가 대단히 크죠? 게다가 합격 커트라인도 다른 지역보다 낮게 설정을 해놓으니, 베이징시의 학생들은 단지 수도에서 공부한단 이유로 명문대에 진학하기가 훨씬 수월한 셈이지요. 어찌 좀 많이 불공평해 보이죠? 제가 봐도 상당히 불공평한 이 쿼터제는 중국에서도 논란이 많아요. 지방의 학생들은 수도의 명문대가 베이징시 학생들의 점유물이냐며 불만을 드러내기도 해요.

최근 획일화된 입학시험으로는 창의적인 인재를 뽑을 수 없다며, 몇몇 명문대에선 자율선발제도를 도입하기 시작했어요. 일종의 대학별 본고사의 개념인데요. '까오카오'를 보기 전 미리 대학 자체에서 필기시험과 면접을 실시하고 합격한 학생에겐 엄청난 혜택을 주는 제도에요. 예를 들어 대입 시험에서 가산점을 준다거나, 점수가 커트라인에 못 미쳐도 합격을 시켜주는 등 말이죠. 이미 중국의 아이비리그라 할 수 있는 칭화대·런민대·상하이 교통대·난징대 등 7개 명문대가 연합해서 본고사를 실시하고 있어요. 베이징대도 이에 뒤질세라 홍콩대·푸단대·난카이대·베이징 사범대 등 대학순위 10위 안에 드는 초호화 드림팀을 구성해 인재 사냥에 나섰답니다. 현재 중국에선 전국 0.001%의 숨은 인재를 찾기 위한 명문대 간의 신경전이 치열하게 벌어지고 있어요. 오! 중국 무림의 양대 고수인 베이징대의 드림팀과 칭화대의 드림팀 중 과연 입시전쟁의 승자는 누가 될 것인가…….

커트라인 底线 [dǐxiàn 디씨엔]
인재 人才 [réncái 런차이]
면접 面试 [miànshì 미엔스]

입시학원 **补习班**
부씨빤, bǔxíbān

담임선생님 **班主任**
빤주런, bānzhǔrèn

자습 **自习**
쯔쒜, zìxué

과외 **家教**
지아찌아오, jiājiào

시험 **考试**
카오스, kǎoshì

중간고사 **期中考试**
치중 카오스, qīzhōng kǎoshì

기말고사 **期末考试**
치모 카오스, qīmò kǎoshì

모의고사 **模拟考试**
모니 카오스, mónǐ kǎoshì

시험점수 **考分**
카오펀, kǎofēn

시험문제 **考题**
카오티, kǎotí

시험지 **考卷**
카오쮜안, kǎojuàn

수험표 **准考证**
준카오정, zhǔnkǎozhèng

수험생 **考生**
카오셩, kǎoshēng

고사장 **考场**
카오창, kǎochǎng

합격하다 **考上**
카오샹, kǎoshàng

불합격하다 **没考上**
메이 카오샹, méi kǎoshàng

커트라인 **分数底线**
펀슈 디씨엔, fēnshù dǐxiàn

문과 **文科**
원커, wénkē

이과 **理科**
리커, lǐkē

너 어느 대학에 지원했어?

A: 你报了哪个大学？ 너 어느 대학에 지원했어?
Nǐ bào le nǎge dàxué? 니 빠오 러 나거 따쒜?

B: 我报了北大。 나 베이징대학에 지원했어.
Wǒ bào le Běidà. 워 빠오 러 베이따.

너 수능시험 잘 봤어?

A: 你高考考得怎么样？ 너 수능시험 잘 봤어?
Nǐ kǎoshì kǎo de zěnmeyàng? 니 카오스 카오 더 전머양?

B: 还行！ 그저 그래!
Bù xíng! 뿌 씽!

이번 시험문제 진짜 어렵다!

A: 这次考题真难！ 이번 시험문제 진짜 어렵다!
Zhè cì kǎotí zhēn nán! 져 츠 카오티 전 난!

B: 我全瞎蒙的。 난 다 찍었어.
Wǒ quán xiāmēng de. 워 취엔 씨아멍 더.

중국의 대학생활

제가 중국 대학에 입학해서 가장 충격을 받은 게, 정 말 캠퍼스의 낭만이라곤 눈곱만큼도 찾아볼 수 없다는 점이었어요. 우리나라는 대학에 들어가면 그동안의 한풀이라도 하듯, 멋도 왕창 부리고 소개팅도 하고 가끔 클럽에 가서 음주가무도 즐기지만, 중국 대학생들은 오로지 공부! 또 공부만 한답니다. 대학생이 아니라 고등학교 4학년이란 표현이 딱 어울려요. 아침 7시 기상. 학교식당에서 죽이나 만두로 아침을 때우고, 곧바로 강의실로 직행! 오전 8시부터 오후 5시까지 수업을 받고, 수업이 끝나면 다시 도서관으로 고고씽! 도서관이 문을 닫는 밤 10시까지 책을 보고 기숙사로 돌아가 밤 11시에 취침. 거의 무슨 스파르타식 입시학원 같은 스케줄이

공부 学习 [xuéxí 쒜씨]
도서관 图书馆 [túshūguǎn 투슈관]

죠? 제가 대학생활을 한 5년 동안, 같은 과 중국인 친구들은 거의 열이면 열! 다 이런 스케줄 속에서 캠퍼스 생활을 했답니다. 물론 한의대라는 특성상 원체 학습량이 많기도 했지만, 정말이지 쉴 틈 없이 매섭게 공부하는 친구들을 보면서 "아! 얘네 때문에 중국 미래가 밝겠구나." 이런 생각을 많이 했어요. 한편으론 "중국이 가뜩이나 덩치도 큰데, 똑똑한 인재들까지 많으면 얼마나 무서울까?" 이런 섬뜩한 느낌도 솔직히 받았었고요.

웬만한 한국의 대학생들은 한 번쯤 떠나는 배낭여행이나 어학연수도 중국 대학생들에겐 먼 얘기에요. 경제적인 형편도 그렇지만, 중국은 아직

도 개인이 맘대로 출국하기가 여전히 까다롭거든요. 하지만, 중국 대학생들도 그들 나름대로 캠퍼스 생활을 즐긴답니다. 중국 대학에는 우리처럼 각종 동아리가 많아요. 힙합, 요가, 재즈댄스 같은 동아리부터, 전통악기, 쿵푸, 여행, 사진 동아리 등 정말 다양하지요. 우리 학교에선 한류열풍 영향으로 태권도, 태껸, 한국어 동아리가 중국 학생들에게 인기였어요. 우리나라 같으면 동아리방에서 선후배들과 함께 취업 고민 · 나라 걱정(?) 하면서 밤새 막걸리를 주거니 받거니 하고 1박2일 MT도 가고 하지만, 중국에는 전혀 그런 문화가 없어요. 운동장에 둘러앉아 콜라 마시며 기타치고 노래 부르는 그런 분위기.--; 중국 대학생들은 술을 못 마시는 건지, 아니면 아직 알코올 훈련(?)이 덜되어서 그런 건지 모르겠지만, 술과는 확실히 거리가 멀어요.

중국 대학 강의실의 풍경은 어떨까요? 우선 수업하기 전에 과대표가 일어나 "치리!"(기립!) 하고 외치면, 나머지 학생들이 다 일어나 큰 소리로 "라오스 하오!"(교수님 안녕하세요!)라고 인사를 합니다. 그리곤 바로 출석 체크 시작! 학부시절 중국 교수님들은 출석체크를 거의 칼같이 했어요. 결석을 하는 학생도 거의 없었지만, 만약 2회 정도 무단결석을 하다 걸리면 아예 시험 볼 자격을 박탈당했거든요. 이건 유학생에게도 엄격히 적용되었고요. 여러분도 알다시피 영화 〈엽기적인 그녀〉가 중국에서 메가 히트를 했는데, 영화에 보면 차태현이 전지현을 대신해 수업에 대리출석 해주는 장면이 나오잖아요. 중국 친구들이 이 장면이 꽤 인상 깊었나 봐요. 그때 "한국 대학에선 정말 저런 게 가능해?" 이런 질문을 꽤 많이 받았어요. 요즘 우리나라 대학에선 모니터에 학생들의 사진이 뜨는 전자출석부를 도입한 학교가 점점 늘고 있다던데, 이제 '대리 출석'은 추억의 저편으로 영영 사라지는 건가요?

동아리 社团 [shètuán 셔투안]
술 酒 [jiǔ 지우]
출석 체크 点名 [diǎnmíng 디엔밍]
결석 旷课 [kuàngkè 쿠앙커]

  제가 또 한가지 놀랐던 점은 중국 학생들은 강의실에 올 때 거의 꾸밈 없는 내츄럴(?) 상태로 온다는 것이에요. 그냥 아침에 일어나서 초간단 세수만 하고 오는 느낌이랄까? 그러다 보니 머리에 까치집을 짓고 앉아있는 남학생들도 상당히 많아요. 여학생들은 단정하게 다니지만, 멋이란 건 도통 부릴 줄 몰라요. 화장은커녕, 립글로스나 B.B크림 조차 바르지 않는 민얼굴로 다닌답니다. 중국 대학생들의 캠퍼스룩은 어찌나 수수한지 남녀 할 거 없이 청바지에 티셔츠, 등에는 백팩 메고, 한 손엔 보온물병, 이게 끝이에요. 중국에선 고등학교 때 교복 대신 체육복을 입는데, 이걸 갖고 와서 평상시에 입고 다니는 과 친구들도 많았어요. 또 제 주위에는 책가방 대신 비닐봉지에 강의 서적을 넣고 다니는 친구들도 더러 있었답니다. 복고풍 체육복과 비닐봉지의 믹스매치. 휴우~ 정말이지 쿨하다 못해 조금 안습인 캠퍼스룩이죠.^^ 우리나라 캠퍼스에서 흔히 볼 수 있는 킬힐에 미니스커트, 한 손엔 별다방 커피를 든 산뜻한 여대생의 모습. 이런 건 아예 상상도 못해요. 그래서 가끔 한국 여학생이 풀메이크업에 미니스커트를 입고 나타나면, 모든 시선이 확 쏠리고 강의실이 술렁이기도 한답니다. 근데 요즘 캠퍼스에 가보니까 중국 여대생들도 상당히 많이 꾸미고 다니더라고요. 대학생인 중국인 후배들에게 물으니 한국 B.B크림 정도는 하나씩 갖고 있다고도 하니까요. 중국 여대생들 외모에 별로 신경 안 쓰는 것 같지만, 알고 보면 20대 초반 꽃다운 나인지라 화장과 패션에 관심이 지대하답니다. 단지 꾸밀 줄 몰라서 그렇지…….

중국 대학생들은 거의 전원 기숙사 생활을 해요. 학교 안에는 외국 유학생과 중국 학생의 기숙사가 따로 분리되어 있는데, 유학생은 중국인과 함께 살 수가 없답니다. 이건 중국의 어느 대학이라도 마찬가지예요. 뭐, 여러 이유가 있겠지만, 학교는 외화를 벌어야 하기 때문이 아닐까요? 유학생 기숙사는 가격이 비싼 만큼 시설이 괜찮지만, 중국 학생 기숙사는 많이 열악한 편이에요. 한 방에 보통 6명에서, 많게는 8명까지 함께 지내거든요. 또 샤워실이며 화장실도 다 공용이고, 기숙사 내에선 음식을 해먹는 게 금지라 주방 자체가 아예 없어요. 여름에는 에어컨이 없으니, 남자 기숙사에

책가방 书包 [shūbāo 슈빠오]
미니스커트 迷你裙 [mínǐqún 미니췬]
기숙사 宿舍 [sùshè 쑤셔]
샤워 洗澡 [xǐzǎo 씨쟈오]
에어컨 空调 [kōngtiáo 콩티아오]

가보면 남학생들은 전부 웃통을 홀라당 벗고 있답니다. 또 샤워시설이 없는 기숙사 건물도 있어, 겨울이 되면 두꺼운 파카를 입은 채 목욕 바구니를 들고 덜덜 떨며 옆 동 건물로 샤워를 하러 가기도 해요. 특이한 건 중국 대학 기숙사는 밤 11시가 되면 전부 소등이 되요. 전등뿐만 아니라 모든 콘센트의 전원도 싹 다 나간답니다. 다음날 새벽 6시가 되어야 불이 다시 들어오죠. 무슨 군대도 아니고…….^^ 그래도 올빼미족은 있는 법. 노트북을 가득 충전시켜놓고 게임을 하거나, 건전지를 넣은 미니 전등을 켜놓고 밤 늦게까지 책을 보기도 한답니다. 또 복도 콘센트에 몰래 전선을 연결해 전기를 대는 친구들도 있고요. 중국 대학생들이 평소 지각도 안 하고, 결석도 안 하는 이유가, 알고 보면 이 강제 소등 때문이란 사실!

중국 대학생들도 군대에 가야 한다는 사실 아시나요? 이름하여 대학생 군사훈련! 중국의 모든 대학생은 입학과 거의 동시에 의무적으로 3~4주간의 군사훈련을 받아야 한답니다. 물론 여학생들도 죄다 참가해야 하고요. 그래서 매년 9월 초가 되면 학교가 썰렁~. 훈련은 보통 군부대나 신병훈련소 같은 곳에서 진행하지만, 일부 대학은 교관들을 불러다 학교에서 진행하기도 해요. 훈련 과정은 꽤 엄격한 편이에요. 비록 머리를 싹둑 자르진 않지만, 면회 · 외박 · 외출 금지에 흡연과 휴대전화도 물론 안 되고요. 중국 친구들 얘기를 들어보면 내무반 생활을 하는데 침상도 칼 각을

소등 熄灯 [xīdēng 씨떵]
군사훈련 军训 [jūnxùn 쥔쒼]
면회 探亲 [tànqīn 탄친]

잡아야 하고, 진짜 군대처럼 통제가 심해 학생들이 많이 힘들어한다고 해요. 여학생들은 많이 울기도 한다네요. 훈련내용을 보면 기본 제식, 실탄 사격, 5~10km의 행군 등을 하는데, 훈련의 별미인 공포의 화생방 훈련은 안 한다고 해요. 훈련 중 교관에 의한 구타사건도 아주 빈번하게 일어나는데, 얼마 전에는 학생들을 일렬로 세워놓고, 교관이 군홧발로 엉덩이를 걸어차는 동영상이 유출돼 파문이 일기도 했었죠. 중국도 마찬가지로 인맥을 써서 훈련을 회피하는 신의 아들·딸들도 간혹 있다고 해요. 만약 정말 몸이 아파서 훈련에 참가하지 못한다면, 각종 증명자료를 제출하고 다음 해에 꼭 참가해야만 하죠.

화장품 化妆品
화주앙편, huàzhuāngpǐn

향수 香水
씨앙쉐이, xiāngshuǐ

BB크림 **BB霜**
BB슈앙, BBshuāng

클렌징 로션 洁面霜
지에미엔슈앙, jiémiànshuāng

메이크업 베이스 **粉底**
펀디, fěndǐ

영양크림 营养霜
잉양슈앙, yíngyǎngshuāng

메이크업 파운데이션 **粉底霜**
펀디슈앙, fěndǐshuāng

수분크림 润肤霜
룬푸슈앙, rùnfūshuāng

립스틱 口红
커우홍, kǒuhóng

썬블락 **防晒霜**
팡샤이슈앙, fángshàishuāng

립글로스 唇彩
춘차이, chúncǎi

화장솜 化妆棉
화주앙미엔, huàzhuāngmián

립라이너 线笔
씨엔비, xiànbǐ

브러쉬 腮红刷
싸이홍슈아, sāihóngshuā

아이라이너 眼线笔
이옌씨엔비, yǎnxiànbǐ

마스크팩 **面膜**
미엔모, miànmó

아이섀도 眼影
이옌징, yǎnjǐng

매니큐어 指甲油
즈지아여우, zhǐjiayóu

마스카라 **睫毛膏**
지에마오까오, jiémáogāo

네일아트 美甲
메이지아, měijiǎ

수업 시작할게요!

A: 开始上课! 수업 시작할게요!
Kāishǐ shàngkè! 카이스 샹커!

B: 起立, 老师好! 기립! 선생님 안녕하세요!
Qǐlì, lǎoshī hǎo! 치리, 라오스 하오!

지금부터 출석 부를게요.

A: 现在开始点名了, 全智贤。 지금부터 출석 부를게요. 전지현!
Xiànzài kāishǐ diǎnmíng le, Quán Zhìxián. 씨엔짜이 카이스 디엔밍 러, 취엔 즈씨엔.

B: 到! 네!
Dào! 따오!

너 군대 언제 갈 거야?

A: 你什么时候要去服兵役? 너 군대 언제 갈 거야?
Nǐ shénmeshíhou yào qù fú bīngyì? 니 션머스허우 야오 취 푸 삥이?

B: 大学毕业以后。 대학 졸업하고.
Dàxué bìyè yǐhòu. 따쒜 삐예 이허우.

chapter 04

중국 명문대 이야기

　중국 최고의 명문대는 어디일까요? 여러분도 잘 아시는 베이징대와 칭화대에요. 중국 13억 인구 중 오직 선택받은 천재만이 간다는 학교! 매년 발표하는 대학 순위를 보면, 두 대학이 언제나 엎치락뒤치락하며 부동의 1,2위 자리를 지키고 있죠. 어떤 조사기관에선 중국의 대학을 호텔처럼 등급을 매겼는데, 6성급을 받은 최상급 종합대학은 단 3곳! 베이징대, 칭화대, 그리고 홍콩대. 홍콩대는 비록 중국 본토에 있진 않지만, 중국 입시에서 수석을 차지한 본토 학생들이 선호하는 최고 명문대에요. 그 외에 런민대·푸단대·저장대·난징대·난카이대 등도 의심할 여지 없는 중국의 TOP 10 명문대이죠. 우리에겐 덜 알려졌지만, 항저우에 있는 저장대와 중국의 카이스트라 불리는 중국 과기대는 베이징대나 칭화대 뺨칠 정도로 높은 커트라인 점수를 자랑하기도 한답니다.

　베이징대와 칭화대는 서로 교문을 마주 보고 나란히 붙어 있어요. 주

변에 이화원이나 원명원 같은 유명 관광지가 많다 보니, 관광차 학교를 구경하는 여행객들도 많죠. 특히 중국에서 두 대학의 존재감은 최상급이라, 명문대의 기운을 팍팍 받고자 자녀를 데리고 학교 구경을 오는 학부형들도 많답니다. 특히 우리의 서울대 정문처럼 베이징대 교문 앞은 언제나 사진을 찍으려는 사람들로 북적여요. 이 교문 위에 걸려 있는 '베이징대학'이란 현판은 바로 마오쩌둥이 쓴거랍니다. 마오쩌둥이 베이징대를 졸업했느냐? 그건 아니고요. 소싯적 베이징대 도서관에서 사서 보조로 근무한 적이 있었죠. 이때 닥치는 대로 책을 읽어 중국 공산주의의 사상적 기초를 마련했다고 해요.

　　중국 사람들은 베이징대를 '베이따', 칭화대는 '칭화'라고 불러요. 두

명문대 名牌大学 [míngpái dàxué 밍파이 따쒜]
베이징대 北大 [Běidà 베이따]
칭화대 清华 [Qīnghuá 칭화]

45

학교 모두 설립한 지 100년이 넘는 오랜 역사를 가지고 있죠. 학교 규모로 보면 칭화대가 베이징대보다 조금 커요. 전반적인 분위기는 베이징대는 조금 고풍스럽고, 칭화대는 웅장하면서 현대적이라고나 할까? 흔히들 베이징대는 문과가, 칭화대는 이공계가 강하다고 말하는데요. 실제로 베이징대는 인문학과 말고도, 수학·물리·화학 등 기초 과학분야가 유명해요. 칭화대는 건축학·토목공학·컴퓨터 등의 응용과학의 절대강자지만, 경제나 미술학과가 유명하기도 하고요. 두 대학의 의학부 경쟁도 거의 막

상막하! 그러니 "베이징대와 칭화대 중 어느 대학이 최고야?" 이런 질문은 전혀 의미가 없답니다. 두 대학의 거의 모든 학과가 전국 1,2위를 다투니까요.

중국에선 베이징대와 칭화대가 숙적의 라이벌 구도를 형성하고 있어요. 마치 우리나라의 연대와 고대처럼 말이에요. 전국 1천만 수험생 중 상위 0.0006%에 드는 수재들이란 공통점이 있을 뿐, 이 두 대학의 학풍은 여러모로 다르답니다. 베이징대는 5·4운동이나 천안문 사태 같은 중국 근현대사의 굵직굵직한 사건들을 주도했던 만큼, 학생들의 사회참여 의식이 좀 강하다고 할 수 있어요. 교수들도 눈치 안 보고 정부를 향해 워낙 입바른 소리를 잘하고요. 반면에 칭화대는 사회적인 문제보단 오로지 "내 공부부터 잘하고 보자." 이런 의식이 강한 편이죠. 오죽했으면 '고등학교 4학년'이란 별명이 붙었겠어요. 물론 살인적인 수업일정 때문에 딴 짓 할 시간도 없긴 하지만 말이죠. 또 베이징대 학생들은 '미치광이', 칭화대 학생들은 '바보'라는 말이 있어요. 이 말은 베이징대 학생들은 학풍이 자유롭다보니 마치 사춘기 청소년처럼 반골기질이 강한 것을, 칭화대는 바보처럼 묵묵히 맡은 일만 한다는 것을 빗대어 말한 것이죠. 아무튼, 낭만적이면서 이상을 추구하는 베이징대생. 실용적이면서 지극히 현실적인 칭화대생!

학풍 校风 [xiàofēng 씨아오펑]
미치광이 疯子 [fēngzi 펑즈]
바보 傻子 [shǎzi 샤즈]

이게 두 대학의 학생들이 서로 바라보는 보편적인 시각이랍니다.

현재 중국의 권력층은 칭화대가 주로 꽉 잡고 있어요. 후진타오 국가 주석을 포함해, 중국 최고 권력층인 정치국 상무위원 9명 중 4명이 칭화대 출신이거든요. 베이징대 출신은 딱 1명. 그리고 2012년 차기 국가 주석으로 내정된 '시진핑' 부주석도 칭화대 박사 출신이고요. 또 차관급 이상 고위 관리 중 칭화대 출신이 무려 100여 명에 달한다니, 이쯤 되면 온 나라가 칭화대판이라고도 할 수 있죠. 오잉! 그러고 보니, 후진타오 주석 영부인도 칭화대 출신이네요. 둘은 같은 과 C.C였다는 사실……^^ 재미난 에피소드 하나! 얼마 전 차기 국가 지도자 역시 칭화대 출신으로 정해졌을 때,

48

베이징대 학생들은 이런 푸념을 늘어놨다고 해요. "이거 또 칭화대에 새 건물들이 쭉쭉 올라가겠구먼!" ㅋㅋ 가뜩이나 베이징대는 몇몇 교수들이 틈만 나면 대놓고 정부에 대한 비판을 해서 밉보인 게 많은데, 라이벌 상대인 칭화대만 승승장구하게 생겼으니 조금 속이 쓰릴 수도 있겠네요. 그래도 베이징대는 아무리 헐벗고 굶주려도(?) 할 말은 하고 산다는 정신을 유지하고 있답니다.

이번엔 예체능계 명문대학을 한번 알아볼까요? 베이징의 '중앙희극학원'은 무용이나 연극·영화방면이 유명한 예술대학이에요. 규모는 코딱지만 하지만, 학생들 대부분이 연기 지망생이다 보니 물이 정말 좋다는….^^ 이 학교 출신들은 중국의 영화, TV드라마에서 종횡무진 활약하고 있어요. 월드 스타 '장쯔이'와 '궁리'가 이 학교 연기학과 출신이거든요. '중앙희극학원'이 연기학과가 유명하다면, '베이징 영화학원'은 영화제작 및 연출이 유명해요. 중국의 국민 감독이자 올림픽 개막식 총감독이었던 '장이모', 장국영의 '패왕별희'와 장동건의 '무극'을 연출한 '천카이거' 감독도 이 학교 출신이에요. 대표 연기자로는 드라마 〈황제의 딸〉에서 '제비'로 나온 눈 큰 여배우 '쟈오웨이'가 있고요. 제가 중국에 처음 왔을 때 아는

비판 批评 [pīpíng 피핑]
무용 舞蹈 [wǔdǎo 우다오]
감독 导演 [dǎoyǎn 다오이옌]

北京电影学院
BEIJING FILM ACADEMY

중국인 친구에게 "예쁜 중국어 과외선생님 찾고 싶어."라고 했더니, 저보고 이 두 학교 앞에 가서 진을 치고 있으라고 하더라고요. ^^

그 외에 미술은 중앙미술학원, 음악은 중앙음악학원, 체육은 베이징 체육대학이 각 분야별 중국 최고 명문대에요. 위에 소개한 5개 예체능 대학의 공통적인 특징. 하나! 모두 베이징에 있다. 둘! 학비가 엄청나게 비싸다. 참! 학교 이름 뒤에 '학원'이란 명칭이 붙으니 조금 헷갈릴 텐데요. 중국에서 '학원'은 4년제 단과대학을 가리키는 말이랍니다.

한국의 육사 같은 중국 최고의 사관학교는 어디일까요? '국방 과기대'는 중국의 '웨스트 포인트'라고 불릴 정도로 최고의 명성을 자랑합니다. 수능 커트라인도 높아, 군사 대학의 '칭화대'라고 불리지요. 마오쩌둥의 고향인 후난성 장샤에 있는데, 입학생 전원이 4년간 학비가 면제됩니다. 졸업하면 '중위' 계급을 달고요. 군사 대학이지만 컴퓨터 학과가 유명하기도 해, 세계에서 제일 빠른 슈퍼 컴퓨터 '티엔허 1호'를 개발하기도 했답니다. 경찰 대학으로는 두 곳이 유명해요. 베이징에 위치한 '중국 인민 공안대학'과 랴오닝성에 위치한 '중국 경찰학원.' 특히 '중국 경찰학원'은 중국판 CSI를 양성하는 최고의 경찰대이죠.

학비 **学费** [xuéfèi 쒜페이]
학원 **学院** [xuéyuàn 쒜위엔]

하버드대 **哈佛大学**
하포 따쉐, Hāfó Dàxué

서울대 **汉城大学**
한청 따쉐, Hànchéng Dàxué

동경대 **东京大学**
똥징 따쉐, Dōngjīng Dàxué

베이징대 **北京大学**
베이징 따쉐, Běijīng Dàxué

칭화대 **清华大学**
칭화 따쉐, Qīnghuá Dàxué

홍콩대 **香港大学**
씨앙강 따쉐, Xiānggǎng Dàxué

푸단대 **复旦大学**
푸단 따쉐, Fùdàn Dàxué

런민대 **人民大学**
런민 따쉐, Rénmín Dàxué

저장대 **浙江大学**
쩌지앙 따쉐, Zèjiāng Dàxué

중국과기대 **中国科技大学**
중구워 커지 따쉐, Zhōngguó Kējì Dàxué

난징대 **南京大学**
난징 따쉐, Nánjīng Dàxué

난카이대 **南开大学**
난카이 따쉐, Nánkāi Dàxué

중앙희극학원 **中央戏剧学院**
중양 씨쥐 쉐위엔, Zhōngyāng Xìjù Xuéyuàn

중앙음악학원 **中央音乐学院**
중양 인웨 쉐위엔, Zhōngyāng Yīnyuè Xuéyuàn

중앙미술학원 **中央美术学院**
중양 메이슈 쉐위엔, Zhōngyāng Měishù Xuéyuàn

베이징 영화학원 **北京电影学院**
베이징 띠엔잉 쉐위엔, Běijīng Diànyǐng Xuéyuàn

베이징 체육대 **北京体育大学**
베이징 티위 따쉐, Běijīng Tǐyù Dàxué

국방과기대학 **国防科技大学**
구워팡 커지 따쉐, Guófáng kējì Dàxué

중국인민공안대학 **中国人民公安 大学**
중구워런민 꽁안 따쉐, Zhōngguórénmín Gōng'ān Dàxué

중국 경찰학원 **中国刑警学院**
중구워 씽찡 쉐위엔, Zhōngguó Xíngjǐng Xuéyuàn

● 우리 수업 땡땡이치자!

A: 咱们逃课吧！ 우리 수업 째자!
Zánmen táokè ba! 잔먼 타오커 바!

B: 不行，要点名了。 안돼. 출석 부른단 말이야.
Bù xíng, yào diǎnmíng le. 뿌 씽, 야오 디엔밍 러.

너 대학 몇 학년이야?

A: 你大学几年级？ 너 대학 몇 학년이야?
Nǐ dàxué jǐ niánjí? 니 따쒜 지 니엔지?

B: 二年级。 2학년.
Èr niánjí. 얼 니엔지.

● 너 졸업하고 뭐 할 거야?

A: 你毕业以后，想干什么？ 너 졸업하고 뭐 할 거야?
Nǐ bìyè yǐhòu, xiǎng gàn shénme? 니 삐예 이허우, 씨앙 깐 션머?

B: 我要读研究生。 나 대학원 갈 거야.
Wǒ yào dú yánjiūshēng. 워 야오 두 이옌지우성.

chapter 05

중국 어학연수 어디로 갈까?

중국에서 생활한 지 벌써 14년이 되었지만, 솔직히 아직도 중국어가 어려워요. 아니 웬 염장질? 이렇게 생각할 수도 있는데요. 사실이에요. 지금도 TV를 보거나 신문을 볼 때, 그리고 환자를 볼 때도 항상 수첩을 꺼내 모르는 어휘를 적곤 하니까요. 단지 적는 어휘가 어려워졌을 뿐 여전히 중국어를 공부하는 셈이죠. 물론 외국인이라는 관점에서 제 중국어는 훌륭할 수는 있어도, "내가 내 나이 또래의 중국인, 더군다나 전문직을 가진 중국인처럼 말할 수 있을까?" 이런 가정하에선 큰 점수를 주고 싶지 않답니다. 왜냐하면 중국어를 잘한다는 것은 말만 중국인처럼 유창해서 되는 게

중국어 **汉语** [Hànyǔ 한위]

어휘 **词汇** [cíhuì 츠후이]

모국어 **母语** [mǔyǔ 무위]

도시 **城市** [chéngshì 청스]

아니라, 중국이란 커다란 아이콘 전체를 이해하고 흡수해야만 가능하다고 생각하기 때문이죠. 때론 순전히 그들만의 사고방식으로 생각할 줄도 알아야 하고요. '중국어 실력=중국 실력'이랄까? 아무튼 중국어가 모국어가 아닌 이상, 아무래도 죽을 때까지 평생 공부해야 하지 않나 하는 생각이 들어요.

많은 사람이 저에게 "중국어를 배우려면 중국에서 어느 도시가 가장 좋아요?" 이런 질문을 많이 하는데요. 베이징이나 상하이 같은 대도시를 선호하는 사람도 있을 테고, 톈진, 칭다오, 션양 등 기타 지역을 생각하는 사람도 있을 거에요. 대도시냐, 아님 지방도시냐? 제가 볼 땐 각각 장단점

이 있는 거 같아요. 베이징은 어학연수 프로그램이 잘 짜진 학교들이 많고, 또 한국과 큰 차이 없이 각종 편의시설이 잘 갖춰져 생활하기 편리하단 장점이 있죠. 새벽에도 전화 한 통이면 맥도날드 햄버거는 물론이고, 삼겹살, 김치, 비타500, 신라면 같은 한국 생필품이 총알 같이 배달되거든요. 반면에 학비나 생활비가 비싸고, 어딜 가든 한국 유학생이 마구 넘쳐난다는 치명적인 단점이 있기도 하죠.

지방의 경우엔 무엇보다 유학 비용을 대폭 절약할 수 있는 게 가장 큰 장점이에요. 지방과 대도시 간에는 학비며 집세, 생활비 등이 크게 차이 나거든요. 또 대도시는 아무래도 밟히는 게 외국인이다 보니 대접이 영 시원

장점 **优点** [yōudiǎn 여우디엔]
단점 **缺点** [quēdiǎn 취에디엔]
클리닉 **医院** [yīyuàn 이위엔]

찮지만, 지방 도시로 갈수록 유학생이 적어 나름 손님(?) 대접을 받을 수도 있고요. 대접이 뭐 대단한걸 말하는 게 아니라, '학생을 좀 더 따뜻하게 챙겨준다' 뭐 이런 의미에요. ^^ 단점이라면 각종 편의시설이나 문화·생활 방면 등이 좀 낙후되어 불편할 수 있다는 거죠. 특히 유학생활 중 몸 아플 때가 가장 서러운 법인데, 외국인을 위한 제대로 된 전문 클리닉이 거의 없다는 것도 마이너스 요인이고요. 그러니 어느 도시를 선택할 것인가는 개인의 취향과 경제형편에 맞게 결정하는 것이 정답일 듯싶어요. 중국 교육부 통계에 의하면 한국 유학생이 가장 많은 도시는 베이징, 상하이, 톈진, 산둥성, 랴오닝성 순이에요. 이중 베이징과 상하이에는 전체 한국 유학생의 50%가 몰려있고요.

저는 개인적으로 베이징이나 상하이를 추천해 드려요. 뭘 하든 무조건 수도가 장땡이지! 이런 건 절대 아니고요. 가장 큰 이유는 무엇보다 중국의 현재와 미래를 온몸으로 느낄 수가 있다는 것이죠. 넘 거창한가요? ^^ 굳이 비싼 돈을 들여 중국까지 온 목적이 단순히 언어 공부만을 위해서는 아닐 거에요. 그럴 거라면 그냥 국내에 있는 중국어 학원에 다녀도 될 테니까요. 어떤 분들은 "베이징과 상하이는 한국 유학생이 너무 많아서 싫어!"라고 하시는데, 사실 정도의 차이는 있지만, 중국 어딜 가도 한국 유학생들은 많답니다. 심지어 해발 5천 미터 오지인 티베트 자치구에도 한국 유학생이 있으니까요. 제 경험상 어학연수지를 고르는 데 있어, 한국인의 많고 적음은 크게 중요하지 않다고 봐요. 중국의 심장부인 베이징과 상하이! 이곳에 갖춰진 풍부한 인적 인프라나 문화 콘텐츠가 진정한 'CHINA'를 이해하는데 크나큰 도움을 줄 수 있다는 것. 전 이점을 강조하고 싶어요.

중국에서는 어학연수가 다른 외국처럼 사설 학원이 아닌 대학교에서 이뤄져요. 베이징은 거의 모든 대학이 3~6개월의 단기, 1~2년의 장기, 방학기간 어학코스 등 다양한 연수과정을 개설해놓고 있답니다. 그럼 "어느 학교가 가장 좋아요?"란 질문을 또 하실 텐데요. 이것도 제 주관적인 입장에서 말씀드릴게요. 예전엔 '베이징 어언대학'이 타의 추종을 불허하는 최강자였어요. 아무래도 외국인들의 언어교육을 목적으로 설립된 학교다 보니, '중국어=어언대' 이런 등식이 있었죠. 여러분도 한 번쯤 본 적이 있는 불멸의 베스트셀러 '301' 및 대다수의 중국어 교재들이 이 학교에서 만들어졌죠. 또 중국어 능력 평가시험인 HSK도 어언대에서 주관을 하고요. 하지만 한국 유학생이 넘쳐날 지경이어서 "이거 한국에서 중국어학원 다니는 느낌이구만!" 이런 하소연들도 많이 해요. 삐까뻔쩍 들어선 체육관, 운동장, 기숙사가 한국인 돈으로 세운 거라는 말이 있을 정도니까요.

베이징 사범대는 최근 들어 '어언 대학'의 아성을 위협할 정도로 외국 유학생이 선호하는 곳이에요. 이 학교는 중국 대학순위에서 TOP 10 안에 드는 명문대인데다, 또 중국 최고의 사범대인 만큼 선생님들의 실력이 좋

대학교 **大学** [dàxué 따쒜]
교재 **教材** [jiàocái 찌아오차이]
운동장 **操场** [cāochǎng 차오챵]

죠. 저도 간혹 들리는데 기숙사나 학교 시설도 괜찮은 편이고요. 물론 여기도 어언대만큼이나 한국 유학생들로 넘쳐난답니다. 그 외 중국 명문대 생활을 간접 체험하고 싶으면, 베이징대나 칭화대도 괜찮은 선택이 될 수 있고요. 틈새(?) 시장을 노려 "난 물 좋은 학교에서 공부할 거야." 그러면 꽃미남·미녀가 많은 '베이징 희극학원'이나 '베이징 영화학원'도 괜찮겠네요. 제 친구 하나는 아나운서를 전문으로 배출하는 '베이징 미디어 대학'에서 어학연수를 했었는데, 아무래도 아나운서 지망생 친구들을 많이 사귀다 보니 발음 공부하는 데 큰 도움이 됐다고 해요. 또 중국 무술을 좋아했던 친구는 '베이징 체대'에서 어학연수를 했는데, 방과 후 매일같이 중국인들과 어울려 무술연습을 해서 중국어 실력은 물론 쿵푸 실력까지 늘었다며 좋아하더라고요.

60

그럼 어학연수 비용은 얼마나 들까요? 위에 소개한 베이징 소재 대학들의 학비는 거의 대동소이합니다. 1년에 2만~2만 3천 위안(350~400만 원) 정도. 기숙사비는 2인 1실인지, 1인 1실인지, 또 방의 등급에 따라 가격이 천차만별이에요. 굳이 평균을 내자면 가장 싼 방은 한 달에 1000~1500위안(18만~28만 원) 정도 해요. 호텔식 시설이 갖춰진 럭셔리한 방은 한 달에 3천 위안(약 55만 원)을 훌쩍 넘기도 하고요. 학교 밖에 직접 집을 렌트할 경우 15평형 원룸이 최소 2500위안(45만 원) 이상 한답니다. 생활비야 개인차가 있지만 1달에 최소 2000위안(36만 원)이라고 잡았을 때, 1년 총 유학비용은 우리 돈 '천만 원+ *α*'가 드는 셈이죠. 이것도 가장 최소로 잡아 계산한 비용이니 실제론 훨씬 더 들어간다고 보는 게 정확할 듯 싶어요. 사실 물가 비싼 베이징에서 한 달에 2000위안의 생활비로 살아가기란……. 휴우~ 정말 많이 버겁다고 할 수 있어요.--; 중국이라고 쌀 줄 알았는데 비용이 만만치가 않죠? 하지만 지방 도시에서 공부하면 학비며 기숙사비, 집세가 상대적으로 싸니까, 제가 산정한 총 유학비용보다 약 20~30% 정도 저렴하다고 생각하면 돼요. 이 비용을 참고로 해서 구체적인 유학 경비를 짜면 될 것 같아요.

아나운서 广播员 [guǎngbōyuán 광뽀위엔]
발음 发音 [fāyīn 파인]
비용 费用 [fèiyòng 페이용]
생활비 生活费 [shēnghuófèi 성훠페이]

수도 **首都**
서우뚜, shǒudū

한국어 **韩语**
한위, Hányǔ

대도시 **大城市**
따청스, dàchéngshì

표준어 **普通话**
푸퉁화, pǔtōnghuà

지방 **外地**
와이띠, wàidì

사투리 **方言**
팡이옌, fāngyán

시골 **小城镇**
씨아오청젼, xiǎochéngzhèn

문법 **语法**
위파, yǔfǎ

유학 가다 **去留学**
취 리우쒜, qù liúxué

성조 **声调**
셩띠아오, shēngdiào

유학생 **留学生**
리우쒜셩, liúxuéshēng

발음 **发音**
파인, fāyīn

한국 유학생 **韩国留学生**
한궈 리우쒜셩, Hánguó liúxuéshēng

악센트 **口音**
커우인, kǒuyīn

어학연수 **学语言**
쒜 위이옌, xué yǔyán

중국어 **汉语**
한위, Hànyǔ

외국어 **外语**
와이위, wàiyǔ

● 중국어를 정말 잘하시네요.

A: 你的汉语说得很好。 중국어를 정말 잘하시네요.
Nǐ de Hànyǔ shuō de hěn hǎo. 니 더 한위 슈워 더 헌 하오.

B: 哪儿啊，一般。 뭘요! 그냥 보통이죠.
Nǎr a, yìbān. 날 아, 이빤.

● 어느 지방 사람이세요?

A: 你是什么地方人？ 어느 지방 사람이세요?
Nǐ shì shénme dìfangrén? 니 스 션머 띠방런?

B: 我是韩国人。 전 한국사람인데요.
Wǒ shì Hánguórén. 워 스 한궈런.

● 중국어 할 줄 아세요?

A: 你会说中文吗？ 중국어 할 줄 아세요?
Nǐ huì shuō Zhōngwén ma? 니 후이 슈워 중원 마?

B: 一点点。 아주 조금요.
Yì diǎn diǎn. 이 디엔 디엔.

중국 대학 입학하기

중국에는 현재 전 세계 190개국에서 온 23만 명의 유학생이 있는데, 그 중 한국 유학생 수는 약 7만여 명으로 압도적인 1위를 차지하고 있죠. 2위를 차지한 미국 유학생보다 3배나 많은 숫자에요. 예전에는 중국에 단순히 중국어를 배우기 위한 어학연수를 많이 갔다면, 요즘은 대학이나 대학원 진학을 위해 중국을 찾는 경우가 많아졌어요. 아무래도 중국이 한국과 가깝다는 지리적 이점 외에도, 정치·경제·문화적으로 국제무대에서의 입지가 점점 넓어지고 있다는 간접증거겠지요. 그럼 중국으로의 장기 유학을 계획 중이신 분들을 위해 중국 대학과 관련된 실질적인 정보를 알려 드릴까 해요. 그것도 아주 자세히~~^^

중국인이 아닌 외국인이 중국의 대학에 입학하려면 어떻게 해야 할까요? 외국인은 중국의 대입시험인 '까오카오'를 보지 않고, 외국인 특별전형을 통해 입학하게 됩니다. 중국 대학은 신학기가 우리와 달리 9월에 시작해서, 입학시험은 매년 4, 5월경에 실시되고요. 외국인은 중국 학생과는 다른 별도의 입학시험을 치르지만, 이 시험이 절대 간단하진 않답니다. 시험은 대학별 본고사 개념으로 학교마다 다 다른데, 보통 필기시험과 면접시험으로 나뉩니다. 베이징대는 문·이과 관계없이 중국어(어문), 영어,

유학생 留学生 [liúxuéshēng 리우쒜셩]
정보 信息 [xìnxī 씬씨]
필기시험 笔试 [bǐshì 비스]

수학 이렇게 3과목의 시험을 치러요. 칭화대는, 공대는 수학·물리·화학·영어를, 문과계통은 중국어·논술·영어·종합상식을 본답니다. 기타 런민대나 푸단대 등 다른 명문대의 시험과목도 거의 대동소이하고요. 미대나 음대는 실기시험도 치르고요. 제가 1997년 중국 대학에 입학할 당시에는 베이징 정부에서 실시하는 통합시험(수학·화학·물리), 대학 본고사, 면접시험을 봤답니다. 면접 때는 학교 및 전공선택 이유, 유학 온 목적, 미래의 꿈, 시사상식 등 잡다하게 물어봅니다. 면접관이 질문하는데, 답변할 때 중국어조차 버벅거리면 정말 위태롭겠죠? 저 역시 미리 예상질문을 100여 개 정도 뽑아서 달달 외웠답니다. 결과는 모두 적중! ^^ 중국 명문대는 학교마다 차이가 있지만, 보통 1년에 100~130여 명 정도의 외국인 학부생을 모집합니다. 모집정원은 매년 조금씩 증가하는 추세이고요.

그럼 대체 얼마나 시험 준비를 해야 중국 대학에 입학할 수 있을까요? 이거야 뭐 개인차가 있겠지만, 제 경험에 의하면 어학연수까지 포함해 최소 1년 6개월에서 2년 정도의 준비기간이 필요한 것 같아요. 물론 중국 현지에서 중·고등학교를 나온 학생들은 좀 더 수월할 수가 있겠고요. 저도 어학연수를 포함해서 대입 준비만 근 2년 가까이 했는데요. 이 준비과정이 정말 많이 힘들었어요. 마치 고3 때로 돌아간 것처럼……. 이렇게 2년 정도 죽을 힘을 다해 입학 준비를 해도, 막상 대학에 들어가서 중국 학생들

학부생 本科生 [běnkēshēng 번커셩]
졸업생 毕业生 [bìyèshēng 삐예셩]

과 수업을 받다 보면 엄청난 버거움을 느낀답니다. 어학연수와 실제 대학에서 행해지는 본 수업은 그 느낌이 하늘과 땅 차이에요. 속사포처럼 이어지는 교수님 말씀이 어찌나 빠른지, 맨 앞자리에 앉아 온정신을 집중해도 놓치는 부분이 많았어요. 사투리가 심한 교수님이라도 들어왔다 치면 아주 죽음이었죠. 시험 때도 서술형 답안을 죄다 한자로, 그것도 형식이 갖춰진 작문형태로 써내야 하니, 미리 수십, 수백 개의 예비답안을 만들어 달달 외어야만 했답니다. 그러니 중국 학생이 5시간을 공부하면 전 최소 10시간, 아니 밤을 꼴딱 새가며 준비해야 했어요. 이렇게 죽자살자 덤비니 대학 2년차가 되어서야 비로서 완전 적응이 되더군요. 일부 사람들은 중국 대학은 입학하기도 쉽고 졸업하기도 쉽다고 말하는데, 절대 그렇지 않다는 사실! 이제는 입학하기도 까다롭고, 졸업하기는 더더욱 쉽지가 않답니다. 제가 대학을 다닐 때도 총 90여 명의 유학생이 입학했는데, 졸업생은 50명이 채 안 됐으니까요.

　이번엔 가장 중요한 학비 얘기를 한번 해볼게요. 먼저 중국 대학 생들의 학비를 소개하자면, 중국의 일반 4년제 대학의 학비는 1년에 5000~6000 위안(90~110만 원) 정도 해요. 예체능 전공은 1만 위안(180만 원) 이상으로 정확히 2배 이상 비싸고요. 중국 대학생들은 거의 전원 기숙사 생활을 하는데, 1년 기숙사 비용은 1000~1500 위안(18~28만 원) 정도 한답니다. 대학교 1년 등록금이 천만 원을 돌파한 우리나라와 비교할 때 중국 대학의 학비는 거의 환상적인 수준이지만, 중국인들의 평균소득을 고려할 때 절대 싸지 않은 금액이에요. 그래서 많은 중국 학생들은 은행에서 학자금 대출을 받거나, 친척들에게 돈을 빌려서 또는 열심히 아르바이트를 해서 등록금을 마련한답니다. 얼마 전 한 신문에서 중국에서 가장 학비가 비싼 대학 순위가 공개됐었어요. 대망의 1위는 베이징에 있는 예술 대학인 '중앙희극학원'이 차지했죠. 중국 최고의 연예인 배출 학교라 그런 지 1년 학비가 거진 2만 위안(360만 원)에 달하네요. 중국의 월드스타 '장쯔이'가 바로 이 학교 출신인데, 대학생 때 비싼 학비 때문에 여기저기서 무용 아르바이트를 뛰거나 광고를 찍어 등록금을 마련했다고 해요. 얼마 전엔 그 당시 찍었던 '짠지' 광고가 인터넷에 올라오기도 했었죠. '짠지'를 든 장쯔이의 모습은 참으로 풋풋해 보이더라고요.^^ 2위와 3위는 중국 최고의 미대와 음대인 '중앙미술학원'과 '중앙음악학원'이 각각 차지했고요. 에고……. 한국이든 중국이든 돈 없는 사람이 예술 하기는 똑같이 어렵네요.^^

중국 학생들과 외국 유학생 간의 학비는 아주 크게 차이 난답니다. 무려 5~6배 정도 차이가 나죠. 최고 명문인 베이징대와 칭화대의 유학생 학비는 거의 같아요. 1년 등록금이 문과는 2만 6천 위안(470만 원). 이과는 3만 위안(550만 원). 의학부는 좀 더 비싼 4만 5천 위안(800만 원)정도 해요. 한의학 대학인 베이징 중의약대의 경우 1년에 3만 5천 위안(650만 원)이고요. 중국의 '홍대 미대'라 할 수 있는 중앙미술학원은 학비가 무려 5만

대출 贷款 [dàikuǎn 따이쿠안]
연예인 明星 [míngxīng 밍씽]
광고 广告 [guǎnggào 광까오]

2천 위안(950만 원)에 달한답니다. 이 학교는 아마 중국 전체를 통틀어 유학생 학비가 가장 비싼 학교가 아닐 듯싶어요. 중국의 대학 등록금 생각보다 많이 비싸죠? 환율을 고려한다면, 한국의 국립대학과 비슷하거나 오히려 더 비싸다고도 할 수 있어요. 석·박사과정은 학교와 전공과목에 따라 다르지만, 석사는 보통 3만 위안 이상, 박사는 4~5만 위안(7~9백만 원) 정도 한답니다. 사실 중국 유학의 가장 큰 장점 중 하나가 저렴한 학비였는데……. 이젠 좋은 시절도 다 갔네요.^^ 위의 학비는 베이징과 상하이의 경우이고, 다른 지방 도시의 학비는 좀 더 낮다고 보면 돼요.

중국에는 장학금 제도가 생각보다 잘되어 있어요. 중국 정부에서 주는 장학금, 직할시나 성에서 주는 장학금, 학교에서 별도로 주는 장학금 등 여러 장학금 제도가 있죠. 중국은 현재 '중국에서 유학하기'란 프로젝트를 통해 2020년까지 50만 명의 외국 유학생을 유치한다는 계획을 하고 있어요. 특히 중국에서 석·박사를 하는 유학생들에 대한 지원제도를 점차 늘려나가는 추세에요. 매년 학교별로 장학생 모집요강이 나오는데, 학부 성적 및 대학원 입학시험 성적에 따라 장학금을 탈 수가 있답니다. 저도 중국 정부에서 지원하는 박사 장학생으로 선발되었는데, 3년간 3천만 원 정도의 학비가 전액 면제되고, 시설 좋은 1인실 외국인 기숙사는 물론, 매달 2천 위안의 생활비까지 정부에서 나온답니다. 또 외국인 상해보험까지 들어주니 이래저래 혜택이 많아요. 중국의 각종 장학금 제도에 관한 정보를 더 자세히 알고 싶으시면, '국가 유학기금 관리 위원회' 웹사이트를 참고하세요.

*중국 유학기금 관리 위원회(China Scholarship Council): www.laihua.csc.edu.cn

장학금 奖学金 [jiǎngxuéjīn 지앙쒜찐]
박사 博士 [bóshì 보스]
생활비 生活费 [shēnghuófèi 성훠페이]

입학시험 **入学考试**
루쒜 카오스, rùxué kǎoshì

입학 **入学**
루쒜, rùxué

과목 **科目**
커무, kēmù

졸업 **毕业**
비예, bìyè

중국어 **汉语**
한위, Hànyǔ

입학식 **入学典礼**
루쒜 디엔리, rùxué diǎnlǐ

수학 **数学**
슈쒜, shùxué

졸업식 **毕业典礼**
비예 디엔리, bìyè diǎnlǐ

물리 **物理**
우리, wùlǐ

휴학하다 **休学**
씨우쒜, xiūxué

화학 **化学**
화쒜, huàxué

편입하다 **转学**
주안쒜, zhuǎnxué

영어 **英语**
잉위, Yīngyǔ

재수하다 **复读**
푸두, fùdú

논술 **作文**
쭈워원, zuòwén

복학하다 **复学**
푸쒜, fùxué

상식 **常识**
창스, chángshí

HSK **汉语水平考试**
한위 쒜이펑 카오스, Hànyǔ Shuǐpíng Kǎoshì

나 이번에 장학금 탔어!

A: 我这次拿奖学金了。 나 이번에 장학금 받았어.
Wǒ zhè cì ná jiǎngxuéjīn le. 워 져 츠 나 지앙쉐찐 러.

B: 快请客! 빨리 한턱내!
Kuài qǐngkè! 콰이 칭커!

너 무슨 동아리 들 거야?

A: 你想参加什么社团? 너 무슨 동아리 들거야?
Nǐ xiǎng cānjiā shénme shètuán? 니 씨앙 찬지아 션머 셔투완?

B: 跳舞社团。 댄스 동아리.
Tiàowǔ shètuán. 티아오우 셔투완.

우리 오늘 클럽 가자!

A: 咱们今天去迪厅吧! 우리 오늘 클럽 가자!
Zánmen jīntiān qù dítīng ba! 잔먼 찐티엔 취 디팅 바!

B: 我明天有考试。 나 내일 시험 있어.
Wǒ míngtiān yǒu kǎoshì. 워 밍티엔 여우 카오스.

chapter 07

중국어를 잘하려면

　　세계에서 가장 많이 쓰이는 언어는 뭘까요? 정답은 영어가 아닌 중국어에요. 13억 중국인을 포함해 전 세계 인구의 1/4이 중국어를 사용하고 있어요. 중국이 국제무대에서 미국과 패권을 다투는 이인자로 등극하면서, 전 세계적으로 중국어 열풍이 거세게 불고 있어요. 미국이나 영국에서는 4천 개가 넘는 중·고등학교에서 중국어를 가르치고 있고, 일본에서는 95%의 대학에서 중국어를 제2외국어로 지정해놓고 있어요. 우리나라도 예외는 아닌데, 중국에 유학 가있는 외국인 중 한국 유학생 수가 가장 많답니다. 요즘 강남에는 중국어 전문 유치원이 인기라고도 하네요. 혹시 '공자 아카데미'라고 들어보셨나요? 논어나 한자를 가르치는 서당(?)이 아니고

공자 아카데미 **孔子学院** [Kǒngzǐ xuéyuàn 콩즈 쒜위엔]

자녀 **子女** [zǐnǚ 즈뉘]

과외 **辅导** [fǔdǎo 푸다오]

요. 중국 교육부가 중국어와 중국문화를 전파하고자 세계 각국의 대학에 설치한 중국어 전문 교육기관이에요. 이미 전 세계 96개국에 300여 곳이 넘는 분교가 있고, 우리나라에도 한국외대, 경희대를 포함해 17곳의 대학에 '공자 아카데미'가 설치되어 있어요.

외국 유명인사들의 자녀들도 중국어 공부에 한창인데요. 올해 초 후진타오 주석이 미국을 방문했을 때, 오바마 대통령 딸이 후주석과 중국어로 대화를 나누고 싶어 아빠를 졸라 자리를 마련해달라고 했다죠? 우와~ 사샤는 세계에서 가장 몸값 비싼 중국어 선생님께 과외를 받은 셈이네요. 러시아 푸틴 총리의 딸도 어릴 적부터 중국어를 공부해 지금은 상당한 실력이라고 해요. 또 월가의 전설적인 투자의 귀재 '짐 로저스'는 인터뷰를

할 때마다 "자녀에게 무조건 중국어를 가르쳐라."라고 강조를 하는데, 어린 두 딸의 중국어 교육을 위해 아예 집을 뉴욕에서 싱가포르로 옮겼을 정도에요. '페이스북'의 창립자 '마크 주커버그'도 중국시장을 뚫으려고 중국인 여자친구에게 맹렬히 중국어 개인지도를 받고 있다고 해요. 이쯤 되면 중국어가 정말 대세라고 할 수 있는데요. 제 주위에선 아직도 "짱깨말 배워서 뭐해? 영어를 해야지."라고 한심한 소릴 하는 분들이 있어요. 에고 ~ 지금 밖에선 덩치 큰 중국과 한바탕 전쟁을 치르려고 난리들인데 그런 소릴 들으면 조금 안타까워요. 영어도 물론 중요하지만, 중국어가 시대의 흐름인 건 누구도 부정할 수 없는 사실인데 말이에요.

전쟁 战争 [zhànzhēng 짠정]
간체자 简体字 [jiǎntǐzì 지엔티쯔]
아르바이트 打工 [dǎgōng 다꿍]

중국어는 처음이 어렵고 갈수록 쉬워진다? 이거 맞는 말일까요? 제가 볼 땐 오히려 정반대인 거 같아요. 처음엔 오히려 쉽게 실력이 늘지만, 뒤로 갈수록 점점 어려워지는 것 같아요. 많은 분이 중국어가 어려운 이유로 '한자'와 '발음'을 꼽는데요. 중국에서는 한국과 달리 '간체자'라고 하는 간략화된 한자를 사용하기 때문에, 쉽게 익힐 수가 있어요. 저 역시 처음 중국어를 배울 때 한자 실력이라곤 부모님 이름 석 자 겨우 쓸 수준이었답니다.^^ 하지만 배운지 1년 만에 HSK 8급을 따고, 나중엔 아르바이트로 언론사 동시통역까지 했으니, 절대 한자에 겁먹지 마세요. 오히려 생소한 발

음이 문젠데, 이것 또한 초반에 훈련을 잘하면 입에 쉽게 달라붙어요. 중국어는 발음 때문이라도 절대 독학은 금물이에요. 꼭 원어민 선생님의 입술과 구강구조를 자세히(?) 관찰하며 공부해야 한다는 사실! 그럼 이제부터 저의 중국어 학습 노하우에 대해 말씀드릴게요. 짜잔~ 중국어 공부 과연 어떻게 할 것인가?

첫째, 중국어의 처음과 끝은 발음이에요. 중국어가 어렵게 느껴지는 이유는 노래처럼 음의 높낮이를 구분하는 '성조'라는 게 있기 때문이에요. 근데 성조가 왜 중요하냐? 발음이 똑같은 단어도 성조에 따라 그 뜻이 180도 달라지거든요. 예를 들어 "요즘 몸 건강하시죠?"란 인사말에서 '몸'의 성조를 잘못 발음하면 '콩팥'이 되어버려, "콩팥은 건강하신가요?"란 엽기적인 뜻이 된답니다. 이건 예전에 제가 자주 범했던 실수였다는……. --; 또 중국어로 "말씀 좀 여쭐게요." 할 때 '여쭈다'란 단어를 잘못 발음하면 '키스하다'가 되어, "저기, 키스 좀 할게요." 같은 전혀 엉뚱한 뜻이 되고요.

실제로 왕푸징 한복판에서 중국 여성에게 길을 물었다가, 친절한 길 안내 대신 귓방망이를 얻어맞았다던 어느 유학생의 슬픈 전설이 있어요. ㅋㅋ 빨리 유창한 중국어를 하고 싶으세요? 그럼 단어와 문장을 외울 때 성조를 지키며 또박또박 읽는 습관을 들이세요. 저는 유학 초기 자전거를 타고 학교에 갈 때 미친 사람처럼 상점간판, 도로표지판을 큰소리로 읽으며 다녔답니다. 중국어는 음량이 무척 큰 언어기 때문에, 말할 때 다소 과장되게 말하는 게 필요해요. 처음엔 익숙하지 않겠지만, 입을 크게 벌리고, 시끄러울 정도로 크게 발음을 하는 게 포인트에요. 중국 영화나 드라마를 볼 때, 성대모사 하듯 배우들의 표정과 발음을 그대로 따라 하는 것도 큰 도움이 되고요.

둘째, "인터넷을 적극적으로 활용하자!" 신문은 언제나 훌륭한 어학 교재이죠. 하지만 한자로 전부 도배가 된 신문을 일일이 사전을 찾아가며 읽다 보면 금세 지쳐요. 재미도 없고요. 그럴 땐 '소후'나 '신랑' 같은 중국 포털사이트에 들어가 분야별 관심 있는 뉴스만 간추려 보는 게 도움이 돼요. 모르는 단어는 네이버 중국어 사전에서 바로바로 찾으시고요. 만약 한자로 된 기사는 읽기 싫고, 그냥 뉴스로 보고 싶으면 제가 사랑하는 동영상

몸 身体 [shēntǐ 션티]
콩팥 肾体 [shèntǐ 션티]
여쭈다 问 [wèn 원]
키스하다 吻 [wěn 원]
신문 报纸 [bàozhǐ 빠오즈]
사전 词典 [cídiǎn 츠디엔]

사이트인 '요우쿠'와 '투또우'를 추천해요. 이 사이트의 메인에는 정치·경제·연예를 통틀어 중국에서 가장 이슈가 되는 사건, 사고 동영상이 올라와요. 대략 4~6개 뉴스가 메인에 걸리는데, 하루 20분씩만 투자해 요것만 한 번 쭉 훑어봐도 중국의 돌아가는 사정을 훤히 알 수가 있답니다. 또 동영상 밑에는 댓글들이 주르륵 달려 중국 네티즌들의 성향도 덤으로 파악할 수 있고요. 천안함 폭침, 연평도 포격, 상하이 스캔들 등 국내 이슈도 메인에 곧잘 걸리는데, 댓글을 통해 중국인이 어떻게 한국을 바라보는가도 가늠해 볼 수 있지요. 중국의 검색 엔진도 완소 어학교재에요. 특히 중국의 네이버라 할 수 있는 '바이뚜'를 적극적으로 활용해 보세요. 정말 뭐든지 시시콜콜 자세히 알려준답니다. 드라마 '시크릿 가든'에서 현빈의 주옥같은 대사들. "이게 최선입니까?", "이태리 장인이 한 땀 한 땀 정성껏 만든 츄리닝이야.", "문자 왔슝, 문자 왔슝!" 이런 대사들 중국어로 어떻게 하는지 궁금하지 않으세요? '바이뚜' 검색창에다 중국어로 '현빈 대사'라고 치면 싹 다 나온답니다.

셋째, "절대 스트레스 받지 말기!" 여행을 위해서든, 취업을 위해서든, 외국 꽃미남·미녀를 꼬시기 위해서든 언어 공부는 일단 무조건 재밌어야

요우쿠 优酷 www.youku.com [Yōukù 여우쿠]
투또우 土豆 www.tudou.com [Tǔdòu 투떠우]
바이뚜 百度 www.baidu.com [bǎidù 바이뚜]
현빈 대사 玄彬 台词 [Xuánbīn táicí 쒸엔삔 타이츠]
슬럼프 低谷 [dīgǔ 띠구]
식스팩 腹肌 [fùjī 푸지]

해요. 처음 귀가 열리고 말이 트이면 참 재밌어요. 신기하기도 하고…….
하지만 이내 권태기가 찾아옵니다. 해도 해도 느는 것 같지 않고, 심지어
사람들에게 "넌 발음이 왜 그 모양이니?" 이런 말까지 들으면 더욱 풀이 죽
기도 하죠. 저 역시 셀 수 없이 많은 슬럼프가 있었지만, 그럴 때마다 제가
터득한 극복 방법은 "잠깐 쉬었다 가자!"에요. 저도 한때 그랬지만, 대화할
때 문법이나 성조에 너무 신경을 써서 말하다 보면 오히려 부작용이 나기
도 했던 거 같아요. 정확하게 말하는 게 물론 중요하지만 ,너무 거기에 집
착하다 보면 쉽게 지치거든요. 그래서 때론 문법이든, 성조든, 발음이든 다
내려놓고 틀리든 말든 멋대로 한번 떠들어 볼 필요도 있어요. 물론 이건 어
디까지나 탄탄한 기초 실력을 갖췄다는 전제하의 얘기에요. 전 중국어 공
부는 배에 새겨진 식스팩이라고 생각해요. 죽어라 운동해 '왕'자를 만들었
어도, 조금만 관리를 안 하면 금세 희미해지니까요. 중국어 공부의 핵심은
얼마나 재미를 잃지 않고, 여유로운 마음을 갖고 길게 보며 가는 게 아닐까
생각해요.

유학 **留学**
리우쒜, liúxué

한자 **汉字**
한즈, hànzì

단어 **单词**
딴츠, dāncí

문장 **文章**
원장, wénzhāng

사자성어 **成语**
청위, chéngyǔ

과외 **辅导**
푸다오, fǔdǎo

문법 **语法**
위파, yǔfǎ

작문 **作文**
쭈워원, zuòwén

말하기 **口语**
커우위, kǒuyǔ

청취 **听力**
팅리, tīnglì

외우다 **背**
뻬이, bèi

까먹다 **忘**
왕, wàng

사전 **词典**
츠디엔, cídiǎn

전자사전 **电子词典**
띠엔즈 츠디엔, diànzǐ cídiǎn

신문 **报纸**
빠오즈, bàozhǐ

라디오 **收音机**
셔우인지, shōuyīnjī

드라마 **电视剧**
띠엔스쮜, diànshìjù

영화 **电影**
띠엔잉, diànyǐng

오늘 시험 잘 봤어?

A: 今天考得怎么样？ 오늘 시험 잘 봤어?
Jīntiān kǎo de zěnmēyàng? 찐티엔 카오 더 젼머양?

B: 完蛋了！ 망쳤어!
Wándàn le! 완딴러!

너 기말고사 다 통과했어?

A: 你期末考试都及格了吗？ 너 기말고사 다 통과했어?
Nǐ qīmò kǎoshì dōu jígé le ma? 니 치모 카오스 떠우 지거 러 마?

B: 都过了。 다 패스했어.
Dōu guò le. 떠우 꾸워 러.

나 시험 망쳤어!

A: 我考砸了。 나 시험 망쳤어.
Wǒ kǎozá le. 워 카오쟈 러.

B: 临时抱佛脚的后果。 벼락치기 한 결과지 뭐.
Línshí bàofójiǎo de hòuguǒ. 린스 빠오포지아오 더 허우구워.

PART 2 문화재

chapter 08

중국인들은 모두 쿵푸 고수?

중국 하면 제일 먼저 떠오르는 것! 바로 쿵푸! 쿵푸는 서양인들이 중국 무술을 부르는 말이고, 중국에서는 '우슈'라고 불러요. 중국에서 TV를 켜면 밤낮 할 거 없이 무협드라마를 재탕, 삼탕 방영하곤 합니다. 특히 불멸의 무협물인 '의천도룡기', '사조영웅전', '신조협려'는 매년 리메이크되어 어김없이 시청률 1위를 기록하기도 하지요. 이 무협물의 원작자는 올해 87세의 김용이에요. 중국인과 얘기할 때 '김용' 무협지 한 번 안 읽으면 전혀 대화가 안 통해요. 전 세계적으로 3억 권의 책을 팔아치운 김용은 단순한 무협작가를 넘어 중국 현대문학의 거장으로까지 추앙받고 있답니다.

우슈 武术 [wǔshù 우슈]

고수 高手 [gāoshǒu 까오셔우]

공원 公园 [gōngyuán 꽁위엔]

태극권 太极拳 [táijíquán 타이지취엔]

최근 그의 작품은 루쉰의 '아Q정전'을 밀어내고 중·고등학교 교과서에 실리기도 했으니까요. 심지어 대학에 그의 무협지를 연구하는 '김학'이란 학과가 개설되기도 했고요.

중국에서 진짜 무림고수를 만날 수 있는 곳은 집 근처 공원이에요. 힘들여 소림사나 무당산까지 갈 필요가 전혀 없지요. 고수들이 하나 둘 모습을 나타내는 시각은 새벽 6시. 저마다 손에 검이나 봉을 든 채 공원으로 모여듭니다. 중국의 공원은 무림 각축장이에요. 태극권, 소림권, 장권, 형의권, 팔괘장 등 모든 종류의 무술파들이 전부 모여 있거든요. 각 파들은 현수막을 내걸고, 자기들의 권법을 선전하기도 하고, 또 새 회원을 모집하기도 해요. 왠지 고수하면 이소룡이나 이연걸처럼 날쌘 젊은이가 많을 것 같지만, 노인 중에서도 고수가 많아요. 베이징에는 '펑즈챵'이라는 유명한 태극권 고수가 있어요. 평소에 무공이 대단하단 소문만 들었는데, 한 번은 공원에서 직접 마주쳤어요. 근데, 어랏! 머리가 허옇게 센 게 완전 동네 할아버지 필~ '정말 고수 맞아?' 실망하던 차에 놀라운 일이 벌어졌어요. 한 젊은이와 대련을 하는데, 순식간에 젊은이를 자빠트리더군요. 어찌나 동작이 빠른지, 할 말을 잃었어요. 역시 명불허전! "너 소냐? 내가 최영의야!" 하며 황소뿔을 결딴냈다던 전설의 파이터 최배달. 그런 그도 세계 최강 고수들을 차례로 꺾었지만, 태극권을 하는 60세 넘은 노인에게 무릎을 꿇었다는 유명한 일화가 있어요. 공원 구석구석에는 이렇듯 나이 든 숨은 고수들이 많답니다.

베이징에서도 징샨공원과 디탄공원은 소문난 무림 공원이에요. 각무술파들은 공원 내에 저마다 고유한 영역이 있어요. 그럼 자리 선정은 어떻게 하느냐? 먼저 와서 자리 맡은 사람이 임자! 이런 게 아니라 '양육강식'의 법칙이 존재하는 무림계인지라, 나름의 규칙이 있어요. 보통 파의 장이 얼마나 대단한지, 또 제자가 몇 명인지에 따라 결정이 되지요. 저는

제자 弟子 [dìzǐ 띠즈]
실력 实力 [shílì 스리]

태극권의 한 유파인 양가 소속인데, 제 사부님은 '츄중산'으로 양가 태극권의 5대 전수자예요. 그의 조부인 '츄이스'는 과거 베이징 도성을 주름잡았던 전설의 무도인이셨고요. 이렇게 족보가 화려하다 보니 저희 파는 공원 내 가장 좋은 자리에서 수련합니다. 종루 앞이라 전망도 죽이고 바닥도 돌들이 가지런히 깔린 명당에서요. 뭐 힘없는 파들은 공원 구석에서 초라하게 수련을 해야 하고요. ^^

저는 가끔 수련이 끝나고 집에 갈 때면 다른 유파들의 권법을 구경하기도 해요. 가만히 서서 보고 있으면 그 파의 장이 나와 말을 걸어요. "간 싱 취 마?"(관심 있소?) "스!"(네!)라고 하면 가장 실력 있는 제자를 시켜 시범을 보이게 합니다. 땀을 뻘뻘 흘리며 펄쩍펄쩍 뛰는데, 그 모습이 안쓰러울 정도에요. 공중 발차기를 할 때 헛발을 디뎌 모양새가 빠졌지만, 나름 볼만하네요. 예의상 제가 "하오 빵 아!"(완전히 죽이는데요!)라고 하면 기다렸다는 듯 007가방에서 회원 가입서를 꺼내 듭니다. 그것도 영어로 된….--; 수강료는 1달에 200달러. 아, 놔~ 내가 이 바닥에서 논지가 몇 년짼데, 어디에 대고 바가지 요금을…. "타이 꾸이 러!"(너무 비싼데요!)라고 하자 바로 "니 야오 뚜워치엔?(얼마를 원하는 거요?)라며 흥정을 시작하네요. "죄송하지만 다음에….”라고 하자 팔목을 잡아끌며 한 명 더 데려오면 반값에 해주겠다고 꾀기도 합니다. 참 내, 무슨 마트의 사은품 행사도 아니고….ㅋㅋ 제가 하는 수 없이 추중산 사부 밑에 있다고 하니 “애는 물 건너 같구먼!” 이런 표정으로 제 사부 흉을 늘어놓기도 합니다. “쳇! 자기가 뭐 그리 대단하다고…. 다 제 할아버지 후광덕이지….” 이런 말을 하면서요.

중국인들은 누구나 태극권을 할 줄 알까요? 중국의 아파트 단지 안에는 아침저녁으로 태극권을 하는 사람들이 많아요. 근데, 전부 아줌마나 노인들뿐, 젊은이는 없어요. 주위에 중국 친구들도 제가 태극권을 한다고 하면 “그런 건 노인들이나 하는 거 아니야?”라며 신기하게 바라보고요. 대학 시절 태극권은 전 학생이 학점을 따야 하는 필수과목이었어요. 근데 중국 학생들은 매번 수업할 때마다 “타이지취엔 쩐 메이이스!(태극권은 완전 재미없어!)”라며 투덜거렸어요. 실기시험도 치르는데, 학점도 엄청 짜게 줘서 학생들이 꺼리는 과목이었답니다. 재미있는 건 제 사부님은 외아들이 하나 있는데, 그 친구가 한국의 태권도에 푹 빠져 사부님께 혼이 많이 났었어요. 사석에서 아들놈 때문에 창피해서 얼굴을 못 들고 다니겠다는 말씀까지 종종 하셨고요. 하기야 외국인들도 태극권을 배우러 중국까지 날라오는 판에, 하나밖에 없는 자식이 그 모양(?)이니 얼마나 복장이 터지겠어요. 중국 무술 대가의 아들이 한국의 태권도에 심취하다니 조금 웃기죠? 그 친구는 저보다 3살 아래인데, 솔직히 태권도가 훨씬 박진감 넘치고 재미있다고 털어놓았답니다.ㅋㅋ 중국의 국민 무술 태극권의 체면이 참, 말이 아니네요.

태극권은 보기에는 느릿느릿 쉬워 보이지만, 호흡법도 신경 써야 하고 정신을 집중해야 하기 때문에 어려운 부분이 있어요. 간단한 동작 하나하나에도 음양오행, 팔괘, 경혈 등 심오한 이론들이 녹아있거든요. 그냥 천천히 팔을 휘젓는 거 같아도 혀는 입천장에 붙이고, 항문을 조여주며 정수리의 백회혈을 하늘에 매단다는 의식을 가져야 하니, 쉽지가 않죠. 저는 태극권을 대학 1학년 때부터 시작해 8년 넘게 수련했어요. 고백하자면 저희 문파에서 제 실력이 가장 형편없었답니다. 태극권은 유연함이 생명인데, 전 꽝이었거든요. 그래서 늘 사부님께 욕을 먹었죠. 한 동작만 10시간을 연습해 보여 드려도 "니 하이 뿌씽!"(넌 아직 멀었어!)란 말을 들었으니까요. 하도 욕을 먹으니 오기가 생기더군요. 주말에도 사부님 집에서 개인 트레이닝을 받으며 허리에 디스크가 올 정도로 죽기 살기로 했었죠. 결국엔 베이징시 주최 국제 태극권 대회에서 은메달을 따고, 우슈 3단 단증까지 취득했지만, 그 기쁨도 잠시. 심사위원 중 한 분이시었던 제 사부는 득달같이 달려와 "타이 띠우 리엔 러!"(내가 쪽팔려서리….)라며 또 욕을 하시더라고요. --; 정말이지 진정한 무림의 고수가 되는 길은 멀고도 험난한 것 같습니다.

태권도 跆拳道 [táiquándào 타이취엔따오]
재미있다 有意思 [yǒu yìsi 여우 이쓰]

스타 **明星**
밍씽, míngxīng

무협 드라마 **武侠电视剧**
우씨아 띠엔스쥐, wǔxiá diànshìjù

액션 영화 **动作片**
똥쭈워피엔, dòngzuòpiān

스포츠 **体育**
티위, tǐyù

운동하다 **运动**
윈똥, yùndòng

웨이트 트레이닝 **健身**
찌엔션, jiànshēn

태권도 **跆拳道**
타이취엔따오, táiquándào

요가 **瑜伽**
위지아, yújiā

밸리댄스 **肚皮舞**
뚜피우, dùpíwǔ

조깅 **跑步**
파오뿌, pǎobù

수영 **游泳**
여우융, yóuyǒng

스키 **滑雪**
화쒜, huáxuě

스노보드 **单板滑雪**
딴반 화쒜, dānbǎn huáxuě

번지점프 **蹦极**
뻥지, bèngjí

서핑 **冲浪**
총랑, chōnglàng

스킨스쿠버 **潜水**
치엔쒜이, qiánshuǐ

당구 **台球**
타이치우, táiqiú

골프 **高尔夫**
까오얼푸, gāo' ěrfū

넌 무슨 운동 좋아해?

A: 你喜欢什么运动？ 넌 무슨 운동 좋아해?
Nǐ xǐhuan shénme yùndòng? 니 씨환 션머 윈뚱?

B: 单板滑雪。 스노보드.
Dānbǎn huáxuě. 딴반 화쒜.

넌 취미가 뭐야?

A: 你有什么爱好？ 넌 취미가 뭐야?
Nǐ yǒu shénme àihào? 니 여우 션머 아이하오?

B: 练瑜伽。 요가하기.
Liàn yújiā. 리엔 위지아.

너 수영할 줄 알아?

A: 你会游泳吗？ 너 수영할 줄 아니?
Nǐ huì yóuyǒng ma? 니 후이 여우용 마?

B: 不会。 못해.
Bú huì. 부 후이.

chapter 09

음란한 중국 남녀

"스슝, 니 씨아자이러 마?"(선배, 다운받으셨어요?) 중국인 후배가 이런 말을 하는 거 보니, 또 인터넷에서 뭔가가 터진 듯하네요. 그 뭔가는 바로 섹스 동영상을 말해요. 중국에서는 하루가 멀다 하고 유명 연예인, 정부 관료, 모델, 심지어는 10대들의 섹스 동영상이 유포되곤 해요. 작년 한 해만 봐도 유명 레이싱 모델인 '셔우셔우'의 야동이 퍼졌었고, 광둥성의 한 미녀 아나운서 야동도 큰 화제가 됐었어요. 또 지방의 한 공무원이 무려 500여 명의 여성과 성관계를 맺고 찍은 동영상과 섹스일기가 유포되기도 했었고요. 그 외에도 숱하게 많은 '메이드인 차이나' 야동들이 나돌았답니다. 특히 화제가 됐던 게 일명 '처녀막 상실'로 불리는 한 고등학생의 섹스 동영상이에요. 주인공은 후난성의 한 명문고에 다니는 '장펑옌'으로, 인터넷에 올라온 사진을 보니 정말 청순하게 생겼더군요. 네티즌 수사대에 의하면 학교에서 공부까지 잘하는 엄친아라고 해요. 근데 이 야동이 화제가 된 게 주인공이 걸그룹처럼 얼굴이 예뻐서도, 또 17살의 미성년자여서도 아니에요. 정말 쇼킹한 게 처녀성을 빨리 상실해야 쿨한 여자가 된다는 생각에 돈을 주고 남자를 사서 성관계를 맺었다고 해요. 헐~ 그리고 자신이 직접 섹스 과정을 촬영해 중국의 유튜브인 '요우쿠'에 올렸고요. 당시 중국 언론에선 물질적으로 풍요롭게 자란 90년대생들의 성의식이 드디어 막가파(?) 수준에 도달했다며 강하게 비난을 가했답니다. 동서양의 야동을 두루 섭렵한 제 중국인 후배조차 이거야말로 진정 막장의 끝이라며 혀를 차기도 했었다는…….

제가 중국에 처음 와서 느꼈던 문화 충격 중 하나가 중국인의 개방적인 성문화였어요. 중국에 오기 전에는 중국은 사회주의 국가이니 성에 대해 통제도 심하고 보수적일 거라 생각했거든요. 하지만 이게 웬걸? 우리보

동영상 視频 [shìpín 스핀]
야동 A片儿 [A piānr 에이피알]
사회주의 社会主义 [shèhuìzhǔyì 셔후이주이]

다 더하면 더했지 절대 덜하지 않더라고요. 최근도 아닌 지금으로부터 14년 전 베이징의 한 맥도날드에서 교복 입은 중학생들이 격정적으로 키스하는 모습을 보고 까무러치게 놀랐던 기억이 있어요. 그런데 더욱 놀라웠던 건 그런 모습을 보고 눈살을 찌푸리거나 뭐라 나무라는 사람이 전혀 없었다는 점이었어요. 오직 저 혼자만 뚫어지게 쳐다보곤 했었다는……. 그 후로도 비슷한 광경은 어디서든 쉽게 볼 수가 있었고요. 해질 무렵 한가롭게 공원을 산책하고 있으면 더욱 가관이에요. 발걸음을 옮길 때마다 여기저기서 들려오는 고양이 울음소리. 바로 연인들이 서로 부둥켜안고 사랑을 나누는 소리죠. 진한 포옹과 키스는 애교 수준. 심지어는 거의 야동을 찍으려는 듯한 분위기의 커플들까지. 이건 뭐 공원인지 러브호텔인지 구별이 안 될 정도에요. 아직도 기억이 생생한데요. 어느 여름날 밤이었어요. 도로 옆 숲이 무성한 가로수에 살수차가 물을 뿌리며 지나가는데, 그 순간 놀라운 일이 벌어졌어요. 수풀 속에 숨어 있던 수십 쌍의 커플들이 물을 피하려 일제히 뛰쳐나오는데, 그 광경이 어찌나 우스꽝스럽던지……ㅋㅋ

아직도 잊혀지질 않네요.

　신성한 대학 캠퍼스라고 예외는 아니에요. 조명이 어둡고 사람들 시선이 잘 안 닿는 으슥한 벤치나 숲에는 한 무리의 커플들이 자리를 차지하고 있어요. 빈 강의실도 은밀한 연애를 즐기기엔 안성맞춤이고요. 중국 대학생들은 거의 모두 기숙사 생활을 하는데, 한 방에 보통 4~6명이 같이 살아요. 그러니 아무래도 서로 눈치가 보여 방에서는 속 시원히 연애를 할 수 없겠죠. 만약 서로의 여자친구나 남자친구가 특별한(?) 목적을 띠고 방문을 하면 나머지 룸메이트들이 알아서 자리를 피해주기도 해요. 기숙사가 문을 닫는 시간인 밤 10시가 되면 문밖에서 서로 부둥켜안고 격정적으로 키스하는 커플들도 참 많아요. 전 이런 광경을 볼 때마다 연애할 장소가 없어 이리저리 방황하는 중국 대학생들이 참 안쓰럽단 생각이 들어요. 혹 어떤 분들은 "아니, 왜 밖에서 연애질이야? 모텔에 들어가면 될 것을……." 이렇게 생각할 수도 있을 거에요. 우리야 대학교 주위에 모텔이며, DVD방 등 무수히 많은 방(?)들이 넘쳐나지만 중국은 아니거든요. 중국에선 아직도 결혼증명서가 없으면 남녀가 같이 숙박을 할 수가 없어요. 뭐 실제론 신

키스 接吻 [jiēwěn 지에원]
커플 情侶 [qínglǚ 칭뤼]
캠퍼스 校园 [xiàoyuán 씨아오위엔]
룸메이트 同屋 [tóngwū 통우]

분증만 있으면 어디서든 OK이지만……. 하지만 문제는 데이트 비용! 주머니가 가벼운 학생들에겐 우리 돈 만 원 정도의 숙박비도 큰 부담이 될 수가 있거든요. 이제 왜 중국의 젊은 커플들이 공원이나 캠퍼스에서 대놓고 사랑을 나누는지 이해가 되셨죠? 그런 가슴 아픈 사연을 알고 나면 무조건 개념 없는 커플이라고 싸잡아 비난할 수만도 없는 노릇이죠. 그래서 저는 중국인 친구들에게 "중국에서 요금이 저렴한 모텔 체인 사업을 하면 완전 대박 날 텐데……." 이런 농담을 자주 하곤 한답니다.

중국에는 원래 러브호텔이란게 없었지만, 최근엔 대실이 가능한 모텔이 하나둘씩 생겨나고 있어요. 이런 곳은 호텔처럼 까다롭게 신분증을 검사하지도 않고, 또 무엇보다 요금이 저렴해서 인기를 끌고 있죠. 얼마 전 신문을 보니 상하이와 광저우의 대학가에는 대학생들을 위한 러브호텔이 성업 중이라고 해요. 객실 실내장식이나 조명도 한국의 여느 모텔 못지 않게 야하게 꾸며 놓았고요. 하루 숙박비는 100위안(만 8천 원) 정도로 중국 대학생들에겐 제법 큰돈이지만, 주말이면 빈방이 없을 정도라네요. 상하이는 떠오르는 러브호텔의 성지로 한국 모텔처럼 닌텐도 게임기와 대형 월풀 욕조가 설치된 곳도 등장했답니다. 개방화된 성문화와 함께 섹스산업도 더불어 발달하고 있어요. 도시 어딜 가나 간판에 한자로 '성 보건 용품'이라고 쓰인 섹스숍을 쉽게 볼 수가 있어요. 사람들도 아무렇지 않게 들어가 **콘돔**, 바이브레이터, SM 용품 등 갖가지 신기한 성인용품을 구입하고요. 광저우와 상하이에서 해마다 열리는 성문화 축제는 이미 수십만 명의 관람객이 찾는 유명한 지역 행사로 자리 잡았어요. 특히 올해 열린 성문화 축제에는 일본의 유명 AV 여배우 30여 명이 출연해 화끈한 **란제리쇼**를 선

신분증 **身份证** [shēnfenzhèng 션펀정]
콘돔 **安全套** [ānquántào 안취엔타오]
란제리쇼 **内衣秀** [nèiyīxiù 네이이씨우]

보여 연일 대박 행진을 기록했답니다.

우리나라에선 지하철역 공중 화장실에서만 볼 수 있는 콘돔 자판기도 중국에선 쉽게 볼 수가 있어요. 베이징의 거의 모든 대학 기숙사에는 콘돔 자판기가 설치되어 있다는 사실 모르셨죠? 만일 우리나라 대학 기숙사에도 중국처럼 콘돔 자판기를 설치한다면 학생들의 반응은 어떨지 궁금하기도 하네요. 얼마 전 중국 최고의 수재들만 간다는 칭화대에선 여학생들을 대상으로 '콘돔 바로 씌우기' 행사가 열려 굉장한 화제가 되기도 했었어요. 인터넷에 올라온 관련 사진을 보니 죽어라 공부만 할 것 같이 생긴 순

진한 표정의 여대생들이 어쩜 그리 진지하게 콘돔을 씌우던지……. 또 남자 성기 모형은 어찌 그리 리얼한지……. 보는 제가 완전 민망!^^ 매년 세계 에이즈의 날인 12월 1일이 되면 거리 곳곳에서 무료로 콘돔을 나눠주기도 해요. 예전 수련의 시절 지하철을 타고 병원에 가는데 신문을 한 부 샀더니 판매원이 갑자기 "쏭 게이 니!"(선물로 드려요!)라며 콘돔을 들이밀어 굉장히 난처했던 기억도 있답니다.

사진 图片 [túpiàn 투피엔]
지하철 地铁 [dìtiě 띠티에]
선물 礼物 [lǐwù 리우]

호텔 **饭店**
판띠엔, fàndiàn

여관 **旅馆**
뤼관, lǚguǎn

러브호텔 **情侣酒店**
칭뤼 지우띠엔, qínglǚ jiǔdiàn

시간제 모텔 **时钟房**
스중팡, shízhōngfáng

유스호스텔 **青年旅舍**
칭니엔 뤼셔, qīngnián lǚshè

예약하다 **预约**
위위에, yùyuē

숙박하다 **住宿**
주쑤, zhùsù

숙박요금 **住宿费**
주쑤페이, zhùsùfèi

숙박카드 **住宿卡**
주쑤카, zhùsùkǎ

객실 **房间**
팡찌엔, fángjiān

일반실 **标准间**
비아오준찌엔, biāozhǔnjiān

도미토리 **多人间**
뚜워런찌엔, duōrénjiān

체크인 **开房**
카이팡, kāifáng

체크아웃 **退房**
투이팡, tuìfáng

프런트 **总台**
종타이, zǒngtái

방 키 **房卡**
팡카, fángkǎ

빈방 있나요?

A: 有空房间吗? 빈방 있나요?
Yǒu kòng fángjiān ma? 여우 콩 팡찌엔 마?

B: 对不起，没有。 죄송한데, 없어요.
Duì bu qǐ, méiyǒu. 뚜이부치, 메이여우.

하루 자는데 얼마에요?

A: 住一天多少钱? 하루 자는데 얼마에요?
Zhù yì tiān duōshao qián? 쭈 이 티엔 뚜워샤오 치엔?

B: 300块。 300위안입니다.
Sān bǎi kuài. 싼 바이 콰이.

체크아웃해주세요.

A: 我要退房。 체크아웃해 주세요.
Wǒ yào tuìfáng. 워 야오 투이팡.

B: 几号房间? 몇 호 방이세요?
Jǐ hào fángjiān? 지 하오 팡찌엔?

chapter 10

중국 밤문화 이야기

"중국에도 클럽이란게 있어?"

"당근 있지!"

"중국 클럽은 왠지 촌스러울거 같아. 중국은 사회주의잖아."

"충분히 이해해! 그럼 금요일에 꽁티에 한번 가봐. 생각이 싹 바뀔테니……."

이런 편견(?)을 가진 친구들이 베이징에 놀러오면 제가 꼭 데려가는 곳이 있어요. 바로 베이징의 홍대라 불리는 '꽁티!' 믹스(MIX), 더 하우스(THE HOUSE), 빅스(VICS), 클럽 LA 등 핫한 클럽이 모여있는 밤의 천국! 금요일 밤 10시가 되면 중국 클러버들은 약속이나 한 듯 하나둘씩 꽁티로 모여듭니다. 스포츠카를 몰고 나온 젊은이들, 명품백을 든 하의 실종녀들, 그리고 세계 각국의 유학생들까지…. 꽁티의 열기는 상상을 초월해요. 중국 클럽이 촌 빨 난다구? 여기 클럽들은 인테리어도 죽이지만, DJ들도 최고에요. 폴반다익, 티에스토 아민 반 뷰렌 같은 세계 탑 DJ들이 출동하기도 하니까요. 단언컨대, 베이징의 밤문화는 도쿄, 런던, 방콕에 뒤지지 않습니다. 이비자 섬이라면 또 모를까…. 못 믿으시겠다고요? 직접가서 확인하시길…….

중국에는 한국처럼 나이트와 그냥 춤만 추는 클럽의 구분이 없어요. 굳이 구분을 한다면 중국인들이 잘 가는 클럽과 외국인들이 즐겨가는 클럽으로 나눌 수 있는 정도? 중국인들이 즐겨가는 클럽은 살짝 촌스러워요. 아무래도 최신 유행하는 힙합이나 일렉트로닉 음악이 아닌 90년대 댄스나 한물간 테크노 음악이 나오니 박명수식 8비트 유로 댄스를 추기에 안성맞춤이죠.^^ 반면 외국인이 즐겨가는 클럽은 세련된 하우스나 일렉트로닉, 힙합 음악이 주를 이루며, 한국 유학생이 많이 가는 클럽에서는 최신 한국 가요를 틀어주기도 해요. 가끔 구준엽 같은 한국 DJ들이 와서 디제잉을 보기도 하고요.

지금으로부터 10여 년 전 베이징에 처음 왔을 때 제가 마음속으로 은근 좋아했던 또래 중국어 과외 선생님이 있었어요. 어느 날 제게 중국의 밤

클럽 迪厅 [dítīng 디팅]
음악 音乐 [yīnyuè 인위에]

문화를 체험시켜 준다며, 저를 순도 100% 중국 나이트에 데려갔는데, "오마이 갓!" 모든 사람이 YMCA음악에 맞춰 단체로 춤을 추고 있는 게 아니겠어요? 헐~ 웃통을 벗어젖힌 아저씨들도 보이고……. 이건 뭐 도대체 어떻게 스텝을 맞춰야 할지……. 한 술 더 떠 그 친구는 제 앞에서 격정적으로 토끼춤을 춰대는데. 어찌나 손발이 오그라 들던지……. 아무튼 그날 이후로 전 그 친구에게 더 이상 친구 이상의 감정은 느낄 수 없게 되었답니다. 흑흑!! 괜히 나이트 가자고 그랬어!!~~ 중국 클럽의 입장료는 클럽마다 차이가 있지만 보통 50~100위안(8천~만 8천원) 정도 해요. 크리스마스 이브나 밸런타인데이 또는 비키니 파티 같은 스페셜 데이 때는 두 배로 껑충 뛰기도 하고요. 베이징이나 상하이의 거의 모든 클럽은 평일에 LADY'S NIGHT을 지정해 여성들은 공짜로 입장할 수가 있고, 칵테일이나 맥주 등의 음료를 무료로 제공하기도 해요.

중국 클럽에도 일반 좌석과는 구분된 부스와 룸이 있는데요. 이곳에 앉으려면 반드시 일정 금액 이상의 술을 마셔야 해요. 보통 최소 800위안. 우리 돈 15만 원 이상 술을 주문해야 이런 좌석에 앉을 수가 있답니다. 800위안짜리 세트를 주문하면 작은 양주 한 병과 과일 안주, 녹차 음료 3~4병이 따라나와요. 중국 사람들은 양주를 마실 때 유리병안에 술, 녹차, 얼음을 한데 넣고 칵테일처럼 마셔요. 좀 독특한 음주법이죠? 만약 좀 더 조용하고 독립된 룸에 들어가려면 수천 위안의 비용을 지불해야 하고요. 이렇게 놀면 하룻밤 유흥비가 일반 직장인의 월급과 거의 맞먹지만, 주말 밤에는 자리가 없어 미리 예약을 해야 할 정도에요. 중국 나이트에도 부킹이란 게 있을까요? 전 세계에서 웨이터가 언니들 손을 잡고 이리저리 끌고 다니는 부킹은 아마 한국이 유일하지 않을까요? 한때 베이징에도 '한국식 부킹'을 도입한 나이트가 개장하기도 했었는데, 이내 문을 닫고 말았답니다. 당시 이곳엔 한국 유학생들만 가득했다는 소문이……. 그것도 남자들만.^^ 하지만 '부비부비'는 얼마든지 가능하니 능력껏 접근하시길…….

베이징에서 정말 물이 좋은 클럽에 가면 세 가지에 놀라게 될 거에요. 첫째는 인종 전시장을 방불케 할 정도로 다양한 피부색의 클러버들을 볼 수 있다는 것. "여기 정말 중국 맞아?" 이런 말이 절로 나오죠. 둘째는 평일, 주말 가릴 것 없이 새벽 3~4시까지 댄스 플로어에 꽉꽉 들어찬 인파 때문에

공짜 免费 [miǎnfèi 미엔페이]
음료 饮料 [yǐnliào 인리아오]

놀라고, 셋째는 여성 클러버들의 섹시한 옷차림에 또 한 번 놀라게 되죠. 중국도 우리처럼 소위 말하는 클럽 복장이라는 게 있는데, 여성들은 대부분 어깨가 훤히 드러나는 끈나시와 탱크탑, 핫팬츠나 스키니진을 많이 입어요. 여기에 다리를 길어 보이게 하는 킬힐은 필수! 란제리룩이나 T팬티가 훤히 드러날 정도로 노출이 심한 여성들도 많아 눈을 어디다 둬야 할지 난감할 때도 많답니다. 남자들은 특별한 드레스코드는 없지만, 반바지 차림에 조리나 슬리퍼를 신으면 입장이 거부되는 경우가 많으니 주의하세요.

　중국 클럽의 또 다른 특징이 있다면 입장할 때 신분증 검사를 거의 안 한다는 점이에요. 그래서 클럽 안에는 누가 봐도 어려보이는 미성년자들도 많고, 또 나이 든 사람들도 많아요. 우리나라는 강남이나 홍대의 잘나가는 클럽에 가면 나이가 많거나 하면 일명 펜치를 놓는데, 중국에선 언제든 무사통과! 이런 노인 존중(?) 문화는 중국이 참 좋은 듯!!^^ 그래서 클럽 안에는 특히 좋은 자리를 차지하고 앉은 사람 중에는 40 · 50대 아저씨들도 은근 많답니다. 시크한 하우스 음악이 나오는 물 좋은 클럽에 웬 아저씨 출현? 완전 생뚱맞죠? 더 재미난 건 이들 옆에는 '핫한' 몸매를 자랑하는 젊은 언니들이 항상 같이 있다는 사실이에요. 이건 또 무슨 시츄에이션? 중국에서는 현재 미모의 젊은 여성과 재력 있는 유부남 간의 원조교제, 일명 스폰서 문제가 심각한 사회문제로 대두할 정도로 만연되어 있어요. 이를 중국에선 '빠오양'이라고 하는데, 세컨드나 정부를 책임지고 키운다는 뜻이에요. 사실 부끄럽게 생각해야 할 부적절한 만남을 그것도 클럽에서 대놓고 한다는 게 선뜻 이해가 안 갈 수도 있지만, 이는 중국인 특유의 과시욕이 반영된 것이에요. '난 돈 많고 능력이 좋아 이렇게 젊고 예쁜 여자를 만난다.' 뭐 이런 과시욕이죠. 제가 나온 대학 바로 옆에는 '베이징 복장학원'이라는 디자인스쿨이 있었어요. 이 학교에는 모델 지망생이 많아 물이 정말 좋았는데요. 오후 4~5시 정도가 되면 약속이나 한 듯 벤츠, 아우디 같은 고급 승용차들이 정문으로 몰려들곤 했었답니다. 온갖 사회적 논란에도 불구하고 실제로 많은 남성은 스스로 이러한 능력남(?)이 되기를 희망하고, 또 일부 젊은 여성들도 그런 능력남을 만나기를 원하는 게 현실이랍니다.

노인 老人 [lǎorén 라오런]
원조교제 包养 [bāoyǎng 빠오양]
세컨드 小三 [xiǎosān 씨아오싼]

나이트클럽 迪厅
디팅, dítīng

입장료 门票
먼피마오, ménpiào

술 酒
지우, jiǔ

맥주 啤酒
피지우, píjiǔ

양주 洋酒
양지우, yángjiǔ

샴페인 香槟
씨앙삔, xiāngbīn

포도주 葡萄酒
푸타오지우, pútáojiǔ

칵테일 鸡尾酒
찌웨이지우, jīwěijiǔ

과일안주 果盘
구워판, guǒpán

팝콘 爆米花
빠오미화, bàomǐhuā

취하다 喝醉
허쭈이, hēzuì

섹시하다 性感
씽간, xìnggǎn

스키니진 铅笔裤
치엔비쿠, qiānbǐkù

레깅스 打底裤
다디쿠, dǎdǐkù

T팬티 T字裤
티쯔쿠, T zìkù

여자를 꼬시다 泡妞
파오니우, pàoniū

대시하다 表白
비아오바이, biǎobái

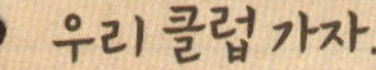

우리 클럽 가자.

A: 我们去迪厅吧！ 우리 클럽 가자!
Wǒmen qù dítīng ba! 워먼 취 디팅 바!

B: 好主意！ 좋은 생각이야!
Hǎo zhǔyi! 하오 주이!

입장료가 얼마에요?

A: 门票多少钱？ 입장료가 얼마에요?
Ménpiào duōshao qián? 먼피아오 뚜워샤오 치엔?

B: 100元。 100위안이요.
Yì bǎi yuán. 이 바이 위엔.

무슨 음료로 드릴까요?

A: 你要喝什么饮料？ 무슨 음료로 드릴까요?
Nǐ yào hē shénme yǐnliào? 니 야오 허 션머 인리아오?

B: 我要青岛啤酒。 청도맥주 주세요.
Wǒ yào Qīngdǎo píjiǔ. 워 야오 칭다오 피지우.

chapter 11

돈 없으면 장가 못 가는 중국 남자

오늘은 날씨가 화창해서 집 근처 공원으로 산책하러 나갔어요. 근데, 어라! 수백 명의 아줌마, 아저씨들이 단체로 손에 무언가가 쓰인 종이를 들고 서 계시네요. 비닐 코팅된 전단지 같은 것을 바닥에 깔아두거나, 그걸 훑어보며 뭔가를 열심히 적는 분들도 보이고요. 무슨 시위라도 하는 건가? 가서 자세히 들여다보니 종이에는 사진도 붙어 있고, 이름, 나이, 키, 직업,

연락처 등 누군가의 신상정보가 자세히 적혀 있네요. 혹시 이산가족 찾는 모임? 도대체 이분들은 누규? 이분들의 정체는 바로 혼기가 꽉 들어찬 자식들을 시집, 장가보내려고 모인 베이징의 평범한 부모님들이에요. 이날의 모임은 이름하여 '공원 단체 맞선 대회!' 베이징의 여러 공원에서는 주말에 이런 공개 맞선대회가 정기적으로 열린답니다.

그런데 왜 정작 맞선 당사자들은 안 나오고 부모들이 대신 나왔을까요? 금이야 옥이야 귀하게 키운 자식들이 혼기는 꽉 찼겠다, 또 바쁘게 일만 하느라 결혼할 생각조차 안 하겠다, 그런 자식들을 대신해 아예 부모들이 팔을 걷어붙이고 나선 것이죠. 중국 부모들 참 극성 맞죠? 근데 중국에선 자녀를 한 명밖에 못 가지니, 자식 혼사문제에 이토록 집착하는 것도 어느 정도 이해는 가네요. 이분들이 든 자녀의 신상명세 카드를 보면 참 재미있어요. 찾고자 하는 배우자에 대한 요구 사항이 상당히 자세하게 적혀 있거든요. 한 아저씨가 자기 딸을 소개한 카드내용을 한번 살펴보자면 〈직업 학교교사, 나이 28세, 키 165, 미인대회 출신 경력 있음. 구하고자 하는 남

부모 父母 [fùmǔ 푸무]
맞선 相亲 [xiāngqīn 씨앙친]
배우자 伴侣 [bànlǚ 빤뤼]

성상: 북경 소재의 명문대 졸업자, 키 175cm 이상, 월급 5000위안 이상, 반드시 아파트 있어야 함. 북경 호적이면 더욱 좋음.〉 뭐 대충 이래요. 대부분 써놓는 내용이 거기서 거기지만, 대부분 딸을 가진 부모들이 장래 사윗감에 대해 요구하는 공통적인 사항이 세 가지가 있어요. 첫째는 4년제 대졸 이상의 학력일 것. 둘째는 아파트가 있어야 할 것. 셋째는 베이징이나 상하이 등 대도시 호적을 갖고 있을 것. 요렇게 세 가지에요.

중국인들의 결혼 준비과정도 우리와 거의 비슷해요. 아파트 구입, 혼수장만, 예물 준비, 웨딩 촬영, 피로연, 신혼여행 등등 돈 들어갈 데가 아주 산더미 같죠. 최근 한 통계에 의하면 중국 예비 신혼부부들의 평균 결혼비용은 주택 구입을 제외한 순수 준비 비용만 15만 위안(2700만원) 정도가 든다고 해요. 상하이는 20만 위안(3500만원)이 넘게 든다는 통계도 있었고요. 거기다 집을 장만하는 데는 평균 35만 위안(6300만원)이 든다고 하니 모두 합하면 50만 위안. 즉 결혼 한번 하는데 우리 돈 1억 원 가까이 들어가는 셈이에요. 이건 어디까지나 평균 수치이고, 부자들은 당일 예식비용으로만 수천만 원을 쓰기도 해요. 중국인의 결혼비용이 생각보다 비싸서 좀 놀라셨죠? 중국인들의 높아진 소득, 한자녀 정책, 체면중시 문화 등 여러 요소들이 짬뽕 되다 보니, 결혼 당사자와 부모는 평생 저축액의 대부분을 결혼식에 탈탈 털어 넣는 것이지요. 그런데 재미난 건 전체 결혼비용 중 80% 이상을 남자가 고스란히 부담한다는 점이에요. 아니 결혼할 나이 여 봤자 20대 후반이나 30대 초중반으로 이제 막 사회에 나가서 돈을 벌 시기인데, 어떻게 저런 거금의 결혼비용을 충당할 수 있을까요? 당연히 결혼비용은 남자의 부모가 90% 이상 댄답니다. 중국에서 결혼 준비는 남자

아파트 **房子** [fángzi 팡즈]
사윗감 **女婿** [nǚxu 뉘쒸]
혼수 **嫁妆** [jiàzhuāng 찌아주앙]

의 부모님이 다 한다고도 볼 수 있어요. 아들 둔 중국의 부모들, 정말 허리가 휘겠죠?

이미 결혼을 했거나 또는 준비 중인 제 중국인 친구들에게 물어보면 열이면 열, 집은 모두 부모님께서 장만해 주셨다고 해요. 그러면서 다들 이구동성으로 하는 말 "요즘 중국에선 남자들 집 없으면 장가 못 가!" 헐~! 중국에는 우리나라처럼 전세란 게 없어요. 아예 집을 사거나 아니면 월세로 살아야 하죠. 만일 베이징이나 상하이 같은 대도시에 순순히 자력으로 내 집을 장만하려면 어휴~ 아마 십수 년 아니 어쩌면 그보다 훨씬 더 오래 걸릴지도 몰라요. 베이징 직장인들의 연평균 수입은 천만 원 정도. 베이징 시중심의 25평형 아파트가 3억 원 정도 하니, 땡전 한 푼 안 쓰고 월급을 모아도 내 집 갖는 데 30년이 걸린다는 계산이 나와요. 물론 은행융자 끼고

맞벌이하고 하면, 기간을 조금 단축할 수도 있겠지만요. 요즘 중국에서 대유행하는 말 중에 '팡누'라는 말이 있는데, 풀이하면 '집의 노예'란 뜻이에요. 은행에서 대출을 받아 집을 사면 평생을 노예처럼 일하며 그 빚을 갚아야 한다는 의미죠.

중국의 예비 신혼부부들에게 있어 절대 빠져선 안 될게 바로 웨딩 촬영이에요. 요즘은 정말 어딜가나 공원이나 경치 좋은 야외에서 웨딩 촬영을 하는 사람들을 쉽게 볼 수가 있어요. 베이징에서 웨딩 촬영의 성지라 여겨지는 왕푸징 성당이나 근사한 호숫가인 '허우하이'는 특히 인기 코스! 몇 년 전만 해도 디자인도 촌스럽고, 대여를 많이 해서인지 때도 많이 탄 그런 웨딩드레스를 입고 찍었었는데, 요즘 보면 정말 많이 세련되진 거 같아요. 신세대 커플들은 좀 더 특별한 추억을 만들려고 스튜디오에서 누드 웨딩 촬영도 많이들 한다네요.

흥미로운 사실 하나! 중국에서는 혼사를 치룰 때 남자가 신부 측 부모에게 돈과 선물을 주는 독특한 관습이 있어요. 이걸 '차이리'라고 하는데, 그동안 신부를 곱게 잘 키워줘서 감사하다는 뜻으로 주는 일종의 사례금이에요. 우리나라의 예단과 비슷하다고나 할까? 차이가 있다면 한국은

집의 노예 房奴 [fángnú 팡누]
웨딩 촬영 婚纱照 [hūnshāzhào 훈샤쟈오]
웨딩드레스 婚纱 [hūnshā 훈샤]
예단 财礼 [cǎilǐ 차이리]

여자가 남자 집에 예단을 주지만, 중국은 반대로 남자가 여자 집에 돈과 선물을 준답니다. 그런데 이 사례금을 얼마나 줘야 할까요? 이게 딱히 정해진 금액은 없어요. 보통 남자 집안의 경제 형편에 따라 결정하는데, 그래도 "최소한 이 정도는 해야 체면이 살지." 하는 가격이 있어요. 그게 대략 3~5만 위안(500~900만 원)이에요. 대도시의 중산층이라면 10만 위안 이상. 우리 돈으로 2천만 원은 줘야 한다는 사람들도 있고요. 부자들은 뭐 우리 돈 수억 원을 주기도 하니까요. 한국의 김연아급에 해당하는 스포츠 스타 중 '궈징징'이란 다이빙 선수가 있는데, 홍콩 재벌 남편이 예단비 조로 무려 1억 위안(180억원)이 넘는 전통가옥을 선물하기도 했답니다. 이처럼 남자 집에선 돈을 많이 주면 줄수록 자기집 체면이 더 산다고 생각해요. 우리도 혼수나 예단 때문에 시댁과 갈등을 겪어 깨지는 커플들이 많듯, 중국도 이 '차이리' 때문에 갈등을 겪는 경우가 많아요. 올해 초 허난성에 사는 한 남성은 신부측에 예단비로 1만 위안을 줬으나, 적다고 거절당해 신부와 그 어머니를 살해한 끔찍한 사건도 있었어요. 요샌 뭐 이혼할 때 여자측에 예단비를 돌려달라고 소송하는 일도 부지기수고요. 한국이나 중국이나 결혼을 사랑이 아닌 비즈니스로 여기는 사람들이 많아 자못 씁쓸해지네요.

지금은 많이 나아졌지만 한국에서는 아직도 아들, 아들 하는 경향이 있는데, 중국에선 딸을 낳아야 확실히 남는 장사(?)가 되는 것 같아요. 위에서 소개한 것처럼 중국 남자들은 결혼 한번 하려면 학력도 좋아야죠, 집도 있어야 하죠. 그리고 결혼한 후에도 마눌님 눈치 보며 열심히 밥하고 빨래해야 하죠. 에휴~ 중국 남성들 정말 이래저래 고생이 많아요. 제 주위의

중국 남성들을 보면 한국 여성에 대해 일종의 환상을 가진 거 같아요. 고
려땅 시절 한국 드라마를 자주 봐서일까요? 한국 여성은 순종적이고, 남자
말 잘 듣고, 남편을 하늘처럼 떠받들어서 정말 좋다나 뭐라나……. 사실 알
고 보면 진실은 그것과는 완전 딴판인데 말이에요.^^

체면 面子 [miànzi 미엔즈]
갈등 矛盾 [máodùn 마오뚠]
이혼 离婚 [líhūn 리훈]

결혼하다 **结婚**
지에훈, jiéhūn

연애하다 **谈恋爱**
탄 리엔아이, tán liàn'ài

중매쟁이 **媒人**
메이런, méirén

프러포즈 **求婚**
치우훈, qiúhūn

청첩장 **喜帖**
씨티에, xǐtiě

부조금 **红包**
홍빠오, hóngbāo

첫사랑 **初恋**
추리엔, chūliàn

짝사랑 **单相思**
딴씨앙쓰, dānxiāngsī

결혼식 **婚礼**
훈리, hūnlǐ

턱시도 **燕尾服**
옌웨이푸, yànwěifú

부케 **捧花**
펑화, pěnghuā

신랑 **新郎**
씬랑, xīnláng

신부 **新娘**
씬냥, xīnniáng

신부 들러리 **伴娘**
빤냥, bànniáng

신랑 들러리 **伴郎**
빤랑, bànláng

신혼여행 가다 **度蜜月**
뚜 미위에, dù mìyuè

웨딩드레스

A: 你穿婚纱真像天使。 너 웨딩드레스 입으니까 천사 같다.
Nǐ chuān hūnshā zhēn xiàng tiānshǐ. 니 추안 훈샤 쩐 씨앙 티엔스.

B: 谢谢！ 고마워!
Xièxie! 씨에씨에!

너 축의금 얼마나 넣었어?

A: 你红包里放多少钱？ 너 축의금 얼마나 넣었어?
Nǐ hóngbāo li fàng duōshao qián? 니 홍빠오 리 팡 뚜워샤오 치엔?

B: 500块。 500위안.
Wǔ bǎi kuài. 우 바이 콰이.

너희 신혼여행 어디로 갈 거야?

A: 你们要去哪儿度蜜月？ 너희 신혼여행 어디로 갈 거야?
Nǐmen yào qù nǎr dù mìyuè? 니먼 야오 취 날 뚜 미위에?

B: 去马尔代夫。 몰디브로 갈 거야.
Qù mǎ'ěrdàifū. 취 마얼따이푸.

chapter 12

중국 결혼식 이야기

"피융, 펑펑펑~" 꼭두새벽부터 폭죽 소리가 요란한 걸 보니 이웃 주민 누군가의 결혼식이 있나 보네요. 에구…. 오늘도 늦잠 자기는 글렀군! 중국인들의 결혼시즌인 노동절과 국경절. 이때만 되면 아파트 단지 곳곳에서 화염이 피어오릅니다. 폭죽을 터뜨려야 액운이 나간다는데, 귀신 쫓으려다 사람 잡을 판이에요. 어찌나 시끄러운지…. 한국에서 이렇게 폭죽을 터뜨렸다간 당장 신고가 들어오겠지만, 중국 주민들은 불만 제로에요. "인생에 딱 한 번뿐인 결혼식인데, 소란 좀 떨면 어떠하랴~" 이런 쿨한 태도죠. 중국인들은 결혼할 때 길일을 중시합니다. 중국인들의 별난 숫자사랑은 잘 아시죠? 제 친구 하나는 2010년 10월 10일에 결혼식을 올렸어요. 이날은 100년 만에 찾아온 쌍십절로 '십전십미'. 즉 '모든 게 완전무결해 나무랄 데가 없다'란 뜻의 길일 중의 길일이에요. 그 친구 왈, 예식장 예약을 1년 전에 그것도 군 간부출신인 장인어른 연줄까지 동원해 겨우 했다네요. 이날에만 전국에서 수십만 쌍의 부부가 탄생했답니다.

결혼식 당일. 아침부터 신랑이 서둘러 향하는 곳은? 미용실? 아니고요. 먼저 신부 집에 들러 신부를 모시러 갑니다. 이때 신랑은 꽃 단장된 웨딩카를 타고 가는데, 그 뒤에 여러 대의 들러리 차량이 따라가요. 처음 중국에 와서 이 장면을 봤을 때, 줄지어 가는 웨딩카 행렬이 어찌나 화려한지 외국 국빈이 방문한 줄 알았답니다. 차종도 아우디, 벤츠, BMW는 기본! 얼마 전엔 베이징의 번화가에서 대당 10억이 넘는 14대의 람보르기니가 웨딩카 퍼레이드를 벌여 화제가 되기도 했었죠. 들러리 차량은 신랑의 지인들이 끌고 나오기도 하지만, 대부분 렌터카 회사에서 빌린 거에요. 중국에서는 웨딩카가 얼마나 고급인지, 또 들러리 차량이 몇 대인지에 따라 신랑의 사회적 지위와 경제력을 판단해요. 체면에 죽고 못 사는 중국인들이니, 이날만큼은 수백만 원의 대여비를 아깝지 않게 지급합니다. 위에 말한 제 친구는 BMW 오픈카 한 대와 여섯 대의 뷰익 세단을 빌리는데 2만 위안을

폭죽 **爆竹** [bàozhú 빠오주]
웨딩카 **婚车** [hūnchē 훈쳐]

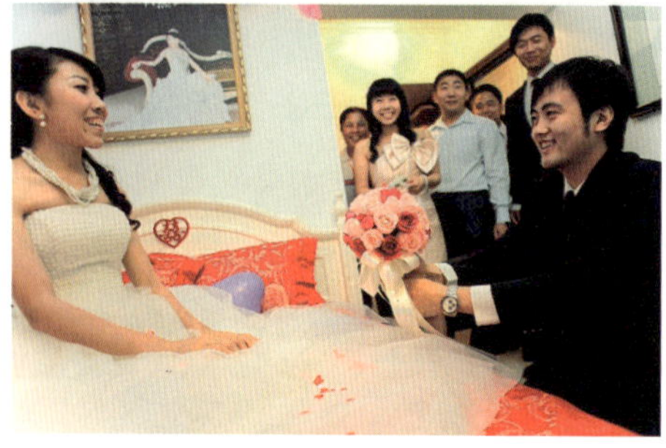

썼다네요. 그 친구가 부자냐? 아니고요. 그저 베이징의 평범한 월급쟁이예요.

중국에도 함받이가 있을까요? 우리처럼 오징어 가면을 쓰고 "함 사세요~"를 외치진 않지만, 비슷한 게 있어요. 신부 집에 도착한 신랑은 냅다 신부 방으로 향하지만, 방문은 잠겨 있습니다. 신부 측 친구들이 방문을 사수하고 있거든요. 이 순서가 바로 중국식 함받이에요. 차이가 있다면 한국에선 신부 측에서 신랑 측에 돈 봉투를 주지만, 중국에선 신랑이 신부 측에 '훙빠오'라고 하는 돈 봉투를 건넵니다. 신부 측에선 "봉투 봉투 열렸네~" 하며, 신랑에게 노래를 시키는 등 진을 쏙 빼놓죠. 문틈 사이로 돈 봉투를 충분히 건넨 후에야 문이 열리는데, 이때 신랑은 침대 위에 웨딩드레스를 입고 앉아있는 신부에게 다가가 꽃다발을 주며 프러포즈를 합니다. "워 이 삐즈 아이 니!"(평생 너만 사랑할게!) 같은 닭살 멘트를 날리면서요. 그리곤 결혼반지를 서로의 손에 끼워주고 키스~

그다음엔 감춰진 신부의 신발을 찾아서 신겨줘야 해요. 보통 한 짝은 침대 밑이나 옷장 안에, 다른 한 짝은 신부의 치마 속에 숨겨놓아요. 신발을 신겨주고 국수를 서로에게 먹여주는데, 요건 오래오래 행복하게 장수하며 살자는 뜻이에요. 이젠 신부를 번쩍 들고 웨딩카까지 가야 하는데요. 신랑의 정력(?)을 시험하는 거라 신부가 무거워도 젖 먹던 힘까지 짜내 들어야 하죠. 제 친구는 신부가 아파트 15층에 살았는데, 엘리베이터가 고장 나 아주 죽는 줄 알았다네요. 이번엔 부부가 함께 웨딩카를 타고 신랑 집으로 가 부모님과 친지들에게 인사를 드립니다. 그 중간에 경치 좋은 공원에 가서 간단하게 야외촬영을 하기도 하고요. 여기까지가 결혼식 당일의 1부 행사에요.

중국에는 결혼회관이나 웨딩홀 같은 개념이 없어요. 보통 호텔 연회장이나 대형 음식점을 빌려서 결혼식을 진행하고, 하객들은 음식을 먹으며 예식을 지켜봐요. 중국인 결혼식에 참석해보면 좋은 점이 두 가지 있어

프러포즈 求婚 [qiúhūn 치우훈]
반지 戒指 [jièzhi 찌에즈]
국수 面条 [miàntiáo 미엔티아오]
호텔 饭店 [fàndiàn 판띠엔]

요. 첫째는 여유가 넘친다! 한국은 결혼식장이 도떼기시장 같잖아요. 예식장에서 결혼식이 연달아 계속 진행되니 뭔가 쫓기는 느낌도 들고요. 하지만 중국에서는 반나절 넘게 예식을 진행해서 느긋한 맛이 있어요. 둘째는 먹을거리가 풍부하다! 한국에서 부조금 내면 주는 식사 쿠폰. 메뉴는 뷔페나 갈비탕. 호텔이라면 연어 샐러드와 스테이크. 좀 단조롭죠. 중국인들이 먹는 거에 목숨 거는 건 잘 아시죠? 이날은 또 보통 경사스런 날이 아니니 한 상 떡 부러지게 차려집니다. 샥스핀, 제비집, 전복찜, 오리구이, 랍스터 등 육해공군 요리가 총출동하죠. 고급 고량주도 빠지지 않고요. 또 모든 테이블에는 사탕이 한가득 놓여 있어요. 이 사탕을 중국에선 '씨탕'이라고 합

기쁨의 사탕 喜糖 [xǐtáng 씨탕]
결혼 증인 证婚人 [zhènghūnrén 정훈런]
결혼 증서 结婚证 [jiéhūnzhèng 지에훈정]
혼인신고 婚姻登记 [jiéhūn dēngjì 지에훈 떵지]

니다. 우리말로 하면 '기쁨의 사탕'. 중국에선 "너 언제 국수 먹여줄래?"란 말을 "너 언제 씨탕 먹여줄 거야?"라고 한답니다.

중국 결혼식은 왠지 모르게 중국스러울 것 같지만, 완벽한 서양식 스타일로 진행합니다. 결혼 행진곡에 맞춰 신랑 신부가 입장하고, 결혼반지를 교환하고, 케이크 커팅도 하며 샴페인으로 축배를 들기도 하죠. 요즘 또 하나의 트렌드는 공연! 예식 중간에는 댄스팀과 밴드팀의 공연이 있기도 해요. 이벤트로 경품 추첨을 하기도 하고요. 작년에 결혼식을 올린 제 친구 커플은 하객들 앞에서 탱고를 추기도 했어요. 우리와 다른 게 있다면 중국 예식에는 주례와 주례사가 따로 없다는 점이에요. 그 대신 '쩡훈런'이라고 하는 결혼 증인이 나와서 두 사람이 부부가 됐음을 선포하죠. 그리곤 결혼증서를 신랑 신부에게 전달합니다. 결혼증서? 이게 뭘까요? 한국에서는 만약(?)을 대비해 결혼식을 올리고 한참 후에야 혼인신고를 하기도 하지만, 중국에선 대부분 결혼식 전에 혼인신고를 마칩니다. 조금 특이하죠? 한국의 주민센터에 해당하는 민정국에 가서 혼인신고를 하면 결혼증명서

를 준답니다. 마치 여권처럼 생겼는데, 안에 보면 부부의 사진과 혼인신고 한 날짜가 적혀 있어요.

　예식이 끝나면 신부는 이브닝 드레스나 전통 의상인 치파오로 갈아 입어요. 그리곤 일일이 테이블을 돌며 하객들에게 술을 따라주고, 담배에 불을 붙여줍니다. 아! 중국에서는 예식장 안에서 얼마든지 흡연할 수 있어요. 이때 피우는 담배를 '씨옌'이라고 하는데, 일종의 축하 의미가 있어요. 피로연 타임은 사실 하객들에겐 마냥 즐겁지만 주인공들에겐 고역이에요. 왜냐고요? "키스해라!", "러브샷 해라!", "신부를 업어라!" 등등 짓궂은 장난을 많이 치거든요. 또 따라준 술을 죄다 원샷 해야 하니 떡실신 하기 딱 좋죠. 절친들은 독한 고량주에 맥주를 섞은 폭탄주를 먹이기도 하고요. 그래서 주량 센 흑기사를 대동하고 테이블을 돌기도 합니다. 결혼식이 끝나면 당일 또는 다음날 신혼여행을 가는데요. 여행지는 당연히 부부의 경제력에 따라 결정됩니다. 요즘 트렌드를 보면 중국의 제주도라 할 수 있는 하이난섬으로 많이들 가고, 홍콩이나 일본, 한국으로도 많이들 떠나요. 물론 돈이 많다면야 몰디브나 유럽으로 가기도 하고요. 뭐, 돈이 좀 쪼들리면 고향에 가서 보내기도 합니다.

중국 사람들은 축의금을 과연 얼마나 낼까요? 우리나라는 친한 정도에 따라 3, 5, 10만 원 이렇게 암묵적인 고정 액수가 있잖아요. 중국도 마찬가지에요. 보통 사이는 200위안, 그럭저럭 친하면 500위안, 아주 절친이면 1000위안 이상을 내죠. 중국인들은 체면에 살고 체면에 죽기 때문에 축의금을 넉넉하게 넣는 편이에요. 조금 무리를 해서라도 말이에요. 그래서 친구들의 결혼식이 몰려 있으면 한 달 월급이 몽땅 축의금으로 나가기도 합니다. 만약 중국인 결혼식에 초대를 받았다면 주저하지 말고 500위안(8만 원) 이상은 넣으세요. 시원하게~ 어차피 중국에서도 '기브 앤 테이크' 법칙은 엄연히 존재하니까 너무 아까워하지 마시고요. 참! 봉투는 반드시 붉은색을 쓰세요. 흰 봉투는 장례식장에서 쓰이거든요.

치파오 旗袍 [qípáo 치파오]
씨옌 喜烟 [xǐyān 씨옌]
축의금 红包 [hóngbāo 홍빠오]
붉은색 红色 [hóngsè 홍써]

남편 老公
라오꽁, lǎogōng

부인 媳妇
씨푸, xífù

시아버지 公公
꽁공, gōnggong

시어머니 婆婆
포포, pópo

장모님 岳母
위에무, yuèmǔ

장인어른 岳父
위에푸, yuèfù

며느리 儿媳妇
얼씨푸, érxífu

사위 女婿
뉘쒸, nǚxu

매형 姐夫
지에푸, jiěfu

처남 内弟
네이띠, nèidì

처제 妻弟
치띠, qīdì

형수 嫂子
싸오즈, sǎozi

제수 弟媳
띠씨, dìxí

동서 妯娌
져우리, zhóulǐ

시댁 婆婆家
포포지아, pópojia

처가댁 妻子家
치즈지아, qīzijia

사돈 亲家
칭지아, qìngjia

처가살이 倒插门
따오챠먼, dàochāmén

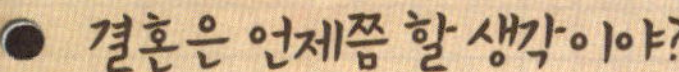

결혼은 언제쯤 할 생각이야?

A: 你打算什么时候结婚？　결혼은 언제쯤 할 생각이야?
　　Nǐ dǎsuan shénmeshíhou jiéhūn?　니 다쑤안 션머스허우 지에훈?

B: 我喜欢单身。　난 싱글이 좋아.
　　Wǒ xǐhuan dānshēn.　워 씨환 딴션.

너희 연애한 지 얼마나 됐어?

A: 你们谈恋爱多久了？　너희 연애한지 얼마나 됐어?
　　Nǐmen tán liàn' ài duōjiǔ le?　니먼 탄 리엔아이 뚜워지우 러?

B: 刚过了100天。　이제 막 100일 지났어.
　　Gāng guò le yì bǎi tiān.　깡 꾸워 러 이 바이 티엔.

넌 첫사랑 언제 했어?

A: 你的初恋是什么时候？　넌 첫사랑 언제 했어?
　　Nǐ de chūliàn shì shénmeshíhou?　니 더 추리엔 스 션머스허우?

B: 秘密！　비밀이야!
　　Mìmì!　미미!

chapter 13

보일러도 맘대로 못 트는 중국 아파트 

제가 갓 중국에 왔을 무렵, 외국 유학생은 무조건 학교 기숙사에서만 살아야 했어요. 그땐 밖에 나가 중국인 아파트에서 사는 것 자체가 불법이었죠. 물론 외국인 거주허가가 난 아파트가 있었지만, 그런 곳은 월세가 엄청나게 비쌌어요. 14년 전인 그 당시 월세가 우리 돈 백만 원 정도 했었으니까요. 그래서 대기업에서 파견 나온 주재원들과 사업가들만이 묵을 수가 있었어요. 지금이야 뭐 외국인은 어디서든 맘대로 살 수가 있고, 또 현지 아파트도 자유롭게 구입할 수가 있지만 말이에요. 아~ 그 당시 중국인 아파트에 몰래 숨어 살다 공안에 딱 걸려 갖은 고초(?)를 겪었던 친구들이 생각나네요. 공안들은 현지법을 위반했다며 추방을 시키네 마네 엄포를

월세 **月租** [yuèzū 위에주]
집주인 **房东** [fángdōng 팡똥]
렌트 **租** [zū 주]

놓았어요. 또 잔뜩 겁먹은 집주인을 불러다 높은 벌금을 먹이기도 했고요. 학교 기숙사에 살면 일단 안전하고, 수업에 늦을 염려도 없는 장점이 있었지만, 기숙사비가 꽤 비쌌어요. 제가 그 당시 1인실 방을 썼었는데, 한 달에 2000위안(당시 20만 원) 정도 냈었거든요. 참고로 그 당시 중국 회사원들 월급이 우리 돈 10만원 정도였어요. 지금이야 어림 반푼에 반푼어치도 없지만, 그 당시 그 돈 갖고 밖에 나가 살면 방 두 개에 널찍한 거실이 딸린 아파트를 렌트할 수 있었답니다. 그러니 너도나도 기숙사를 벗어나고 싶어 할 수밖에……

　외국인 거주 제한이 느슨해지고, "이젠 너도 나갈 때가 되지 않았니?"

란 학교 측의 애원(?)으로 저도 5년간의 기숙사 생활을 정리하고 밖으로 탈출! 아파트는 일부러 한인들이 단 한 명도 살지 않는 순도 100% 중국인 거주지역으로 골랐어요. 동네 이름은 허펑리! 토박이 베이징인이 많이 사는 평화스런 동네였죠. 베이징의 한인타운인 '왕징'이나 '우다커우'의 경우 아파트도 깨끗하고, 전화 한 통이면 치킨에 김밥, 심지어 맥스봉 소시지까지 배달될 정도로 편리하지만, 저는 별로 당기지가 않더라고요. 제가 살던 아파트는 건물 자체는 좀 오래됐지만, 내부는 새로 리모델링을 해서 아주 깔끔했어요. 한 달 월세는 1800위안(35만 원). 상당히 착한 방세였었죠. 물론 지금은 두 배로 껑충 뛰었지만……. 중국에선 집을 렌트할 때 주인에게, TV, 냉장고, 침대, 책장, 세탁기 등 가전집기들을 죄다 요구할 수가 있어요. 마음씨 좋은 집주인을 만나면, TV를 벽걸이로 갈아달라고 해도 갈아준답니다. 코맹맹이 소리로 "저 오래 살 테니 방세 좀 깎아주세요. 네?" 하고 재롱을 떨거나 아님 "아버지가 몸이 편찮으셔서……. 흑흑!" 이렇게 불쌍한 척을 하면 방세를 조금 깎아주기도 해요. 밑져야 본전이니 한번 시도해 보시길!

중국 아파트에는 대부분 거실바닥에 널찍한 타일이 깔렸어요. 방바닥도 마찬가지고요. 그래서 중국 사람들은 실내에서 우리처럼 맨발로 다니지 않고, 실내화를 신고 다녀요. 타일바닥이 여름엔 시원하고 좋은데, 겨울엔 영 아니에요. 바닥이 우리처럼 온돌이 아니어서 맨발로 있으면 발이 몹시 시리거든요. 자칫 방바닥에서 잠이라도 들었단 입이 획 돌아갈 수도 있고요.^^ 중국인들은 실내에서 맨발로 생활하는 버릇이 없어요. 그래서 제가 맨발로 있는 모습을 보면 중국인들이 화들짝 놀라곤 해요. "여우, 젠머 꽝지아오야?"(아니, 우째 맨발로 댕겨요?)라면서……. 이것 때문에 가끔 다툼이 벌어질 때도 있어요. 한 번은 가스 검침원이 방문했는데, 신발을 벗고 들어오라니까 귀찮다며 마구잡이로 쳐들어오길래 몸싸움을 벌인 적도 있었어요. 또 한 번은 반상회 통보하러 온 반장 아줌마가 제 요구를 무시한 채 신을 신고 들어와 대판 싸운 적도 있었고요. 아니 남의 집에 왔으면 주인의 법도를 따라야지 예의 없게시리……. 그럴 때면 순간 '김구라'로 빙의해 서슬 퍼런 중국어를 내뱉곤 했었답니다. 요즘 아파트들은 워낙 인테리어를 잘해놔서 바닥을 타일 대신 나무로 많이 깔아요. 하지만 우리나라처럼 바닥에 온돌이 되어 있는 아파트는 굉장히 드물답니다.

중국 아파트에 들어가면 온통 하얀 벽들과 마주치게 됩니다. 중국은

리모델링 裝修 [zhuāngxiū 주앙씨우]
맨발 光脚 [guāngjiǎo 꾸앙지아오]
예의 礼貌 [lǐmào 리마오]

우리와 달리 방이든 거실이든 벽에 벽지를 바르지 않고, 그냥 아이보리나 흰색으로 페인트칠을 하거든요. 집 천장은 또 왜 이리 높은 건지. 정말 휑한 느낌이 들기도 해요. 실내조명은 또 어떻고요. 어찌나 어두컴컴한지 새 집에 이사 가면 일단 밝은 형광등으로 먼저 바꾸고 볼 일이죠. 창문도 보통 이중창이 아니어서 소음이 심한 편이에요. 특히 봄철인 3~5월은 아주 죽음이에요. 그맘때면 공포의 황사가 찾아오는데, 아무리 창문을 꼭꼭 닫아놔도 소용없어요. 폭풍 황사가 한번 불어닥쳤다 하면 온 집안에 먼지가 수북이 쌓인답니다. 아무리 쓸고 닦아도 순식간에 쌓이는 먼지……. 흑흑!

그래서 성능 좋은 진공청소기는 '머스트 해브' 아이템이에요. 저는 무려 2대의 진공청소기, 1대의 스팀청소기를 늘 옆에 끼고 살았답니다. 중국은 대체 집을 어떻게 지은 건지, 방음이 전혀 안 돼요. TV를 끄고 가만히 있으면 옆집 변기 물 내리는 소리며, 부부싸움 하는 소리, 안방 문 닫는 소리까지 다 들려요. 정말 본의 아니게 옆집을 스토킹하게 된다는……. 한 번은 옆집에 신혼부부가 이사를 왔는데, 밤마다 어찌나 시끄럽던지. 혈기왕성한 나이에 정말 고통의 나날을 보냈답니다. 이건 경험해보지 않은 분들은 절대 몰라요. 가서 따지기도 참 거시기 하고…–.–

중국 아파트가 우리나라와 다른 가장 큰 차이점은 겨울에 난방을 맘대로 틀 수 없다는 점이에요. 우리는 집집마다 가스 보일러가 있어 1년 사계절 언제든 난방을 할 수 있지만, 중국은 그렇지가 않아요. 왜냐하면 정부에서 일괄적으로 난방을 공급하기 때문이죠. 지역마다 차이가 있지만, 베이징은 11월 15일부터 다음 해 3월 15일까지 4개월간 공급됩니다. 날씨가 추워지면 며칠 일찍 들어오기도 하고요. 집안의 거실, 방, 화장실에는 라디에이터가 설치되어 있어 따뜻하게 겨울을 보낼 수가 있죠. 하지만 문제는 이 4개월간의 중앙난방이 들어오기 전후 시점이에요. 10월만 되도 온도가

창문 窗户 [chuānghu 추앙후]
황사 沙尘暴 [shāchénbào 사천빠오]
방음 隔音 [géyīn 거인]
난방 暖气 [nuǎnqi 누안치]
날씨 天气 [tiānqì 티엔치]
온도 温度 [wēndù 원뚜]

급격하게 떨어지는 날이 많고, 3, 4월에도 밖의 날씨는 따뜻하지만 실내는 엄청 춥거든요. 아무리 추워도 난방을 연장해서 공급하지 않으니, 이때가 제겐 가장 고통스러운 시간이에요. 집안에서도 파카에 두꺼운 양말을 신고 있어야 하고, 쫄바지와 내복은 꼭 착용해야 해요. 동시에 선풍기형 온열기, 전기장판, 전기히터 등 갖은 난방기가 총출동하는 시기랍니다.

　재미있는 사실은 이 중앙난방이 베이징을 기점으로 북방지역에만 공급된다는 거에요. 그럼 다른 지방 사람들은 추우면 어떻게 하냐고요? 그냥 참아야 한답니다.^^ 상하이의 경우 한겨울 아무리 추워도 온도가 영하로 떨어지진 않아요. 하지만 바닷가 옆이라, 습도가 높아 실제 체감온도는 북방지역만큼 춥지요. 뼛속을 파고드는 추위랄까? 그럼에도 중앙난방이 공급되지 않으니 상하이 사람들은 겨울나기가 아주 죽을 맛이에요. 뭐, 한국처럼 개별 보일러가 설치된 아파트가 있긴 하지만, 대다수 중국인은 내복 한 벌로 겨울을 난답니다. 아니면 아쉬운 대로 에어컨을 켜던가. 아니 추운데 웬 에어컨? 중국 에어컨은 대부분 온풍기능도 같이 있거든요. 이게 따뜻하긴 하지만 정말 무서운 놈이에요. 피부노화의 주범이랄까? 한번 틀었다 하면 집안 공기를 순식간에 건조하게 해서 피부를 쩍쩍 갈라지게 하거든요. 켜놓고 자면 아침에 미라가 될 정도에요. 여기서 퀴즈 하나! 한겨울 중국에서 가장 추운 곳과 더운 곳의 온도 차는 얼마나 될까요? 정답은 70도에요. 가장 추운 곳은 헤롱장성의 '모허'로 영하 45도까지 내려가요. 가장 더운 곳은 중국 최남단인 하이난섬의 '싼야'로 한겨울에도 30도씩 올라가고요. 중국이란 나라 정말 땅덩어리가 살벌하게 넓긴 넓죠?

전기장판 电褥子 [diànrùzi 띠엔루즈]
영하 零下 [língxià 링씨아]
습도 湿度 [shīdù 스뚜]

집 **房子**
팡즈, fángzi

가전제품 **家电**
찌아띠엔, jiādiàn

아파트 **居民楼**
쮜민러우, jūmínlóu

가구 **家具**
찌아쮜, jiājù

엘리베이터 **电梯**
띠엔티, diàntī

침대 **床**
추앙, chuáng

거실 **客厅**
커팅, kètīng

소파 **沙发**
샤파, shāfā

방 **屋**
우, wū

책상 **写字台**
씨에쯔타이, xiězìtái

주방 **厨房**
추팡, chúfáng

식탁 **餐桌**
찬주워, cānzhuō

싱크대 **水池**
쉐이츠, shuǐchí

세탁기 **洗衣机**
씨이찌, xǐyījī

화장실 **洗手间**
씨셔우찌엔, xǐshǒujiān

전자레인지 **微波炉**
웨이보루, wēibōlú

변기 **马桶**
마퉁, mǎtǒng

베란다 **阳台**
양타이, yángtái

서울 집값은 너무 세!

A: 首尔的房价太高了。 서울의 집값은 너무 비싸.
Shǒu'ěr de fángjià tài gāo le. 셔우얼 더 팡찌아 타이 까오 러.

B: 我一辈子也买不起。 난 아마 평생 못 살 거야.
Wǒ yíbèizi yě mǎi bu qǐ. 워 이뻬이즈 예 마이 부 치.

너 학교 기숙사에 살아?

A: 你住在学校宿舍吗？ 너 학교 기숙사에 살아?
Nǐ zhù zài xuéxiào sùshè ma? 니 쭈 짜이 쒜씨아 쑤셔 마?

B: 我在外面租房子。 밖에서 자취해.
Wǒ zài wàimian zū fáng le. 워 짜이 와이미엔 주 팡 러.

집세

A: 你家房租多少钱？ 너희 집세가 얼마야?
Nǐ jiā fángzū duōshao qián? 니 찌아 팡주 뚜워샤오 치엔?

B: 一个月3000元。 한 달에 3000위안.
Yí ge yuè sān qiān yuán. 이 거 위에 싼 치엔 위엔.

chapter 14

상다리 부러지는 중국 요리

죽기 전에 다 맛이나 볼 수 있을까? 중국 음식을 떠올리면 드는 생각이에요. 중국에 10년 넘게 살면서 갖은 지방의 요리를 두루 맛봤지만, 아마 천분의 일, 아니 만분의 일도 못 먹었을 거에요. 중국 식당에 가면 나오는 메뉴판은 거의 책 수준이에요. 애피타이저부터 시작해서, 야채요리, 고기요리, 해산물 요리, 탕류, 특선요리, 디저트 등 섹션별로 100여 가지의 음식이 다 들어 있거든요. 그래서 음식을 주문할 땐 언제나 시간이 오래 걸립니다. 요리 가짓수도 많지만, 조리법도 다양해서 중국어가 서툴면 주문조차 제대로 할 수가 없지요. 특히 해산물 요리라도 시키려면, 주문 난이도는 배가 된답니다. 새우는 몇 그램 드려요? 구워 드릴까요? 쪄 드릴까요? 아님 튀겨 드릴까요? 그럼 소스는요? 어휴~ 밥 먹기도 전에 아주 혼을 쏙 빼놓죠. 오죽했으면 손님의 식성을 파악해 대신 음식 주문을 하는 '요리 주문사'란 직업까지 생겼겠어요?

중국 사람들은 먹는 거에 목숨을 걸 정도로 한 상 가득 음식을 쌓아두고 먹어요. 특히 손님을 접대할 때는 정말 상다리가 부러질 정도로 음식을 시킨답니다. 그래야 자신의 체면이 선다나? 하여튼 중국인들의 체면타령은 알아줘야 해요. 아니, 다 먹지도 못할 거면서 뭘 그리 많이 시키는

식당 饭馆 [fànguǎn 판관]
메뉴판 菜单 [càidān 차이딴]
음식 菜 [cài 차이]
음식주문 点菜 [diǎncài 디엔차이]
손님 客人 [kèrén 커런]

지……. 중국에선 식사 초대받은 자리에서 음식을 조금 남겨야 예의라는 말이 있는데, 굳이 일부러 남기지 않아도 배가 불러 다 못 먹는답니다. 우리와 중국인의 차이점을 들자면, 우리는 "먹고 모자라면 더 시키자."이지만, 중국인들은 "일단 시키고 남으면 싸가자."에요. 이런 중국인들의 특징은 현지 한국식당에 가보면 잘 나타나요. 중국 사람들은 숯불구이를 참 좋아하는데, 우리는 고기를 먼저 먹고 나중에 된장찌개나 냉면을 시켜 먹잖아요. 하지만 중국인들은 고기 구우면서, 파전, 잡채, 돌솥비빔밥, 냉면 이모든 걸 한꺼번에 시켜서 먹는답니다. 식탁이 풍성해야 제대로 밥 먹는 느낌이 나는지, 옆 테이블에서 두세 명의 중국인이 위의 메뉴를 전부 시켜 먹는 걸 멍~하니 바라봤던 적이 한두 번이 아니에요. 결국엔 음식이 남고 중국인들은 그걸 싸들고 집에 간답니다. 중국에선 남은 음식 싸가는 게 아주 자연스럽거든요.

중국 관광객이 한국에 여행 오면 가장 불만족스러운 게 음식이라고 해요. 한국을 다녀온 중국 친구들 얘길 들어봐도 "한국 요리는 맛있긴 한데, 뭔가 좀 허해~” 이런 말을 자주 해요. 중국인들이야 워낙 기름진 음식을 좋아해 담백한 한국 음식이 허하게 느껴질 수도 있지만, 무엇보다 개인 메뉴 하나만 딸랑 시켜먹는 한국식 스타일이 성에 안 차기 때문이죠. 한 번은 중국인을 데리고 베이징의 한 설렁탕집에 갔었는데, 탕과 밥, 깍두기만 나오니, “에게, 이게 다야? 뭘 좀 더 시켜야 하지 않나? 이런 눈치였어요. 순간 이런 생각이 들더군요. “아! 저 친구 입장에선 내가 자기를 푸대접 한다고 느낄 수도 있겠구나…. 난 단지 우리 음식을 소개하려는 좋은 의도 였는데……. 사업상 중국인을 제대로 접대해야 할 필요가 있을 땐, 이점을 꼭 유념해야 해요. 제 경험상 정말 중요한 사람에게 한국식 음식을 대접하고 싶으면, 가짓수가 풍성히 나오는 한정식집이 좋을 수가 있어요. 스키다시가 풍성히 나오는 일식집도 괜찮고요. 중국에도 그냥 일식집은 많지만, 전복죽부터 시작해 튀김, 초밥, 알밥, 매운탕까지 풀코스로 차려지는 코리안 스타일 일식집! 중국인들은 이렇게 풍성한걸 좋아합니다. 뭐 친한 친구들끼리야 어디서 뭘 먹든 크게 상관은 없지만요. 학창시절 땐 중국 친구들에게 8위안짜리 돌솥비빔밥으로 한턱내도 다들 좋아했으니까요. 하지만 돈(?)이 걸린 비즈니스의 경우엔 사정이 좀 달라요. 중국인 접대의 기본! “풍성함으로 상대방 체면을 살려라!”

기름지다 油膩 [yóunì 요우니]
담백하다 清淡 [qīngdàn 칭딴]

제가 중국에 있으면서 제일 그리운 음식이 뭔 줄 아세요? 청국장? 간장게장? 족발? 모두 땡! 바로 자장면과 탕수육이에요. 아니 중화요리의 본고장에 있으면서 웬 자장면 타령? 중국에도 물론 자장면이 있는데요. 이게 한국식과는 맛이 달라요. 자장면은 중국 각지에 다 있지만, 가장 유명한 게 '북경식 자장면'이에요. 면에다 춘장 넣고 갖은 야채를 넣어서 비벼 먹는데, 모양은 참 자장면답지만 맛은 정말 짜요. 느끼하기도 하고….--; 그래서 여태껏 딱 두 번밖에 안 먹었다는…. 물론 베이징에도 한국인이 경영하는 한국식 중국집이 몇 군데 있긴 해요. 전화로 자장면 배달시키면 진짜 철가방 아저씨 출동! "단무지 많이 주시고, 군만두는 서비스~!" 요런 것도 가능하지요. 중국 사람들은 한국 드라마에서 자장면 먹는 장면을 봤는지, 한국 자장면은 어떤 맛인지 종종 물어보곤 해요. 한 번은 중국 친구들을 초대해 한국 자장면을 배달시켜 먹었는데, "야! 중국 게 맛있냐, 한국 게 맛있냐?" 물었더니, 이구동성으로 "한궈더 하오츠!"(한국 게 맛있는데!)"라고 하더군요.^^

한국인이 좋아하는 중국요리는 뭘까요? 베이징 요리, 상하이 요리, 쓰촨 요리, 광둥 요리 등 수천 가지의 별미가 있지만, 그중에서도 한국인의 입맛에 딱 맞는 요리가 몇 개 있어요. 일단 중국의 국가대표급 요리인 '베이징 오리구이'! 요즘 한국에도 북경식 오리구이를 파는 식당이 많은데, 북경식 원조는 그것과는 감히 비교불가에요. 손님이 보는 앞에서 장작불에 구워낸 오리구이는 윤기가 자르르 흐르는 게 전혀 느끼하지 않고 담백하답니다. 오리 혀도 같이 나오는데, 이 혀는 귀한 손님에게 주는 거니 상대방이 권하면 주저 말고(?) 시식해 보세요. 현재 베이징에서 최고 주가를 올리는 오리구이집은 단연 '따동 카오야'에요. 가격은 좀 세지만 감동적인 서비스와 맛이 일품이니 꼭 한번 들려보세요. 단, 예약은 필수! 사천요리로는 닭튀김 요리인 '라조기'와 고추기름에 끓인 매운 생선요리 '쉐이주위'도 강추에요. 매운 민물가재 요리인 '마라롱샤'도 은근 중독성이 강해요. 머리와 꼬리를 떼면 별로 발라먹을 살도 없지만……. 그래서 한 번에 50마리씩 먹기도 한답니다. 이 세 가지 사천요리를 동시에 시켜먹으면, 휴우~ 다음날 화장실에서 피(?)를 보게 되지요.^^ 그 외에 얇게 썬 돼지고기에 춘장을 넣어 볶은 '찡쟝러우쓰', 중국식 탕수육인 '탕추리지'도 괜찮고요. 뭐 일일이 소개하자면 밤을 새우고도 남으니 일단 여기까지! 요즘 중국식당엔 그림 메뉴판이 있어서, 모르겠으면 사진 보고 그냥 콕 찍어도 되요. 맛있어 보이는 걸로.^^

그럼 중국 사람들은 어떤 한식을 좋아할까요? 중국 어느 도시를 가나 한식당은 쉽게 볼 수 있고, 마트나 쇼핑몰의 푸드코트에도 한식코너는

자장면 炸酱面 [zhájiàngmiàn 자찌앙미엔]
군만두 煎饺 [jiānjiǎo 찌엔지아오]
오리구이 烤鸭 [kǎoyā 카오야]
서비스 服务 [fúwù 푸우]
라조기 辣子鸡 [làzǐjī 라즈찌]

꼭 있어요. 남녀노소 불문하고 중국인이 가장 좋아하는 한국 요리 Best 3
는 숯불갈비, 돌솥비빔밥, 냉면 이렇게 3가지에요. 숯불갈비야 어느 나라
든 인기지만, 요즘 한인타운의 고깃집에 가보면 30분 정도는 기다려야 할
정도로 성업 중이에요. 예전엔 한국인의 비율이 압도적이었지만, 지금은
80% 이상이 중국 손님이에요. 고기도 고기지만, 십여 가지의 밑반찬이 무
한리필되는 게 인기비결 중 하나에요. 중국식당에는 '밑반찬=공짜' 이런
개념이 전혀 없거든요. 심지어 물도 돈 내고 사먹어야 한다는…….--; 돌
솥비빔밥의 인기야 뭐 말하면 입 아플 정도에요. 돌솥비빔밥만 전문으로
파는 한식 체인점도 생겼을 정도니까요. 냉면 역시 4계절 중국인이 즐겨

먹는 대표 음식이고요. 대학시절 학교 구내식당 안에는 한식을 전문으로 파는 부스가 있었는데, 한 그릇에 우리 돈 1500원하는 냉면이 중국 학생들에게 인기 최고였어요.

숯불갈비 烧烤 [shāokǎo 샤오카오]
돌솥비빔밥 石锅拌饭 [shíguōbànfàn 스구워빤판]
냉면 冷面 [lěngmiàn 렁미엔]
밑반찬 小菜 [xiǎocài 씨아오차이]

중국요리 **中国菜**
중구워차이, Zhōngguócài

특선요리 **招牌菜**
쟈오파이차이, zhāopaicài

저기요(종업원 부를 때) **服务员**
푸우위엔, fúwùyuán

탕 **汤**
탕, tāng

물수건 **湿巾**
스진, shījīn

디저트 **点心**
디엔씬, diǎnxīn

냅킨 **餐巾纸**
찬진즈, cānjīnzhǐ

공깃밥 **米饭**
미판, mǐfàn

이쑤시개 **牙签儿**
야치엘, yáqiānr

면요리(국수) **面条**
미엔티아오, miàntiáo

물 **矿泉水**
쾅취엔쉐이, kuàngquánshuǐ

만두 **饺子**
지아오즈, jiǎozi

차 **茶水**
차쉐이, cháshuǐ

계산서 **买单**
마이딴, mǎidān

젓가락 **筷子**
콰이즈, kuàizi

더치페이 **AA制**
AA즈, AAzhì

숟가락 **勺子**
샤오즈, sháozi

한턱내다 **请客**
칭커, qǐngkè

애피타이저 **开胃菜**
카이웨이차이, kāiwèicài

여기! 메뉴판 좀 갖다 주세요.

A: 服务员，拿菜单！ 여기, 메뉴판 좀 갖다 주세요!
Fúwùyuán, ná càidān! 푸우위엔, 나 차이딴!

B: 好的，马上来。 네. 곧 갖다 드릴게요.
Hǎo de, mǎshàng lái. 하오더, 마샹 라이.

너 좀 더 먹지그래?

A: 你多吃点儿吧！ 너 좀 더 먹지그래!
Nǐ duō chīdiǎnr ba! 니 뚜워 츠디엘 바!

B: 我吃饱了。 나 배불러.
Wǒ chībǎo le. 워 츠바오 러.

오늘은 내가 쏠게

A: 今天我请客！ 오늘은 내가 쏠게!
Jīntiān wǒ qǐngkè! 찐티엔 워 칭커!

B: 咱们AA制吧！ 우리 더치페이 하자!
Zánmen AAzhì ba! 쟌먼 AA즈 바!

chapter 15

중국인의 음주 문화

중국인이 술을 잘 마실까? 아니면 한국인이 술을 더 잘 마실까? 만약 제게 이 질문에 답해보라고 한다면, 전 "중국인도 술을 잘 마시지만, 한국인이 좀 더 끈질기게 오래 마시지."라고 대답할 거에요. 중국에서도 특히 날씨가 추운 북방지역 사람들이 술을 잘 마시기로 정평이 나있는데요. 아무리 그래도 한번 기분이 좋아지면 이 밤의 끝을 잡고 갈 데까지 가야 직성이 풀리는 한국의 주당들에게 두 손 두 발을 다 들고야 말죠. 1차, 2차, 3차까지 돌며 '소맥'을 서로 주거니 받거니 하면, 독한 고량주로 단련된 중국

술고래 酒鬼 [jiǔguǐ 지우구이]

소주 烧酒 [shāojiǔ 샤오지우]

바이주 白酒 [bǎijiǔ 바이지우]

이과도주 二锅头 [èrguōtóu 얼구워터우]

의 술고래들도 웬만해선 꼬리를 내리기 마련이거든요. 중국인은 한국 사람들이 여자, 남자 할 것 없이 술을 굉장히 잘 마신다고 생각해요. 이게 중국 TV에서 매일같이 방영되는 한국 드라마 때문인지, 아니면 개인적으로 한국인과의 고된(?) 술자리를 통해 얻어진 경험인지는 모르겠지만, 아무튼 중국인들은 "한국인은 술이 아주 세!" 이런 생각을 많이들 갖고 있어요.

우리나라를 대표하는 국민 알코올은 소주! 그럼 중국을 대표하는 인민 술은 바로 '바이주'에요. 우리가 흔히 말하는 고량주(빼갈) 같은 독한 술을 중국에선 '바이주'라고 해요. 보통 알코올 도수가 40~60도로 한 모금만 마셔도 "캬아!" 소리가 절로 나오면서 목이 타들어갈 듯 따끔거리죠. 또 향이 강해 냄새만 맡아도 온몸이 부르르 떨린답니다. 바이주 중에서도 중국 서민들이 가장 즐겨 마시는 술이 '얼궈터우'에요. 얼궈터우? 이름이 좀 생소하신가요? 우리말로 하면 '이과도주'인데, 한국의 중국집에 가면 '빼갈'이라고 파는 술이 바로 요 '얼궈터우'에요. 작은 녹색병에 붉은 별이 그

려진 독한 술. 한 번쯤 본 기억이 있으시죠? 알코올 도수가 50도가 넘는 '얼궈터우'는 우리의 소주처럼 중국 서민들이 가장 즐겨 먹는 술이에요. 작은 병 하나를 현지의 마트에서 3위안(500원) 정도면 살 수가 있어요. 하지만 '싼 게 비지떡'이라고, 싸구려 술이다 보니 한 병만 마셔도 뒷골이 장난 아니게 띵하답니다. 주머니가 가벼운 서민들이야 이런 술을 즐겨 마시지만, 비즈니스로 중국인들의 접대를 받으면 보통 고급 바이주를 마셔요. 대표적인 술로는 '마오타이'와 '우량예'라는 브랜드가 유명해요. 둘 다 한 병당 우리 돈 수십만 원이 넘는 고급 술이에요. 중국에서 '마오타이'는 외국 국

마트 **超市** [chāoshì 챠오스]
고급 **高级** [gāojí 까오지]
마오타이 **茅台** [máotái 마오타이]
우량예 **五粮液** [wǔliángyè 우량예]

154

빈이 방문할 때 꼭 내놓는 만찬 연회용 술로, 마오쩌둥과 덩샤오핑 등 최고 지도자들이 즐겨 마셨다고 해요. 북한의 김정일 국방위원장도 중국에 가면 꼭 이 '마오타이주'를 한 병씩 비운다는 보도가 있기도 했었죠. '우량예'는 5가지 곡물을 재료로 만들었다고 해서 붙여진 이름인데, 2006년도 중국의 한 경매에서 빚은지 90년 된 한정판 '우량예'가 중국 돈 88만 위안. 우리 돈 1억 5천만 원에 낙찰되기도 했답니다. 이에 질세라 얼마 전 구이저우에서 열린 한 경매에서 1992년산 '한디 마오타이' 한 병이 사상 최고가인 890만위안. 우리 돈 15억원이라는 미친(?) 가격에 팔리기도 했어요.

중국 사람들은 정말 귀한 손님을 접대할 때 값비싼 요리와 함께 꼭 이 '마오타이'나 '우량예'를 주문해요. 거기다 한 갑에 우리 돈 2만 원이 넘는

'중화'라는 담배도 절대 빠져선 안되고요. 비싼 해산물 요리에 고급 바이주 그리고 중화 담배. 이 3가지 조합은 중국 부자들이 자기의 부와 신분을 과시하기 위한 체면 중시 문화의 한 상징이기도 하답니다. 이 술들을 마셔보니 알코올 도수는 높지만, 아무리 많이 마셔도 다음날 뒤끝이 없더라고요. 역시 비싼 술이 좋긴 좋아요.^^ 그리고 기름진 중국 음식과도 궁합이 잘 맞아서, 적당히 마시면 음식 맛도 돋우고 느끼함도 없애주는 일거양득의 효과도 있답니다. 하지만 짝퉁이 살벌하게 많다 보니 살 때 주의해야 해요. 53도짜리 마오타이주 한 병의 공장 출고가가 600위안 정도니, 시중에서 1000위안(18만 원) 밑으로 파는 술은 전부 가짜라고 보면 돼요. 요즘은 '쉐이징팡'이란 브랜드도 뜨고 있는데, 중국의 애주가들 사이에서 상당히 괜찮은 술로 평가받고 있으니 기회가 되면 꼭 한번 드셔 보세요. 근데 중국 현지 주점에서 주문하면 보통 800위안(15만 원) 이상 하니 꽤 비싼 편이에요.

중국 맥주 하면 대부분 칭다오 맥주를 떠올릴 거에요. 이젠 우리나라의 마트나 동네 편의점에서도 쉽게 볼 수가 있죠. 칭다오 맥주는 청도가 독

일의 조계지였던 시절부터 생산해 100년이 넘는 역사를 가진 세계적인 맥주 브랜드에요. 근데 베이징에서 살면서 칭다오 맥주를 즐겨 마시는 중국인을 본적은 거의 없는 거 같아요. 오히려 중국을 찾는 외국인들이 더 선호하는 편이랄까? "어랏! 중국에서 파는 칭다오 맥주는 맛이 없나?" 하면 그건 아니고요. 중국에는 각 도시마다 고유의 맥주 브랜드가 있는데, 다른 지역 맥주보다는 자기 고장에서 생산된 맥주를 선호하는 경향이 강해요. 마치 부산 사람들이 참이슬보단 향토소주인 시원(C1)을 즐겨 마시는 것 처럼요. 그래서 베이징 사람들은 칭다오보단 북경의 옛 이름을 딴 '옌징'이

담배 香烟 [xiāngyān 씨앙이옌]
맥주 啤酒 [píjiǔ 피지우]
역사 历史 [lìshǐ 리스]
옌징 燕京 [Yānjīng 이옌징]

라는 로컬 브랜드의 맥주를 훨씬 즐겨 마시죠. 칭다오 맥주는 그 종류가 참 다양한데요. 그중에서도 '순하고 살아있는'이란 뜻의 '춘성'이란 문구가 들어 있는 병맥주가 가장 맛있답니다. 그 이름처럼 맛이 순하고 깔끔해서 제가 가장 사랑하는 중국 맥주에요. 완전 강추! 중국에서 맥주를 시킬 땐 "워 야오 삥더!"(차가운 걸로 주세요!)란 말을 꼭 해야 해요. 우리야 맥주를 시키면 무조건 시원한 걸로 갖다 주지만, 중국인들은 맥주든 물이든 그냥 미지근하게 먹는 습관이 있어요. 그래서 종업원들도 언제나 "삥더? 하이스 창온더?"(시원한 거요? 아니면 미지근한 거요?)라고 물어본답니다.

중국인들은 술을 마실 때 보통 식당에서 음식을 시켜 반주처럼 곁들어 먹어요. 한국의 '쪼끼쪼끼'나 '와리와리'처럼 술과 술안주용 음식이 전문으로 나오는 주점 형식은 많지 않아요. 젊은 사람들은 '지우빠'라고 불리는 서양식 바를 많이 찾는 편이고요. 베이징의 이태원이라 할 수 있는 '싼리툰'과 제가 꼽는 베이징 최고의 로맨틱 명소인 '허우하이'에 가면 깜짝 놀랄 정도로 독특한 분위기의 중국식 바 문화를 접할 수가 있어요. 베이징의 한인타운인 왕징 지역에는 한국인이 3만 명 이상 거주하는데, 그래서인지 생맥주를 파는 호프집, 감자탕집, 탁주 전문점, 오뎅바 등 한국에서 유행하는 모든 유형의 주점은 죄다 모여 있어요. 심지어는 한국처럼 젊은 언니가 손님과 말상대를 해주는 섹시바도 유행인 추세고요. 섹시바는 단란주점이나 룸싸롱은 부담돼서 못 가는 한인들을 타겟삼아 요즘 꽤 인기를 끌고 있어요. 왕징이나 우다커우 같은 한인타운의 주점들은 대부분 한국 교민들을 위해 장사하지만, 최근에는 오히려 중국인들이 더 많아졌어요.

솥뚜껑 삼겹살에 참이슬을 먹고, 걸쭉한 막걸리에 파전을 먹는 중국인들의 모습! 이젠 더 이상 낯설지가 않답니다.

춘성 纯生 [chúnshēng 춘성]
서양식 바 酒吧 [jiǔbā 지우빠]
문화 文化 [wénhuà 원화]
삼겹살 五花肉 [wǔhuāròu 우화러우]

술집 **酒吧**
지우빠, jiǔbā

꼬치구이 **肉串儿**
러우촨, ròuchuànr

담배 **香烟**
씨앙이옌, xiāngyān

안주 **下酒菜**
씨아지우차이, xiàjiǔcài

재떨이 **烟灰缸**
이옌후이깡, yānhuīgāng

삼겹살 **五花肉**
우화러우, wǔhuāròu

음식점 **餐厅**
찬팅, cāntīng

파전 **葱饼**
총빙, cōngbǐng

취하다 **喝醉**
허쭈이, hēzuì

감자탕 **土豆猪骨湯**
투떠우주구탕, tǔdòuzhūgǔtāng

소주 **烧酒**
샤오지우, shāojiǔ

김치찌개 **泡菜汤**
파오차이탕, pàocàitāng

막걸리 **米酒**
미지우, mǐjiǔ

된장찌개 **大酱汤**
따찌앙탕, dàjiàngtāng

생맥주 **扎啤**
쟈피, zhāpí

치킨 **炸鸡**
쟈지, zhájī

맥주 **啤酒**
피지우, píjiǔ

노래방 **卡拉ok**
카라어우케이, kǎlāōukèi

팝콘 **爆米花**
빠오미화, bàomǐhuā

주량이 어떻게 되세요?

A: 你的酒量怎么样？ 너 주량이 어떻게 돼?
Nǐ de jiǔliàng zěnmeyàng? 니 더 지우량 전머양?

B: 一般。 보통이야.
Yìbān 이빤.

나 술 취했어.

A: 你没事儿吗？ 너 괜찮아?
Nǐ méi shìr ma? 니 메이셜 마?

B: 我喝醉了。 나 술 취했어.
Wǒ hēzuì le. 워 허쮜이 러.

내가 쏠게

A: 今天我请客！ 오늘 내가 쏠게!
Jīntiān wǒ qǐngkè! 찐티엔 워 칭커!

B: 谢谢！ 고마워!
Xièxie! 씨에씨에!

chapter 16

일주일이나 노는 중국의 황금연휴

　　중국에 살면서 좋은 점 중 하나가 바로 굵직굵직한 연휴가 많다는 거에요. 우리나라는 설날과 추석을 제외하면 긴 휴일이 없지만, 중국은 짧게는 3~5일, 길게는 7일씩 쉬는 황금연휴가 많거든요. 이번엔 중국의 다양한 명절과 그에 관한 풍습에 관해 이야기해 볼까 해요. 새해 첫날인 1월 1일. 중국은 이날을 '위엔딴'이라고 하는데, 우리와 마찬가지로 음력설을 더 중시하기 때문에 별로 대접을 못 받는 편이에요. 쉬는 날도 딱 하루고요. 중국 사람들도 별 의미 없게 보내는지라, 저는 매년 새해 아침에는 손수 떡국을 끓여 그동안 신세 졌던 중국인 친구들을 불러 음식 대접을 한답니다.

명절 节日 [jiérì 지에르]
춘절 春节 [chūnjié 춘지에]
신정 元旦 [yuándàn 위엔딴]
기차 火车 [huǒchē 훠쳐]

올해도 여전히 잘 부탁한다는 일종의 뇌물성(?) 접대의 성격도 물론 있고
요.^^ 예전 2000년 1월 1일엔 밀레니엄 새해맞이를 하겠다고 새벽부터 베
이징 근교의 만리장성에 올라 덜덜 떨며 해돋이를 감상했던 재미난 추억
도 떠오르네요.

　　중국 최고의 명절은 바로 음력설인 '춘절'이에요. 춘절은 중국 사람들
이 가장 중시하는 민족 최대의 전통 명절이죠. 그래서 쉬는 날도 엄청 길답
니다. 정식 휴일은 7일. 하지만 보통 보름에서 길게는 한달 가까이 쉬기도
해요. 설날이 시작되기 한 달 전부터 귀성객들의 기차표 예매 전쟁이 시작
된답니다. 무려 2억 명이 넘는 사람들이 기차를 타고 고향에 내려가니 표

구하기가 정말 하늘의 별 따기죠. 이 기간에 기차역에 나가보면 표를 구하려고 몇 날 며칠을 밤을 새우고 줄을 서 있는 사람들이 많아요. 그래서 기차역 주위에는 암표상들이 활개를 치고 다니는데, 원래 가격의 3~4배를 받는 폭리를 취하기도 하죠. 경찰이 쫙 깔려 단속을 벌이지만, 워낙 수요층이 많다 보니 별 효과는 없어요. 또 역무원들이 여행사나 암표상들과 짜고 표를 뒤로 빼돌리는 일도 종종 벌어지고요. 에공! 이러니 표 구하기가 더더욱 어려울 수밖에요. 올해 5월부터 베이징에서는 '기차표 실명 판매제'가 도입됐는데, 과연 얼마나 효과가 있을런지……. 여러분! 춘절 기간에는 될 수 있으면 절대! 네버! 중국 내 여행은 삼가야 합니다. 어딜 가든 상상을 초월하는 인파와 마주치게 될 테니까요.^^

중국 사람들은 설 전날 저녁에 온 가족이 모여 거하게 식사를 하는 풍습이 있어요. 이때 먹는 식사를 한해의 마지막 저녁에 먹는 식사라 하여 '니엔예판'이라고 부릅니다. 우리도 명절에 다들 모여 전을 부치듯이, 일반적인 중국 가정에서도 이날의 저녁은 가족끼리 모여 직접 준비를 합니다. 하지만 요즘은 고급 식당이나 호텔에 가서 만찬을 즐기는 사람들이 점차 늘고 있어요. 이 저녁 만찬 코스는 한 상에 보통 적게는 천 위안에서, 많게는 만 위안을 호가하죠. 심지어 우리 돈 천만 원이 넘는 초절정 럭셔리 코스요리를 선보이는 식당들도 있답니다. 한 끼 식사에 과감하게 천만 원을 투자하는 중국 부자들. 통이 참 크죠?

니엔예판 **年夜饭** [niányèfàn 니엔예판]

이날 저녁식사를 즐기고 나서 중국 사람들이 꼭 보는 TV 프로가 있어요. 바로 중국 CCTV에서 방영하는 설날 특집 버라이어티 쇼인 '춘지에 완후이'란 프로예요. 중국에서 이 프로 모르면 완전 간첩이죠. 설 전날 저녁부터 자정까지 5시간 정도 방영이 되는데, 7억 명 이상의 중국인들이 시청하는 완소 국민 프로그램에요. 매년 중국 최고 스타들이 총출동해 만담, 코미디 단막극, 노래 등의 공연을 펼친답니다. 제가 볼 땐 쇼프로가 상당히 촌스럽고 별로 재미도 없는데, 왜 이리 인기가 많은지……. 쩝!

중국 설날에는 폭죽놀이가 절대 빠져선 안 되죠. 중국에선 한동안 안전상(?)의 이유를 들어 폭죽놀이를 엄격히 금지했지만, 지금은 춘절 연휴 기간에 한해 허용하고 있답니다. 설 전날 밤부터 새벽까지 아주 여기저기서 폭죽이 펑펑 터져대는데, 아주 시끄러워 잠을 못 잘 정도에요. 거기다 폭죽 소리에 놀란(?) 자동차 경보음까지 합세하면…. 헐! 중국에 이토록 오래 살면서 귀에 난청이 안 생긴 게 정말 신기할 따름입니다.--; 작년 설에는 시민들이 폭죽놀이를 하다가 화재를 일으켜, 500억 위안을 들여 만든 중앙TV 방송국 건물을 홀라당 태워 먹기도 했었죠. 금년 설에도 전국에서 폭죽사고로 40명이 사망하고, 수백 명이 부상을 당했다는 뉴스가 있었고요. 이러다 조만간 또 폭죽놀이를 금지하는 건 아닌지 모르겠네요.

중국도 우리나라처럼 추석을 쉴까요? 정답은 그렇기도 하고 아니기도 하다. 오잉? 이게 대체 뭔 소리냐고요? 중국에선 추석을 '중추절'이라고 해요. 우리나라에서 추석은 설날과 함께 명절의 양대산맥이지만, 중국은 그렇지가 않아요. 휴일도 짧아 고향에 내려갈 수도 없으니 명절 분위기가 전~혀 나질 않는답니다. 중국에선 송편 대신 '월병'이라고 하는 보름달처럼 생긴 동그란 빵을 먹어요. 그 안에는 계란 노른자나 밤, 대추 등이 들어가는데, 이게 워낙 달아서 한 개만 먹어도 금세 질리죠. 당뇨 있는 분들은 조심하세요.^^ 전 이때만 되면 윤기 자르르 흐르는 꿀깨가 든 한국의 송편이 몹시도 그리워진답니다.

앞에서 소개한 '춘절' 말고 중국에는 진정한 황금연휴인 노동절과 국경절이 있어요. 5월 초와 10월 초만 되면 신문에서 서울 명동에 중국인 관광객들이 몰려온다는 기사를 자주 보셨을 거에요. 5월 1일 노동절은 3~7일 정도의 긴 휴가가 주어져, 중국 사람들은 이때 국내외로 여행을 많이 떠

중추절 中秋节 [Zhōngqiū Jié 중치우 지에]
송편 松饼 [sōngbǐng 쏭빙]
월병 月饼 [yuèbǐng 위에빙]
노동절 劳动节 [Láodòng Jié 라오똥 지에]
국경절 国庆节 [Guóqìng Jié 구워칭 지에]

납니다. 10월 1일 국경절은 중국의 건국기념일이에요. 이날 TV를 틀면 온종일 마오쩌둥이 1949년 10월 1일 천안문 광장에서 인민들을 향해 중화인문공화국 수립을 선포한다는 흑백의 연설 장면이 주야장천 방영되기도 합니다. 국경절도 역시 7일간의 긴 휴일입니다. 이때는 천안문 광장이 예쁘게 단장을 해서 볼거리가 많죠. 특히 야경이 참 예뻐서 밤에 산책하기 좋아요. 하지만 매일같이 10여만 명의 구경 인파가 몰리다 보니 압사할 위험이…ㅋㅋ

음력 5월 5일 단오절도 중국 사람들이 중요시하는 전통 명절이에요. 이날 중국 사람들은 '쫑즈'라고 하는 음식을 먹어요. 쫑즈는 찹쌀 안에 팥, 녹두, 돼지고기 등을 넣고 대나뭇잎에 싸서 삼각김밥 모양으로 쪄낸 음식이에요. 맛은 우리의 약밥과 비슷해요. 또 액운을 막는다는 의미로 오색실을 엮어 만든 팔찌를 서로의 손목에 묶어주기도 합니다. 원래 단오절은 중국에서 공휴일이 아니었어요. 그와 관련된 비하인드 스토리는 다음과 같죠. 2005년도에 한국이 '강릉 단오제'를 유네스코 세계 무형문화유산에 등재를 시켰는데요. 당시 중국은 자국의 전통 명절을 한국에 빼앗겼다며 아주 난리법석을 떨었었죠. 아무튼 이 사건을 계기로 중국은 그동안 소홀히 했던 전통문화와 풍습을 보전할 필요성을 뼈저리게(?) 느꼈고, 뒤늦게나마 단오절과 청명절, 그리고 중추절을 공휴일로 지정하게 되었답니다. 그것도 최근인 2008년도에 말이에요. 또한 2009년도에 중국의 단오절을 유네스코에 세계문화유산 등재 신청을 해놓은 상태입니다.

견우와 직녀가 오작교에서 만난다는 음력 7월 7일 칠월 칠석. 중국에서는 이날을 '칠석절'이라고 해요. 이날은 공휴일은 아니지만 중국의 커플들에겐 아주 중요한 DAY에요. 일종의 '중국판 밸런타인데이'라고나 할까? 중국의 모든 마트나 상점에는 이날 초콜릿이나 사탕, 커플 티셔츠 등이 쫙 깔린답니다. 패밀리 레스토랑이나 술집들도 커플들로 아주 바글바글~ 거리 곳곳에서는 연인들을 위한 '키스 대회' 같은 이벤트도 많이 열려서 로맨틱한 분위기가 제법 난답니다.

단오절 端午节 [Duānwǔ Jié 뚜안우 지에]
쫑즈 粽子 [zòngzi 쫑즈]
청명절 清明节 [Qīngmíng Jié 칭밍 지에]
칠석절 七夕节 [Qīxījié 치씨지에]

휴일 休日
씨우르, xiūrì

명절 节日
지에르, jiérì

어버이날 母亲节
무친지에, Mǔqīnjié

스승의 날 老师节
라오스지에, Lǎoshījié

어린이날 儿童节
얼퉁지에, Értóngjié

밸런타인데이 情人节
칭런지에, Qíngrénjié

선물 礼物
리우, lǐwù

초콜릿 巧克力
치아오커리, qiǎokèlì

장미 玫瑰花
메이구이화, méiguihuā

향수 香水
씨앙쉐이, xiāngshuǐ

사탕 糖果
탕구워, tángguǒ

화이트데이 白色情人节
바이써칭런지에, Báisèqíngrénjié

빼빼로 데이 光棍节
꾸앙꾼지에, Guānggùnjié

핼러윈 데이 万圣节
완셩지에, Wànshèngjié

크리스마스 圣诞节
셩딴 지에, Shèngdàn Jié

크리스마스 이브 平安夜
핑안예, Píng'ānyè

산타 할아버지 圣诞老人
셩딴 라오런, Shèngdàn Lǎorén

크리스마스 트리 圣诞树
셩딴슈, Shèngdànshù

한국인은 추석 쇨 때 뭘 먹어?

A: 韩国人过中秋节，吃什么？ 한국은 추석 쇨 때 뭘 먹어?
Hánguórén guò Zhōngqiū Jié, chī shénme? 한구워런 꾸워 중치우 지에, 츠 션머?

B: 我们吃松饼。 우린 송편 먹어.
Wǒmen chī sōngbǐng. 워먼 츠 쏭빙.

오늘 밸런타인데이인데 초콜릿 없어?

A: 今天是情人节，没有巧克力吗？ 오늘 밸런타인데이인데 초콜릿 없어?
Jīntiān shì Qíngrénjié, méiyǒu qiǎokèlì ma? 찐티엔스 칭런지에, 메이여우 치아오커리 마?

B: 你自己买去！ 네가 사서 먹어!
Nǐ zìjǐ mǎi qù! 니 쯔지 마이 취!

내일이면 크리스마스네.

A: 明天就是圣诞节了。 내일이면 크리스마스네.
Míngtiān jiùshì Shèngdàn Jié le. 밍티엔 찌우스 셩딴 지에 러.

B: 希望明天会下雪。 내일 눈 내렸으면 좋겠다.
Xīwàng míngtiān huì xià xuě le. 씨왕 밍티엔 후이 씨아 쒜 러.

chapter 17

중국 인터넷 문화

논문 마감일이 코앞인데 하필이면 이럴 때 노트북이 고장 나다니…. 하는 수 없이 동네 PC방에 갔어요. 들어가려는데 아르바이트생이 "나츄 션 편쩡!"(신분증 보여주세요!)라며 잡네요. 아차! 여권을 안가져 왔구나. 아 니, PC방 가는데 웬 여권? 중국에서는 PC방에 갈 때 반드시 신분증을 가져 가야 합니다. 중국 신분증이 없는 외국인은 여권을 가져가야 하고요. 아니

왜? 중국에서 미성년자들은 PC방에 절대 출입할 수가 없거든요. 낮이든 밤이든! 헐~ 혹자는 "에이~ 나이 속이고 들어가면 되잖아요!"라고 하실 테지만, 입구에서 철저하게 검사를 한답니다. 중국에선 어린 학생들도 큰 제재 없이 담배를 사고, 클럽에도 출입하고 하는데, PC방만큼은 달라요. 사실 원래부터 PC방이 이렇게 엄격했던 건 아니었어요. 2002년 베이징의 한 불법 PC방에서 화재가 나 25명의 학생이 목숨을 잃은 사건이 있었어요. 제가 그때 대학원생이었는데, '인터넷 게임은 마약이다'란 베이징 시장의 말 한마디에 모든 PC방이 일제히 문을 닫았답니다. 정말 한 곳도 빠짐없이. 그 후 몇 달이 지나서야 PC방들이 문을 열었는데, 이때부터 실명제가 도입되기 시작했어요.

중국의 누리꾼 수는 4억 5천만 명. 세계 1위의 인터넷 인구 보유국이죠. 모바일 인터넷 사용자는 3억 명에 달하고요. 중국 인터넷 속도는 살인적으로 느려요. 한일전 축구를 인터넷 생중계로 본다? 중국에선 꿈같은 얘기에요. 현지에서 2G짜리 영화 한 편 다운받으려면 최소 10시간 이상. 심할 땐 하루, 이틀이 걸리는 때도 있어요. 야동은 아예 꿈도 못 꾼다는….
--; 속도 느린 것도 열 받아 죽겠는데, 아예 사이트 접속을 차단하는 경우도 많아요. 중국의 인터넷 검열이 악명높은 거 다들 아시죠? 현재 유튜브,

PC방 网吧 [wǎngbā 왕빠]
여권 护照 [hùzhào 후쟈오]
화재 火灾 [huǒzāi 훠자이]
누리꾼 网友 [wǎngyóu 왕여우]
사이트 网站 [wǎngzhàn 왕쟌]

페이스북, 트위터, 위키피디아, 다음 블로그 등은 아예 접속 불가에요. 전날까지만 해도 멀쩡히 접속되는 사이트가 다음날 바로 차단되기도 하고요. 그래서 중국 누리꾼들 사이에선 '판치앙'이란 구호가 유행이에요. '판치앙'은 '담을 넘다'란 뜻인데, 갖은 방법으로 차단된 사이트를 뚫는 것을 의미하죠. 저는 '프록시' 같은 우회 프로그램을 써서 차단된 사이트에 접속하는데, 이것도 하루 이틀이지 정말 짜증 지대로예요. -.- 재미난 건 중국인들은 정작 이런 거에 불편함을 못 느낀다는 거에요. 중국인 친구들에게 "너 중국에서 트위터, 유튜브 막아놓은 거 알아?"라고 하면, "그래? 몰랐는데. 어차피 중국인은 페이스북 잘 안 해!"라든가, "왜 막아놨대?" 이런 반응. 즉, 이런 거에 대한 생각 자체를 안 해봤단 얘기죠. 또 중국의 인터넷 검열에 대해 의견을 물으면 "사는 데 큰 불편은 없어."라든가, "중국은 너희와 달라! 어느 정도 검열은 필요하다고 생각해." 이런 의견들이 많아요.

중국에선 '만리장성 방화벽'이란 인터넷 감시 시스템이 돌아가고 있어요. 이건 중국 정부에 반하는 내용을 담은 사이트를 바로바로 골라내는 역할을 해요. 또 검색엔진에서 민감한 검색어를 차단하는 역할도 하고요. 재스민 혁명, 6.4 천안문 사태, 파룬공, 달라이 라마 등은 대표적인 금기어죠. 얼마 전엔 중국에서 판매하는 모든 컴퓨터에 중국 정부가 만든 '녹색 댐'을 의무적으로 설치해야 한다고 해서, 누리꾼들의 맹비난을 받기도 했어요. 이게 말이 좋아 청소년 보호 프로그램이지, 실제론 누리꾼들 감시용이란 건 삼척동자도 아는 사실이니까요. 블로그나 심지어는 댓글로도 정부에 반하는 내용을 쓰면 바로바로 삭제가 되기도 합니다. 중국에도 댓글 아르바이트가 있어요. 일명 '우마오당'이라고 하는데, 댓글 한 건당 중국 돈 5마오(80원)를 받는다고 해서 지어진 이름이죠. 이들은 중국 정부를 변호하거나 옹호하는 글을 올리는 게 주 임무에요. 또 인터넷상에서 반정부 활동을 하는 사람을 당국에 신고하는 역할도 하고요. 한 보도로는 '우마오 당'은 진짜 아르바이트생이 아닌, 정부기관 및 공산당원 가운데 선발된 인재가 많다고 해요. 그 수만 해도 전국적으로 수십만 명에 달한다네요.

한국에 네이버가 있다면 중국에는 4억 누리꾼의 전폭적인 지지를 받는 '바이뚜'가 있어요. 중국인들은 모르는 게 있으면 "바이뚜 이씨아!"(바이뚜에게 물어봐!)란 말을 잘해요. 바이뚜의 CEO인 '리옌홍'은 미국 포브스에서 선정한 '2011년 중국인 부호순위'에서 1위를 차지한 억만장자이기도

블로그 博客 [bókè 보커]
담을 넘다 翻墙 [fānqiáng 판치양]
댓글 帖子 [tiězi 티에즈]
삭제 删除 [shānchú 샨추]

합니다. 중국인들은 어떤 메신저를 쓸까요? MSN, 네이트온? 중국인들은 토종 메신저인 QQ를 써요. QQ의 가입자 수는 무려 10억 명. 동시 접속자 수는 1억 명을 넘나든답니다. 중국인들은 상대방의 연락처를 물어볼 때 휴대전화 번호와 함께 QQ 아이디를 곧잘 물어봐요. 사업을 하든 유학을 하든 중국에서 인맥관리를 잘하려면 QQ 아이디 하나쯤은 꼭 있어야 해요. 외국인도 실명 인증 없이 손쉽게 가입할 수가 있습니다. '씬랑'은 우리의 Daum과 같은 중국 최대 포털 사이트에요. 블로그와 카페 같은 커뮤니티가 강세인데, 특히 중국판 트위터 '웨이보'가 인기이죠. 중국 사람도 '싸이'를 할까요? 중국인들은 중국판 페이스북인 '런런왕'을 이용한답니다. 그 외에 중국판 유튜브인 '여우쿠'와 '투떠우'란 사이트도 엄청난 인기를 끌고 있고요. 중국어가 좀 된다면 Daum의 아고라 격인 '톈야'라는 사이트를 둘러보세요. 중국 여론을 주도하는 수준 높은 글들이 많이 올라온답니다.

요즘 한창 뜨는 곳은 '마오푸'란 사이트에요. 여기엔 조금 특이한 게 있는데요. 이름하여 '인육수색'!, '사람고기 찾기'란 다소 살벌한 이름의 이 서비스는 작은 단서 하나로 사람을 순식간에 찾아냅니다. 얼마나 빠르냐 하면 질문자가 "이 사람은 누규?"라고 사진 한 장 올리면 당사자의 이름, 나이, 직업, 주민번호 등이 빛의 속도로 올라오지요. 심지어 얼굴이 아닌 발 사진 한 장만 올려도 IP 주소를 추적해 찾아낸다는…. 보통 인신공격

아이디 登录名 [dēnglùmíng 떵루밍]
인증 认证 [rènzhèng 런졍]
상금 奖金 [jiǎngjīn 지앙찐]

용으로 많이 쓰여 일명 '인터넷 마녀사냥', '사이버 인민재판'이라고도 불려요. 상하이 지하철에서 귤껍질을 버린 귤껍질녀, 마오쩌둥 동상 위에 올라타 사진을 찍은 대학생, 고양이를 발로 밟아 죽인 학대녀, 그리고 티베트 평화시위를 지지했던 미국 듀크대 중국 유학생 왕쳰위안, 이들은 인육 수색대의 사냥감이 된 대표적인 사례에요. 이들의 모든 개인정보는 탈탈 털렸고, 결국 울면서 누리꾼들에게 사죄해야만 했었죠. 누가 더 빨리 사냥감(?)을 찾느냐에 따라, 그에 상응하는 사이버 상금이 수여됩니다. 2009년 오바마가 상하이를 방문했을 때 중국 대학생 500명과 타운홀 미팅을 했어요. 그때 유독 화면에 클로즈업되어서 잡힌 한 미모의 여대생이 화제가 됐었죠. 세련된 정장을 입고 여신급 외모를 뽐내 당시 '오바마의 여인'으로 유명세를 탔었는데, 알고 보니 이 여인은 한 연예기획사에서 심어놓은 연예인 지망생으로 밝혀졌어요. 이것도 다 인육 수사대의 작품이죠. 중국의 부패한 공직자들도 인육 수색을 무서워해요. 비리를 저지르거나 세컨드를 두는 등 사생활이 문란하면 온갖 제보들이 쏟아지거든요. 사진이 들어간 구체적인 증거와 함께…. 인육 수색은 사생활 침해라는 부작용이 크지만, 때로는 긍정적인 역할을 하기도 합니다. 쓰촨성 대지진이 일어났을 때 실종자를 찾는데 크게 이바지를 하기도 했거든요. 말 많고 탈 많은 인육수색! 어떻게 보면 중국 언론이 해내지 못하는 감시 역할을 대신 하기도 하는 셈이에요.

바이두 www.baidu.com / 신랑 www.sina.com QQ www.qq.com
런런왕 www.renren.com / 요우쿠 www.youku.com / 투또우 www.tudou.com
웨이보 www.tsina.com.cn / 톈야 www.tianya.com.cn / 마오푸 www.mop.com

인터넷하다 **上网**
샹왕, shàngwǎng

웹서핑하다 **浏览**
리우란, liúlǎn

검색하다 **搜索**
써우수워, sōusuǒ

다운로드하다 **下载**
씨아자이, xiàzài

메신저 **聊天工具**
리아오티엔 꽁쮜, liáotiān gōngjù

채팅하다 **网上聊天**
샹왕 리아오티엔, shàngwǎng liáotiān

화상채팅 하다 **视频聊天**
스핀 리아오티엔, shìpín liáotiān

인터넷 쇼핑몰 **网店**
왕띠엔, wǎngdiàn

인터넷 쇼핑 **网购**
왕꺼우, wǎnggòu

인터넷 뱅킹 **网上银行**
왕샹 인항, wǎngshàng yínháng

바이러스 **病毒**
삥두, bìngdú

컴맹 **电脑盲**
띠엔나오망, diànnǎománg

컴퓨터 **电脑**
띠엔나오, diànnǎo

노트북 **笔记本电脑**
비찌번 띠엔나오, bǐjìběn diànnǎo

데스크탑 **台式电脑**
타이스 띠엔나오, táishì diànnǎo

프린트 **打印机**
다인지, dǎyìnjī

마우스 **鼠标**
슈비아오, shǔbiāo

아이패드 **平板电脑**
핑반 띠엔나오, píngbǎn diànnǎo

USB **优盘**
유 판, u pán

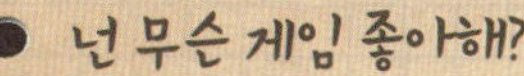

넌 무슨 게임 좋아해?

A: 你喜欢玩儿什么游戏？ 넌 무슨 게임 좋아해?
Nǐ xǐhuan wánr shénme yóuxì? 니 씨환 왈 션머 여우씨?

B: 星际争霸。 스타크래프트.
Xīngjìzhēngbà. 씽찌정빠.

불고기 어떻게 만들어?

A: 烤牛肉怎么做？ 불고기 어떻게 만들어?
Kǎo niúròu zěnme zuò? 카오 니우러우 젼머 쭈워?

B: 百度一下！ '바이뚜'에게 물어봐!
Bǎidù yíxià! 바이뚜 이씨아!

너 블로그 있어?

A: 你有博客吗？ 너 블로그 있어?
Nǐ yǒu bókè ma? 니 여우 보커 마?

B: 还没开。 아직 개설 안 했어.
Hái méi kāi. 하이 메이 카이.

chapter 18

중국에 부는 성형 열풍 

　　중국인들은 남녀노소 불문 "이것만큼은 한국이 최고!"라며 치켜세우는 게 세 가지가 있어요. 첫째는 한국 축구, 둘째는 성형수술, 셋째는 한국 화장품. 그중에서도 한국 화장품과 성형수술에 대한 관심은 굉장하죠. 명동으로 쇼핑 나온 중국 관광객들이 싹쓸이해간다는 초 히트 상품 BB크림! 제 주위에도 한국 BB크림 하나 가지고 있지 않은 중국 여자들은 드물 정도로 인기가 대단하답니다. 제가 근무하는 병원 여의사나 간호사들도 평소 민얼굴로 다니는 줄 알았는데, 알고 보니 BB크림은 다 바르고 다니더라고요. 한국에 다녀올 때 선물로 BB크림 하나씩 사다주면 입이 찢어져라

쇼핑 购物 [gòuwù 꺼우우]
BB크림 BB霜 [BBshuāng BB슈앙]
한류 韩流 [hánliú 한리우]
피부 皮肤 [pífū 피부]

좋아한다는….^^

　이제는 확실히 한물간 한류 열풍은 한국이라는 나라에 대해 좋은 이미지도 심어줬지만, 적잖은 부작용도 함께 남겼어요. 대표적인 게 바로 한국인의 성형에 관한 인식인데요. 만나는 중국인마다 "한국 여자들은 죄다 성형빨이라며?", "한국에선 고등학교만 졸업하면 다 성형을 한다며?" 같은 질문을 많이 해요. 분명히 궁금해서 묻는 걸 텐데, 왜 기분이 언짢아지는지…. 그럴 때마다 전 "이씨~아직 자연미인도 많거든!"이라고 대꾸를 하곤 하죠. 정말 짜증 날 땐 "너희 중국인은 뭐 성형 안 해?"라고 쏘기도 하고요. '한국 여자들이 피부가 고운 건 다 좋은 화장품 때문!', '얼굴이 예쁜 건 다 성형수술 때문!' 이렇게 생각하는 중국인들이 뜻밖에 많아 열 받을 때가 많아요. 뭐 톡 까놓고 말해 한국 여성들이 성형을 많이 하는 건 인정! 하지만 일부를 마치 전체인 양 확대해석 하는 게 문제죠.

　중국인들은 한국 여자들은 하나같이 이목구비가 뚜렷하고 예쁜데, 이게 다 놀라운 성형의 힘이라고 생각해요. 중국 포털 사이트에는 한국 연예인들의 성형 전후 사진이 관련기사와 함께 자주 올라오는데, 이를 본 중국 누리꾼들은 "역시 성형은 한국이 최고!"라며 감탄(?)을 함과 동시에,

"알고 보니 한국 미녀는 전부 짝퉁?" 같은 악성 댓글을 달기도 합니다. 중국인들이 이구동성 최고 미인으로 꼽는 한국 연예인 빅3. 송혜교, 김희선, 이영애도 분명히 어딘가 손댔을 것이라고 우기기도 하니까요. 한 번은 피겨 요정 김연아가 '성형했네, 안 했네!' 하며 자기들끼리 온라인 투표를 벌이기도 했답니다. 헐~ 완전 어이없음. -.-

중국 여성들은 사실 몇 년 전만 해도 성형에 대해 부정적인 인식을 하고 있었어요. 2003년도에 영국 유학파 출신의 한 중국 여성이 30만 위안(5천만 원)을 들여 전신 성형을 감행한 사건이 있었는데요. 모든 수술 과정은 TV를 통해 공개되었죠. 중국 제1호 인조 미녀라는 별명이 붙은 그녀에게 대다수 중국 여성들은 "완전 미친 거 아냐?"라며 경멸스런 눈초리를 보냈었어요. 하지만 지금은 "나도 돈 있음 저렇게 예뻐지고 싶다."라고 되려 부럽게 생각하는 이가 많아졌죠. 얼마 전 중국 인터넷에선 한 미모의 여성이 길거리에서 두부를 파는 동영상이 큰 화제가 됐었어요. 손수레 앞에다가는 "여대생이 파는 두부! 성형해서 새 삶을 살고 싶어요~"라는 팻말까지 부치고서요. 올해 22살의 이 여성은 연예인 지망생으로, 작은 눈과 빈약한 가슴 때문에 번번이 오디션에 떨어졌다고 해요. 결국 안 되겠다 싶어 성형외과를 찾았지만, 견적이 천만 원은 나온다는 말에, 수술비를 벌고자 두부 행상을 결심했다네요. 방송 후 '두부녀'로 완전히 떴던데, 지금쯤은 꿈을 이뤘을 라나? 작년에는 중국판 '슈퍼스타 K'인 '슈퍼걸' 오디션 프로에서 뜬 가수 '왕베이'가 성형수술 도중 질식사한 사건이 터져 중국 연예계가 발칵 뒤집혔던 적도 있었답니다.

중국에 불어닥친 성형 열풍으로 한국 의사들 사이에서도 중국은 '핫' 한 의료 시장으로 떠오르고 있어요. 대도시는 물론이고 지방 소도시에서도 '한국인 전문의 초빙'이라고 쓰인 병원 광고판을 쉽게 볼 수가 있어요. 어딜 가나 제가 한국인임을 알면 각종 성형 문의를 해오는 중국인들도 참 많답니다. 참 내, 내가 무슨 성형외과 코디네이터도 아니고……. "눈 옆트임 하는데 얼마야?", "보톡스 맞으면 정말 턱이 갸름해져?", "한국에 원정 성형 가려면 돈이 얼마나 들까?" 등등. 거의 '한국=성형'의 등식이 성립된 듯한 느낌이에요.

중국에서 성형수술을 받는 비용은 얼마일까요? 베이징에는 한국인 성형 전문의가 진료하는 병원이 대여섯 곳 되요. 그중 한 성형외과에서 근무하는 지인의 말을 빌자면, 중국 여성들은 쌍꺼풀, 코 높이기, V라인 턱 만들기, 가슴확대 수술 등을 선호하는데, 요즘은 주사만으로 하는 필러나 보

미녀 美女 [měinǚ 메이뉘]
두부 豆腐 [dòufu 떠우푸]
쌍꺼풀 双眼皮 [shuāngyǎnpí 슈앙이옌피]

톡스 같은 '쁘띠성형'이 점점 인기라네요. 수술비는 중국인 의사가 하는지, 한국인 의사가 하는지에 따라 비용이 달라집니다.

쌍꺼풀 수술의 경우 중국인 의사가 시술하면 4천 위안(75만 원) 정도. 하지만 한국인 의사가 시술하면 최소 1만 5천 위안(280만 원) 이상 한다네요. 보톡스 맞는 데는 6천 위안(100만 원) 정도고요. 전반적인 시술비가 서울 강남보다 비싼데요. 그 이유는 한국에서 초청된 전문의라 프리미엄이 붙어서에요. 가격이 세다 보니 주 고객은 중국의 부유층! 중국 연예인들도 자주 오냐고 물었더니, A급 연예인은 얼굴이 알려져 잘 안 오고, 연예인 지망생이나 막 신인 연기자들이 주로 찾는다고 해요. 요즘은 재력 있는 중년 남성들도 주름살 제거술 등을 받으려고 자주 오고요. 이곳에 성형 상담을 오는 중국인들은 처음엔 기가 찰 정도로 차이가 많이 나는 한국인 의사의 시술비에 놀라지만, 수술 후 자신이 원하는 모습에 최대한 가깝게 변신시켜줘 크게 만족을 한다고 해요. 또한, 한 듯 안 한 듯 티 안 나게 해주는 것도 인기요인 중 하나라고 하고요.

요즘은 한국으로 원정 성형을 오는 중국인들도 크게 느는 추세에요. 일명 '한국미용관광'이란 이름으로 쇼핑과 성형을 묶은 패키지 상품이 큰 인기를 끌고 있죠. 의료관광 매니지먼트사 '씨앤웨이' 박세현 대표가 말

미용 美容 [měiróng 메이롱]
관광 观光 [guānguāng 구완꾸앙]
선글라스 墨镜 [mòjìng 모징]
계약서 合同 [hétong 허통]

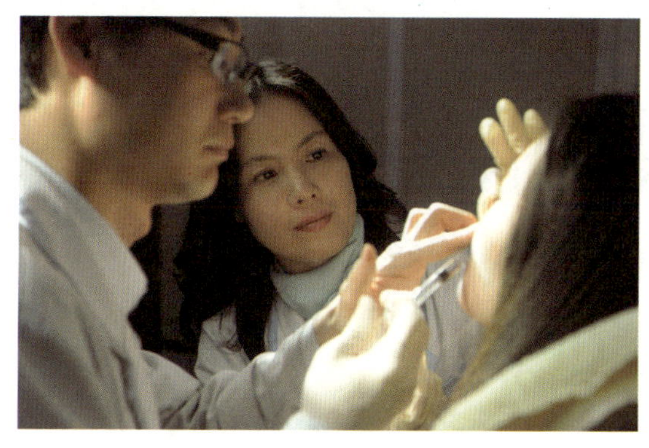

한 바로는 1일 상담 의뢰자만 50여 명. 이 중 30~40%가 한국행을 결심한다네요. 그래서 매달 수천 명의 중국인이 성형 메카인 서울 강남구로 의료 관광을 오고 있어요. 강남의 호텔에서는 중국인 손님을 유치하기 위해 병원과 계약을 맺어 숙박비를 깎아주거나 통원치료용 셔틀버스를 운행하기도 하고요. 강남의 백화점에선 선글라스와 스카프의 매출이 2배로 껑충 뛰었다던데. 그 이유는 다들 아시죠? 쇼핑은 해야겠고, 햇빛으로부터 얼굴은 가려야겠고 말이에요.^^ 청담동 명품거리에서 썬캡을 쓴 채 쇼핑을 즐기는 중국인들이 앞으로 점점 많아질 듯싶네요. 한국으로 원정 성형 가는 중국인들이 많다 보니 각종 웃지 못할 해프닝도 많은데요. 중국 외교부에서는 한국으로 성형 관광을 가는 자국민에게 신중하게 의료진을 선택할 것과 사전에 병원 측과 꼼꼼하게 계약서를 작성하라는 권고안이 내려지기도 했답니다. 또 수술을 마치고 중국으로 돌아갈 때 공항 입국 심사대에서 곤란을 겪는 경우도 종종 있다고 해요. 왜냐? 여권 사진과 수술 후 변신한 모습이 아주 다르니까요. 이런 오해를 피하려면 한국 병원에서 끊어준 '수술 확인서'를 꼭 들고 가야 한다네요.

성형수술 **整容**
정룽, zhěngróng

성형외과 **整形外科**
정씽 와이커, zhěngxíng wàikē

병원 **医院**
이위엔, yīyuàn

의사 **大夫**
따이푸, dàifu

코 높이기 **隆鼻**
롱비, lóngbí

가슴확대술 **隆胸**
롱씨옹, lóngxiōng

지방흡입술 **吸脂**
씨즈, xīzhǐ

쁘띠성형 **微创**
웨이츄앙, wēichuàng

보톡스 **肉毒素**
러우두쑤, ròudúsù

주사 **打针**
다전, dǎzhēn

화장품 **化妆品**
화주앙핀, huàzhuāngpǐn

메이크업 **化妆**
화주앙, huàzhuāng

민얼굴 **素颜**
쑤이옌, sùyán

비비크림 **BB霜**
BB슈앙, BBshuāng

나 성형수술하고 싶어.

A: 我想整容。 나 성형수술하고 싶어.
Wǒ xiǎng zhěngróng. 워 씨앙 정롱.

B: 你想整哪儿? 어디를 고치고 싶은데?
Nǐ xiǎng zhěng nǎr? 니 씨앙 정 날?

너 쌍꺼풀 한 거지?

A: 你是不是做了双眼皮? 너 쌍꺼풀 한 거지?
Nǐ shì bu shì zuò le shuāngyǎnpí? 니 스 부 스 쭈워 러 슈앙이옌피?

B: 这是自然的。 이거 자연산이야.
Zhè shì zìrán de. 쪄 스 쯔란 더.

내 코 수술한 거야.

A: 你的鼻子真挺。 넌 코가 참 오똑하다.
Nǐ de bízi zhēn tǐng. 니 더 비즈 쩐 팅.

B: 我隆鼻了。 나 코 수술한 거야.
Wǒ lóngbí le. 워 롱비 러.

chapter 19

한의학과 중의학 어떻게 달라?

중국에 살면서 가장 많이 받는 질문 두 가지. 하나는 "한국도 설을 쇠나요?"와 다른 하나는 "한국 사람도 한약을 먹나요?"에요. 너무 뻔한 질문이라 좀 당황하셨나요? 정말 수천 번 아니 수만 번도 더 들은 말이라 아주 짜증이 날 정도랍니다. 전 그때마다 "아니, 정말 몰라서 묻는 거야?"라고 대꾸하고 싶지만, 묻는 표정들이 워낙 진지해서요. 뭐 동네 아줌마나 택시기사가 그렇게 물으면 이해라도 하지, 같이 병원에 근무하는 중국 의사들조차 "한국사람도 침·뜸을 맞아?" 이런 질문을 할 때면, 아주 기운이 쭉 빠지죠. 동시에 "아! 중국인이 한국에 대해 모르는 게 여전히 많구나."란 생각이 들곤 해요. 혹자는 중국인이 우리의 전통의학을 폄하할 의도로 그런 질문을 하는 거 아니냐고 생각할 수도 있지만, 정말 몰라서 묻는 거랍니다. 그 이유는 벌써 중국과 수교한 지 20년이 다 되어가지만, 다른 분야와 달리 유독 한-중 전통의학간의 교류는 전무하기 때문이에요. 2009년 한국의 전통의서인 '동의보감'이 유네스코 기록유산으로 등재되자, 중국에서는 냉소적인 반응을 보였어요. 중국은 겉으로는 냉정함을 유지했지만, 이에 자극받아 2010년 11월 침술과 쑥뜸을 '중의침구'란 이름으로 유네스코 세계무형문화유산에 등재했답니다. 이때 한국 언론에서는 이와 관련된 소식을 단 한 줄도 보도하지 않았었죠. 이런 것만 봐도 두 나라 전통의학 간의 기싸움이 얼마나 치열한지 알 수가 있어요.

우리가 한의학이라 부르는 동양의학을 중국에서는 '중의학'이라고

침·뜸 针灸 [zhēnjiǔ 전지우]
중의학 中医学 [zhōngyīxué 중이쒜]

해요. 그럼 한의학과 중의학은 어떻게 다를까요? 두 의학의 어떤 부분이 같고, 또 다른지는 깊은 학문적 고찰이 필요할 수도 있어 간략하게 말씀드 릴게요. 두 의학 모두 동양의학 이론에 근거해서, 진맥이나 기타 진단법을 이용해 한약 또는 침으로 질병을 치료하는 건 같아요. 두 나라 한의대의 정 규 커리큘럼도 유사한 부분이 많고요. 특히 중국 최고의 의학경전이자 동 양의학의 바이블이라 여겨지는 〈황제내경〉은 한의학에서도 똑같이 중시 된답니다. 중국은 동양의학이 처음 생기고 발전한 근원지이지만, 우리의 한의학도 사상체질 등 독창적인 부분이 분명히 있고요. 제가 석사 때 이 분 야에 관한 논문을 중국 의학잡지에 발표한 적이 있었는데, 꽤 길고 지루하 니 여기까지만……..^^ 그럼 학술지에서나 다뤄야 할 지루한 얘기 말고 다 른 부분에서 두 의학 간의 재미난 차이점을 한번 비교해 볼까 해요.

중국 사람들도 보약을 먹을까요? 우리는 '한약'하면 보약! 즉 비싼 약 이란 인식이 강하잖아요. 녹용에다 인삼 넣고 보약 한 제 지으면 30~40만 원은 훌쩍 나오니까요. 그에 반해 중국에서 한약은 서민들 누구나 쉽게 먹을 수 있는 대중적인 약이에요. 중국의 웬만한 약국에 가보면 한약을 파는 코너가 별도로 마련되어 있어요. 이곳에선 각종 한약재를 팔기도 하고, 또 한약 처방전을 가져가면 한약을 먹기 편하게 팩으로 달여주기도 합니다. 예전 사스나 신종플루가 한창 유행했을 때, TV에선 모든 가정에서 직접 한약을 달여먹을 수 있게끔 간단한 한약처방이 방송자막으로 나오기도 했었어요. 그만큼 중국에서 한의학은 서민들에게 친숙한 의학이에요. 재미난 건 중국에서 환자를 보다 보면 "아이고 선생님, 제가 몸이 좀 허한데 어떻게 보약 좀……." 이렇게 말하는 중국인은 거의 없다는 사실! 주위 한국 사람들은 저만 보면 "요즘 기가 허해~ 어디 정력 좋아지는 보약 없어?"라며 보채곤 하는 데 말이에요. 중국인은 한약을 '몸보신' 차원이 아닌 질병 치료 차원에서 먹는 성향이 강해요. 중국 한의사들 역시 녹용, 인삼이 든 보약처방은 거의 하지 않고요. 중국에도 우리처럼 '밥이 보약'이란 말이 있는데, '보약'보다는 음식으로 부족한 원기를 보충하려는 문화가 있답니다.

커리큘럼 **课程** [kèchéng 커청]
잡지 **杂志** [zázhì 쟈즈]
한약 **中药** [zhōngyào 중야오]
한약재 **药材** [yàocái 야오차이]

　　우리나라는 한 건물 안에도 한의원 간판이 수두룩하게 걸려 있지만, 중국에선 그런 풍경을 볼 수가 없어요. 중국에서는 개인이 병원을 개업하기가 무척 어렵거든요. 법적으로 불가능한 게 아니라 허가절차가 굉장히 까다로워요. 그래서 '동네 내과', '동네 한의원' 이런 개념이 없답니다. 최근에서야 민간 의료 활성화 차원에서 개인 성형외과나 치과가 하나둘씩 생겨나는 추세예요. 그럼 어디서 침을 맞고 한약을 짓느냐? 중국에는 도시마다 종합병원 수준의 대형 한방병원이 많아요. 또 대부분의 중·소병원에도 '한방 클리닉'이 설치되어 있고요. 제가 나온 '베이징 중의약대학'의 경우 〈국의당〉이란 외래 진료센터가 있어, 당대 최고 명의들이 이곳에서 진료를 보고 있답니다. 또 하나의 특징! 우리나라는 한의사가 한약처방도 하고, 침도 놓고 다 하지만, 중국에선 한약 처방과 침을 놓는 전문의가 분리되어 있어요. 그래서 중국 명의들을 보면 진맥 짚고 한약 처방만 하는 분들은 평생 한약만 처방하고, 침 치료만 하는 분들은 한약은 쓰지 않고 평생

침 치료만 하세요. 중국은 한 한의원 안에서 다시 내과, 소아과, 부인과, 침구과 등 아주 세세하게 전문의들이 나뉜답니다. 그래서 중국 한의원에 가면 접수처에서 일반 종합병원처럼 진료받을 과와 전문의를 선택해야 해요.

　　제가 의사 가운 안에 넣고 다니는 게 몇 가지 있는데요. 그 중 절대 빠져선 안 될 게 청진기에요. 아니 맥 짚고 한약 쓰는데 웬 청진기? 중국의 한의사들은 진료할 때 단순히 진맥만 보는 게 아니라, CT · MRI 같은 진단도구를 적극적으로 활용해요. 다리가 삐어 침을 놓을 때도 X-Ray를 찍고 침 치료를 하고, 위염 환자를 볼 때는 직접 위내시경을 촬영하기도 해요. 제가 근무하는 암 병동에서는 종양내과 지식이 풍부한 한의사들이 직접 항암화학 치료를 담당하고 있답니다. 한의사가 환자의 맥을 짚으면서 동시에 CT 사진을 본다? 그리고 항암제와 한약을 동시에 처방한다? 이건 한국에서라면 꿈에서조차 상상도 못할 일이지만, 중국에선 흔히 볼 수 있는 광경이에요. 양 · 한방의 반목이 큰 한국과는 달리, 병만 잘 고칠 수 있다면 양 · 한방 가리지 말고 서로의 장점을 취하자는 게 중국 중의학의 특징이에요. 그래서 중국의 한의사는 아무런 법적 제한 없이 모든 서양 의학적 진단

진맥 **号脉** [hàomài 하오마이]
청진기 **听诊器** [tīngzhěnqì 팅전치]
특징 **特点** [tèdiǎn 터디엔]

도구를 쓰고 양약을 처방할 수가 있어요. 대학 과정에서도 동양의학과 서양의학의 내용을 6:4 정도의 비율로 배운답니다. 중국 한의사들은 치질수술 같은 간단한 외과수술을 하기도 해요. 수련의 때 실습 삼아 맹장염 환자 수술실에 들어갔는데, 수술을 마친 집도의가 갑자기 제게 한번 배를 꿰매보라고 해서 당황했던 적도 있었어요.

중국에서는 한의대를 '중의약대학'이라고 해요. 학제는 5년제이고, 석·박사 과정은 각각 3년씩이에요. 7년제 과정도 있는데, 학·석사 학위를 동시에 취득할 수가 있죠. 대학 졸업 후 현지 종합병원에서 1년간 인턴 과정을 거쳐야만 중국 의사고시에 응시할 자격이 생깁니다. 외국인에게는 2002년도부터 중국 의사고시에 응시할 자격을 줬는데, 중국인들도 재

194

수·삼수할 정도로 시험난이도가 상당히 높아요. 외국인의 합격률은 더욱 저조해 10% 미만이라고 보시면 되고요. 시험은 1차 실기시험과 2차 필기시험으로 나뉘는데, 사법고시처럼 1차에 떨어지면 2차 시험을 볼 수가 없어요. 저는 2005년도에 시험에 합격해, 베이징시 위생국이 발급해준 의사면허를 취득했는데요. 시험을 준비하는 과정이 정말 만만치 않았어요. 1~2년을 꼬박 고시생처럼 준비해도 주위에 떨어지는 사람이 많았으니까요. 만약 시험에 탈락하면 또다시 병원에서 1년간의 인턴과정을 거쳐야 할뿐더러 비용 또한 만만찮게 들어간답니다. 인턴을 할 때는 병원 측에 실습비 명목으로 3만 5천 위안(630만 원)의 거금을 내야 하는데, 떨어지면 또다시 내야 하거든요. 중국 의사면허가 있으면 현지에서 의사(Medical Doctor)로서 합법적인 의료행위가 가능하고, 현지 병원에 취업할 수가 있습니다. 하지만 현재 중국 의사면허가 있다고 해서 한국에서의 의료행위가 가능한 것은 아니랍니다.

수술 手术 [shǒushù 셔우슈]
응시 应考 [yìngkǎo 잉카오]
인턴 实习 [shíxí 스씨]
면허 执照 [zhízhào 즈쟈오]

진찰하다 **看病**
칸삥, kànbìng

열이 나다 **发烧**
파샤오, fāshāo

중약(한약) **中药**
중야오, zhōngyào

입원하다 **住院**
쭈위엔, zhùyuàn

중의사 **中医**
중이, zhōngyī

머리 아프다 **头痛**
터우통, tóutòng

침을 맞다 **扎针灸**
쟈 전지우, zhā zhēnjiǔ

기침하다 **咳嗽**
커서우, késou

부항 **拔罐**
바꾸안, báguàn

땀 흘리다 **出汗**
추한, chūhàn

병이 나다 **生病**
셩삥, shēngbìng

콧물이 흐르다 **流鼻涕**
리우 비티, liú bítì

아프다 **疼**
텅, téng

변비 **便秘**
삐엔미, biànmì

주사 맞다 **打针**
다젼, dǎzhēn

설사 **拉稀**
라씨, lāxī

링거 맞다 **打点滴**
다디엔띠, dǎdiǎndī

생리통 **痛经**
통징, tòngjīng

감기 걸리다 **感冒**
간마오, gǎnmào

밥이 보약 **药补不如食补**
야오부 뿌루 스부, yàobǔ bùrú shíbǔ

나 감기 걸렸어.

A: 你怎么老咳嗽？ 너 왜 이렇게 기침을 계속 해?
Nǐ zěnme lǎo késou? 니 젼머 라오 커서우?

B: 我感冒了。 나 감기 걸렸어.
Wǒ gǎnmào le. 워 간마오 러.

너 배 아직도 아파?

A: 你的肚子还疼吗？ 너 아직도 배 아파?
Nǐ de dùzi hái téng ma? 니 더 뚜즈 하이 텅 마?

B: 疼！ 아파!
Téng! 텅!

침 맞으면 살이 빠질까?

A: 扎针灸可以减肥吗？ 침 맞으면 살이 빠질까?
Zhā zhēnjiǔ kěyǐ jiǎnféi ma? 쟈 전지우 커이 지엔페이 마?

B: 效果非常好。 효과 정말 좋아.
Xiàoguǒ fēicháng hǎo. 씨아오구워 페이창 하오.

chapter 20

외국어보다 어려운 중국 사투리

　　매일 아침 8시. 제가 근무하는 종양내과 병동에선 어김없이 회의가 열립니다. 의사들 한 사람씩 돌아가며 담당 입원 환자에 대해 브리핑을 하는데요. 이때 종종 웃긴 일이 벌어지곤 해요. 저를 제외한 모두가 중국인이지만, 사람들의 출신지가 다 제각각이다 보니 서로 말을 잘 못 알아듣는 황당한 상황이 발생한답니다. 특히 허베이성 출신의 한 의사는 시골 사투리의 종결자로, 정말 통역이 필요할 만큼 중국어 발음이 괴상해요. 오죽했으면 주위 사람들로부터 "너 중국인 맞아?"란 소리를 다 듣겠어요.^^ 중국인이 같은 중국인의 말을 못 알아듣는다? 이거 완전 웃긴 일이지만, 중국에선 충분히 가능해요. 대학시절 때도 사투리가 심한 교수님이 강의하는 날

사투리 土话 [tǔhuà 투화]
방언 方言 [fāngyán 팡이엔]
통역 翻译 [fānyì 판이]

엔, 저는 물론이고 중국 학생들까지 뭔 소린지 알아듣지 못해 쩔쩔매곤 했었으니까요.

중국은 땅덩어리가 넓고, 56개의 소수민족이 있어 다양한 방언을 써요. 우리나라도 강원도, 경상도, 제주도 등 지역 사투리가 있지만, 중국 방언은 우리와는 그 차원이 달라요. 통역이 없으면 의사소통이 안 될 정도니까요. 실제로 중국에선 '사투리 통역사'란 별난 직업이 꽤 인기를 끌고 있어요. 중국에선 매년 한 차례 우리의 정기 국회 같은 '전국 인민대표대회'가 열리는데요. 중국 최대의 정치행사인 만큼 이때는 각 지역을 대표하는

3000여 명의 대표자가 참석해요. 그런데 중국어가 서툰 소수민족 대표들도 참석하다 보니, 100여 명이 넘는 소수민족어 전문 통역사들이 상시 대기하고 있답니다. 이런 걸 보면 중국이 참 거대하고 복잡한 나라란 걸 실감하곤 해요. 저는 베이징어를 나름 완벽하게 구사하지만, 상하이 토박이들과 만나 대화하면 저 역시 통역(?)이 필요하답니다. 중국의 다양한 방언 중에서도, 특히 광둥성과 홍콩에서 쓰이는 광둥어, 푸젠성과 대만에서 쓰이는 민남어, 남방지역에서 쓰이는 객가어, 이 3가지 언어는 중국어와는 전혀 다른 순도 100% 외국어라고 생각해도 무방해요. 발음이며 액센트, 쓰

200

는 어휘들이 크게 다르거든요.

중국에서 어느 정도 귀가 트였을 무렵, 홍콩 영화의 걸작 '영웅본색'을 원어로 듣고 싶어 당당하게 DVD를 틀었는데, 오 마이 갓! 하나도 들리지가 않는 것이었어요. 왜냐고요? 윤발이 형 입에선 중국 표준어가 아닌 광둥어가 나오고 있었기 때문이었죠. 전 세계 화교를 포함해 1억 명 이상의 중국인이 쓰는 광둥어는 중국 표준어와 차이가 커요. 무엇보다 발음체계가 완전히 다른데, 음의 높낮이를 표현하는 성조도 표준어는 4개인데 반해 광둥어는 9개나 있거든요. 예를 들어 "안녕!"이란 말을 표준어로는 "니하오!"라고 하지만, 광둥어로는 "레이호우"라고 해요. "고마워"는 표준어로 "씨에씨에"지만, 광둥어는 "또제"이고요. 얼핏 봐도 발음이 정말 다르죠? 그래서 홍콩 가수들은 앨범을 낼 때, 표준어 앨범과 광둥어 앨범을 따로 내기도 해요. 뭐 홍콩 사람들도 표준어를 잘 구사하지 못하기는 마찬가지여서, 진관희나, 장백지 같은 홍콩배우들은 표준어로 인터뷰할 때 심하게 더듬거리기도 한답니다. 저는 광둥어를 하나도 못 알아먹지만 듣고 있으면 참 발음이 귀엽단 느낌을 받아요. 뭐랄까? 공처럼 통통 튀는 느낌이랄까? 특히 여성들이 광둥어를 쓰면 참 간드러지죠. 광둥어를 쓰는 장만옥과 베

민남어 闽南语 [Mǐnnánhuà 민난화]
객가어 客家语 [Kèjiāyǔ 커지아위]
광둥어 广东话 [Guǎngdōnghuà 광똥화]
성조 声调 [shēngdiào 셩띠아오]
인터뷰 采访 [cǎifǎng 차이팡]

이징어를 쓰는 장쯔이를 비교하면 금세 그 차이를 알 수가 있어요. 중국인들과의 회식자리에서 인기독차지 하는 팁 하나! '첨밀밀'을 부른 등려군이나 유덕화의 노래를 광둥어 버전으로 멋지게 한 곡 뽑으면 그날 인기는 따 놓은 당상! 진짜에요~

중국에서는 표준어를 '보편적으로 통용되는 언어'란 뜻의 '푸통화'라고 불러요. 중국 정부는 1955년 '전국 문자개혁회의'를 통해 한족의 공통언어를 '푸통화'라 정식 명명하고, 베이징어를 기본발음으로 하는 표준어를 제정하게 되었죠. 중국에서는 사회통합, 민족단결을 목표로 정부 차원에서 강력한 표준어 보급 정책을 시행하고 있어요. 중국 TV를 보면 뉴스, 드라마, 예능프로 할 것 없이 밑에 항상 중국어 자막이 따라나오는데, 이는 청각장애인을 위한 것도 있지만, 더 큰 이유는 표준어 보급을 위해서에요. 중국 영화관에선 외화가 아닌 자국영화 상영 시에도 중국어 자막이 나온답니다. 또 중국에는 자국인을 대상으로 한 '표준어 능력시험'이 있어, 학교 선생님, 공무원, 아나운서, 성우, 영화배우 등의 직업을 가진 사람들은 반드시 이 시험을 치러야 해요. 직종에 따라 각기 다른 급수를 요구하는데, 특히 뉴스 진행자와 아나운서, 방송국 MC는 가장 높은 급수인 1급을 따야만 하죠. 또 매년 9월 셋째 주에는 일주일간 전국적으로 '표준어 쓰기' 캠페

푸통화 普通话 [pǔtōnghuà 푸통화]
베이징어 北京话 [Běijīnghuà 베이징화]
자막 字幕 [zìmù 쯔무]
노력 努力 [nǔlì 누리]

인을 대대적으로 벌이기도 한답니다. 하지만 중국 정부의 이러한 피나는 노력에도 불구하고 현재 전 국민의 53%만이 표준어를 쓰는 실정이에요. 즉 아직도 중국인 두 명 중 한 명은 대화할 때 여전히 자기 지역 사투리를 쓴다는 말이죠.

많은 사람이 베이징어를 중국 표준어라 생각하는데, 사실 베이징어 역시 중국 사투리의 한 종류일 뿐이에요. 진짜 북경 토박이들이 쓰는 베이징어는 표준어보다 발음이 훨씬 더 느끼해요. 입에서 기름이 뚝뚝 떨어질 정도로 혀를 과하게 굴려주거든요. 예를 들어 표준어로 '한국인'은 '한궈런'이라고 하지만, 베이징 사람들은 좀 더 꽈서 '한궈럴'하고 발음해요. 아무래도 혀를 심하게 굴리다 보니, 중국어를 전혀 못하는 사람이 들으면 마치 개가 "월월!"하고 짖는 것 같다고도 해요. 저야 처음부터 베이징에서 오래 생활해 베이징 사투리가 익숙하지만, 다른 지역에서 어학연수를 마치고 오거나, 한국에서 학원에 다니다 온 사람들은 쉽게 적응이 안 된다고 하더라고요. 제가 한때 즐겨 썼던 중국어 자가 진단 테스트가 있는데요. 바로 북경의 토박이 중 토박이라 할 수 있는 택시기사와 얼마나 오랫동안 외

국인임을 들키지 않고 대화를 하느냐에요. 처음엔 뭐 목적지만 말해도 금세 걸렸고, 한 2~3년 정도 지나니 중국의 지방사람으로 오해받았고, 8~9년이 지났을 땐 30~40분씩 대화를 나눠도 전혀 눈치를 못 챘어요. 그럴 땐 어찌나 기분이 좋던지~^^ 아! 수도 사람들이 쓰는 베이징어도 사투리였다니……. 그럼 대체 어딜 가야 제대로 된 표준어를 배울 수 있을까요? 지역 불문하고 어학교에서는 표준어로 수업하기 때문에 어디든 큰 상관이 없어요. 하지만 중국 표준어 자체가 북방언어를 기초로 해서 만들어졌기 때문에, 아무래도 언어 환경상 베이징을 포함한 산둥성, 랴오닝성, 지린성, 헤

204

이룽장성 등 북방지역이 확실히 낫다고 할 수 있어요. 광둥성이나 쓰촨성 같은 남방지역은 살짝 비추에요.

외국어 **外语**
와이위, wàiyǔ

제2외국어 **第二外语**
띠 얼 와이위, dì èr wàiyǔ

중국어 **汉语**
한위, Hànyǔ

영어 **英语**
잉위, yīngyǔ

프랑스어 **法语**
파위, fǎyǔ

일본어 **日语**
르위, Rìyǔ

한국어 **韩语**
한위, Hányǔ

독일어 **德语**
더위, Déyǔ

스페인어 **西班牙语**
씨반야위, Xībānyáyǔ

아랍어 **阿拉伯语**
아라보위, Ālābóyǔ

표준어 **普通话**
푸퉁화, pǔtōnghuà

발음 **发音**
파인, fāyīn

액센트 **口音**
커우인, kǒuyīn

어휘 **词汇**
츠후이, cíhuì

사회자(MC) **主持人**
주츠런, zhǔchírén

아나운서 **广播员**
광뽀위엔, guǎngbōyuán

성우 **配音演员**
페이인이옌위엔, pèiyīnyǎnyuán

손님! 어디까지 가세요?

A: 您去哪儿？ 어디까지 가세요?
　　Nín qù nǎr? 닌 취 날?

B: 去王府井。 왕푸징이요.
　　Qù Wángfǔjǐng. 취 왕푸징.

직진해 주세요!

A: 前边十字路口怎么走？ 저기 앞 사거리에서 어떻게 갈까요?
　　Qiánbiān shízìlùkǒu zěnme zǒu? 치엔삐엔 스쯔루커우 전머 저우?

B: 一直走。 그냥 직진해 주세요.
　　Yìzí zǒu. 이즈 저우.

다 왔어요. 저기 세워주세요!

A: 到了，靠边儿停。 다 왔어요. 저기다 세워 주세요.
　　Dào le, kào biānr tíng. 따오 러, 카오 삐엘 팅.

B: 好嘞！ 알았어요!
　　Hǎo lei! 하오 레이!

중국은 유흥없는 천국?

"중국에도 홍등가가 있나요?"라고 물어보는 사람들이 많은데요. 중국에는 한국의 미아리나 청량리처럼 공개된 장소에서 성매매가 이뤄지는 윤락가가 없어요. 사회주의 국가인 중국에선 마약범죄와 더불어 성매매를 매우 엄격하게 다스리기 때문에 홍등가 자체는 존재할 수가 없죠. 하지만 이건 공식적인 얘기일 뿐, 속을 들여다보면 중국만큼 섹스산업이 발달한 나라도 없답니다. 중국의 섹스산업은 그 어느 때보다 뜨거운 호황기를 맞고 있어요. 광둥성의 둥관이란 도시는 중국에서 일명 '섹스 천국'으로 불리는 곳이에요. 둥관은 세계의 공장들이 모여 있는 제조업의 도시로, '메이드 인 차이나' 제품들이 대부분 이곳에서 만들어진다 해도 과언이 아니에요. 홍콩, 대만, 일본 등 각국의 비지니스맨들이 모이다보니, 자연스레 접대 등을 위해 섹스산업이 발달하게 된 것이죠. 이곳에서 일하는 매춘녀만 10만 명. 섹스산업으로 벌어들이는 수입이 연간 400억 위안(7조 원)에 달한다네요. 중국의 하와이라 불리는 하이난섬 역시 돈 많은 중국인이 즐겨 찾는 섹스타운이에요. 베이징에도 밤에 나가보면 미국 할렘가처럼 길거리에 서서 손님을 유혹하는 매춘녀들이 은근 많다는 사실. 어느 신문을 보니 중국에는 현재 최소 천만 명 이상의 성매매업 종사자가 있다고 해요. 실제론 그보다 두세 배는 더 될 거라고 보는 경제학자도 있고요.

성매매 卖淫 [màiyín 마이인]
공장 工厂 [gōngchǎng 꽁창]
매춘녀 鸡 [jī 지]

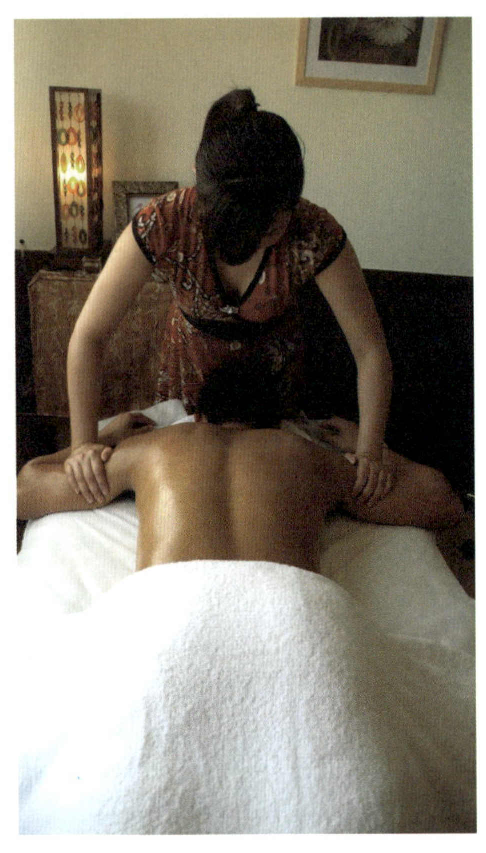

　　베이징이나 상하이를 포함한 중국 대부분 도시에서는 룸살롱, 사우나, 안마시술소 등의 장소에서 활발히 성매매가 이뤄지고 있어요. 중국의 사우나는 특히 성매매의 온상지라고 할 수가 있죠. 우리나라는 '사우나'라고 하면 순전히 목욕을 하는 곳이지만, 중국에선 단순한 대중목욕탕 개념이 아니라 비즈니스를 위한 사교와 접대의 장소로 널리 이용됩니다. 우리는 가족끼리 가서 뜨뜻한 찜질방에서 몸도 지지고, 계란도 까먹는 대중적인 장소지만, 중국은 조금 다르다는 거! 고급 담배를 피우며 마작을 하거나 발 마사지를 받으며 보이차를 마시고, 마지막엔 성적 서비스까지 받는 성인 남성들의 놀이터랄까? 어느 정도 규모가 있는 사우나에 가보면 시설도 으리으리할 뿐 아니라, 밖에 세워진 차들만 봐도 벤츠, BMW, 포르셰 등 고급 외제차들이 즐비하죠. 대학시절 기나긴 기말시험이 끝나고 밤샘 공부로 지친 몸도 풀 겸 중국인 친구들에게 같이 사우나에 가자고 하면 다들 "목욕은 집에서 하면 되지 그런 데 왜 가니?" 이런 반응을 보이기 일쑤였죠. 처음엔 "얘네들 정말 목욕 싫어하는 거 아냐?" 이런 오해도 잠깐 했었는데, 알고 보니 다 이유가 있었더라고요. 한 번은 한국에서 베이징에 여행 온 친구와 목욕하러 현지 사우나에 갔는데, 주차된 수많은 외제차를 보곤 "무슨 때 밀러 오면서 1억짜리 벤츠를 타고 오냐?"라며 신기해하더라고요. 사우나 외관이 너무 화려해서 괜히 주눅이 들 수도 있는데요. 그냥 목욕만 할 경우에는 아무리 비싼 곳이어도 요금이 100위안(만 8천 원)이 넘지는 않아요. 그러니 괜스레 기죽을 필요는 없답니다.^^ 하지만 은밀한 서비스를 받을 땐 1000위안(18만 원)이 훌쩍 넘을 수도 있죠. 요런 음란한 서비스

사우나 **桑拿浴** [sāngnáyù 쌍나위]
목욕 **洗浴** [xǐyù 씨위]
계란 **鸡蛋** [jīdàn 찌딴]

는 비싼 가격도 가격이지만, 이름도 워낙 독특해서 금세 알아차릴 수가 있어요. 일품옥석유희, 화룡환희지애 같은…….

베이징에서 길을 걷다 보면 미용실이란 간판이 붙어 있지만, 자세히 들여다보면 불빛도 좀 이상하고 미용사들의 옷차림도 좀 야한 게 어딘가 모르게 수상한 분위기를 풍기는 곳이 있어요. 이런 곳은 진짜 머리를 자르는 곳이 아닌 퇴폐 이발소에요. 이곳에선 보통 불건전(?) 마사지나 유사 성행위가 이뤄진답니다. 괜히 머리를 자르러 갔다 바지가 내려지는 낭패를 당하는 일이 없도록 유의하세요.^^

중국에선 룸살롱이나 단란주점을 가라오케 또는 케이티비(KTV)라고 해요. 중국에 룸살롱은 일반 노래방만큼 많답니다. 요즘은 호스트바도 많이 생겨났고요. 중국 룸살롱도 한국처럼 가격이 세서 평범한 회사원이나 일반 서민들이 가기는 어려워요. 그런 데서 술을 마시면 적게는 우리 돈 수십만 원에서 많게는 수백만 원까지 나오니까요. 이곳에서 일하는 여성 즉 "나가요 언니"를 중국에선 아가씨란 뜻의 '샤오지에'라고 불러요. 샤오지에는 영어의 Miss로 미혼 여성을 부를 때 쓰는 호칭이지만, 언제부터인가 이런 유흥업에 종사하는 여성들을 부르는 의미로 변질하였죠. 그래서 일반 중국 여성에게 우리의 '미스 김', '미스 박' 하듯, 샤오지에를 써서 부르면 실례가 될 수도 있어요. 이런 것도 중국인과 교류할 때 필요한 중요한 팁이니 참고로 알아두세요.

중국에도 우리나라의 '텐프로' 같은 고급 룸살롱이 있어요. 이런 곳의 '나가요 언니'는 외모도 연예인 뺨칠 정도로 예쁘고, 술 값도 서울 강남의 룸살롱 저리 가라 할 정도로 비싸죠. 베이징의 수많은 '텐프로' 중에서도 절대 지존의 자리를 지키는 곳이 있는데, 바로 '천상인간'이라고 하는 곳이에요. 영업한 지 20년이 넘었지만, 한결같이 중국 갑부들과 고위층들의 사랑을 받는 룸살롱계의 최고봉이죠. 베이징에 공연 온 우리나라 한류 연예인들도 종종 들린다는 명소 중의 명소. 이곳은 워낙 뒤를 봐주는 세력이 어

미용실 **理发店** [lǐfàdiàn 리파띠엔]
가라오케 **卡拉OK** [kǎlāōukèi 카라어우케이]
아가씨 **小姐** [xiǎojiě 씨아오지에]

마어마해 그동안 경찰의 단속도 못 미치는 성역처럼 여겨졌었는데요. 얼마 전 성매매와의 전쟁을 선포한 베이징 공안당국의 대대적인 단속에 걸려, 마침내 그곳의 실체가 까발려지게 되었죠. 보도에 따르면 실내장식에만 200억 원 이상을 쏟아부었고, 여성 접대부들은 100여 명이 넘는데, 상당수가 대졸이거나 무용, 음악 등 예술을 전공한 고학력자라고 해요. 단속 때 동행했던 여기자가 얘기하는데, 아가씨들이 얼마나 콧대가 높은지, 경찰들이 들이닥쳤을 때도 눈 하나 깜짝 안 했다고 해요. 마치 영화 속의 "이거 왜 이래, 나 이대 나온 여자야~"처럼 말이에요.

한국 교민들이 모여 사는 아파트 단지에는 24시간 출장안마를 한다는 전단이 매일같이 살포되기도 해요. 우리의 벼룩시장 같은 교민 정보지를 보면 수십 곳의 출장안마 업소들이 버젓이 광고를 내기도 하고요. 자장면 배달시키듯 집안에서 전화 한 통이면 언제든지 성매매를 할 수 있는 게 현지의 실정이에요. 여기서 잠깐! 만약 외국인이 매매춘하다 적발되면, 그 즉시 15일 미만의 구류에 처하고 5천 위안의 벌금을 물어야 한답니다. 그뿐만 아니라 강제로 추방되어 영영 중국땅에 다신 발을 들여놓을 수 없게 되니 특히 조심해야 해요. 중국에선 연일 전국적으로 강도 높은 성매매 단속을 벌이고 있어요. 그래서인지 요즘 뉴스를 보다 보면 하루가 멀다고 성매매 현장을 급습하는 장면이 나와요. 근데 얼굴에 모자이크 처리도 절대 안 해주고, 성매매한 여성을 중범죄자 취급하듯 거칠게 다루는 모습이 여과 없이 보도되지요. 또 성매매를 한 남녀의 신상정보가 거리 게시판에 나붙거나 인터넷에 공개되기도 하고요. 한 번은 맨발의 여자를 포승줄로 묶고 질질 끌고 가는 영상이 공개돼 난리가 나기도 했었어요. "너희도 한번 걸려봐. 이렇게 개망신을 줄 테니." 뭐 이런 의도겠지만, 많은 네티즌들은 "그런다고 성매매가 없어질 줄 아느냐?"며 되려 성매매자의 인권도 존중하라는 적반하장(?)의 태도를 보이기도 한답니다.

경찰 警察 [jǐngchá 징챠]
벌금 罚款 [fákuǎn 파쿠안]
인권 人权 [rénquán 런취엔]
태도 态度 [tàidù 타이뚜]

사우나 **桑拿浴**
쌍나위, sāngnáyù

목욕하다 **洗澡**
씨쟈오, xǐzǎo

때 밀다 **搓澡**
추워쟈오, cuōzǎo

수건 **毛巾**
마오찐, máojīn

안마 **按摩**
안모, ànmó

패션 **时尚**
스샹, shíshàng

화장하다 **化妆**
화주앙, huàzhuāng

네일아트 **美甲**
메이지아, měijiǎ

발 마사지 **足疗**
주리아오, zúliáo

머리 빗다 **梳头**
슈터우, shūtóu

커트하다 **剪发**
지엔파, jiǎnfà

파마하다 **烫发**
탕파, tàngfà

매춘하다 **嫖娼**
피아오챵, piáochāng

섹스하다 **上床**
샹추앙, shàngchuáng

윤락녀 **鸡**
지, jī

남자호스트 **鸭子**
야즈, yāzi

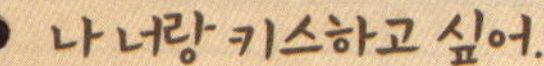

나 너랑 키스하고 싶어.

A: 我现在想吻你。 나 지금 너랑 키스하고 싶어.
Wǒ xiànzài xiǎng wěn nǐ. 워 씨엔짜이 씨앙 원 니.

B: 在这儿？ 여기서?
Zài zhèr? 자이 쩔?

너 콘돔 있어?

A: 你有保险套吗？ 너 콘돔있어?
Nǐ yǒu bǎoxiǎntào ma? 니 여우 바오씨엔타오 마?

B: 不戴，不行吗？ 안끼면 안 될까?
Bú dài, bù xíng ma? 부 따이, 뿌 씽 마?

임신하다

A: 我好像怀孕了。 나 아무래도 임신한 거 같아.
Wǒ hǎoxiàng huáiyùn le. 워 하오씨앙 화이윈 러.

B: 天啊！ 오 마이 갓!
Tiān a! 티엔 아!

chapter 22

쿵푸의 근원지, 소림사

지금은 세계적인 액션배우로 거듭난 이연걸. 그의 처녀작인 '소림사'를 보면 원수에게 아버지를 잃고 자신도 상처를 입은 채 한 사찰 앞에서 쓰러지는 장면이 나오죠. 그리고 그 안에서 불철주야 무공을 연마한 끝에 원수를 갚는다는 다소 뻔한 이야기. 이 영화의 실제 촬영지는 바로 중국 무술의 근원지이자 수많은 쿵푸 애호가의 로망인 소림사에요. 〈영웅문〉 같은 김용의 무협소설이나 쿵푸 영화광이라면 '언젠가 꼭, 한번 소림사에 가서 비밀리에 전해져 내려오는 절세신공을 배워봐야지!' 하는 생각을 해봤을 거에요. 소림사는 허난성의 덩펑시란 작은 도시에 있어요. 이곳엔 중국 5

소림사 少林寺 [shàolínsì 샤오린쓰]
숭산 嵩山 [sōngshān 쏭샨]
절 寺庙 [sìmiào 쓰미아오]
불교 佛教 [Fójiào 포찌아오]

대 명산 가운데 하나인 숭산이 있는데, 이 숭산 산기슭에 소림사가 자리 잡고 있지요. 해발 1491m의 숭산은 소실산과 태실산으로 나뉘는데, 소실산의 무성한 숲 속에 지은 절이라 하여 소림사라 이름 지어졌답니다. 많은 사람이 소림사라고 하면 오직 쿵푸만을 생각하는데, 사실 중국 선종 불교의 발원지이기도 한 유서깊은 사찰이에요. 496년 북위의 황제 효문제가 인도에서 온 고승 발타선사를 기리고자 절을 지었으니, 벌써 1500년의 오랜 세월이 흘렀네요. 그럼 소림권법은 과연 누가 처음 만들었을까요? 바로 화두 '달마가 동쪽에서 온 까닭은'의 주인공 달마 대사예요. 중국에 처음 선종을 퍼트린 달마가 소림사 근처 동굴에서 9년간 면벽수행을 했는데, 수행 중 맹수나 화적으로부터 자신을 보호하기 위해 시작한 호신술이 소림무술의

모태가 되었다고 해요. 소림사에 가보면 면벽 수행 당시 달마 대사의 그림자가 각인되었다는 전설의 바위가 아직도 남아있답니다.

소림사로 가는 길은 얼마나 멀고 험난할까요? 일단 베이징에서 고속열차를 타고 허난성의 성도 정저우까지 5시간. 거기서 다시 버스를 타고 2시간 정도 가야 해요. 베이징에서 출발하면 왕복 1박2일이면 충분하니 그리 멀지는 않죠. 왠지 소림사 하면 신비함이 감도는 깊은 산중에 덩그러니 있을 것 같잖아요. 그런데 실제로 가보면 전혀 그렇지 않아요. 입구에는 '숭산소림'이라고 쓰인 거대한 석방이 세워져 있고, 사찰 안까지 코끼리 버스가 운행될 정도로 관광지 느낌이 물씬 풍기지요. 입장료도 100위안(만 8천 원)으로 비싼 편이고요. 입구에서부터 소림사까지는 걸어서 한 20분 정도 걸리는데, 가는 도중 통일된 운동복을 입고 행군을 하거나 운동장에서 봉과 칼을 휘두르는 사람들을 쉽게 볼 수가 있어요. 과연 쿵푸의 본고장다운 모습! 어랏! 근데 법복 차림의 삭발한 스님들은 한 명도 안보이고 중 · 고등학생쯤 되어 보이는 어린 학생들뿐이네요. 대여섯 살 정도 되어 보이는 꼬맹이들도 많고요. 이들은 다름 아닌 소림사 내 무술학교에 다니는 학생들이에요. 소림사 주위에는 80여 곳의 무술학교가 있는데, 수련생들만 8만 명이 넘는다고 해요. 무술학교는 대부분 기숙학교인데, 유치원부터 초 · 중 · 고교의 정규과정이 개설되어 있어 무술과 학업을 병행하는 시스템이에요. 세계 각국에서 쿵푸 유학을 온 외국인들도 적지 않아 중국어 연수를 겸한 단기 무술반도 인기랍니다. 그 중 중국 내에서 '천하제일 무관'으로 불리는 '소림탑구 무술학교'가 가장 유명한데, 이곳에만 무려 2만여 명의 수련생들이 있어요. 학비를 보니 1년에 2500위안(45만 원) 정도 하네요. 외국인은 당연히 몇 배나 비싸겠고요. 대학시절 쿵푸에 심취해있던 제 절친은 고수의 가르침을 받고자 소림사로 떠났건만, 외국인은 수업료

고속 열차 动车组 [dòngchēzǔ 똥처주]
학생 学生 [xuéshēng 쒜셩]

로 수천 달러를 내야 한다는 말을 듣고, "이곳도 썩었구먼!" 하고 실망만 하고 돌아왔다고 해요.

전국 각지에서 몰려온 수만 명의 수련생들은 내일의 '성룡'을 꿈꾸며 불철주야 무공을 갈고 닦습니다. 하지만 소림사 출신이라고 누구나 스타가 될 수는 없는 법. 무술대회에 나가 입상을 해 그것도 아주 잘 풀려야 이연걸, 견자단 같은 쿵푸 스타가 될 길이 열리죠. 외모 또한 받쳐줘야 하는 건 당연지사. 미국에서 제트 리(Jet Li)란 이름으로 부와 명성을 한꺼번에 거머쥔 이연걸. 그도 8살에 쿵푸를 시작해 전국 무술대회에서 무려 5회 연속 1등을 차지했을 만큼 실력이 출중했답니다. 대다수 수련생은 그럼 졸업 후 어디서 뭘 하게 될까요? 실력이 좋으면 '소림사의 꽃'이라 할 수 있는 무승 단원에 합류할 수가 있어요. 무승 단원이 되면 소림사 안에서 관광객을 상대로 쿵푸쇼를 하거나, 세계 각지로 순회공연을 하러 다니게 되죠. 일부는 인민해방군의 특수부대나 무장경찰로 빠지기도 하고요. 이도 저도 안 되면 무협영화나 드라마의 스턴트맨으로 활동하기도 하고, 무술학교에 남아 제자들을 가르치기도 합니다. 소림사내 '소림무술관'에서는 하루 여섯 차례 30분간의 공연이 펼쳐져요. '소림오권'이라 불리는 학권, 당랑권, 호권, 원숭이권부터 시작해 박치기로 쇠파이프 두 동강 내기, 두 손가락으로

외모 外貌 [wàimào 와이마오]
공연 表演 [biǎoyǎn 비아오이옌]
스턴트맨 替身 [tìshēn 티션]
승려 和尚 [héshang 허샹]
브랜드 品牌 [pǐnpái 핀파이]

물구나무서기, 목으로 날이 선 창 구부리기, 바늘 던져 유리창 깨기 등 신기에 가까운 묘기를 선보이죠. 보다 보면 그저 그런 차력쇼를 보는 것 같아 조금 실망스러워요.

소림사가 아무리 쿵푸로 유명하기로서니, 그래도 명세기 중국 선종의 총본산인데 가부좌를 튼 채 참선을 하거나 독경 외는 승려들은 온데간데없어 안타깝기도 해요. 무승과 기념사진을 찍으려고 해도 돈! 향 한 번 태우려 해도 돈! 정말이지 '천년고찰'이란 이름이 무색할 정도지요. 현재 소림사는 너무 상업적으로 가는 게 아니냐는 비판에 직면해 있어요. 소림사는 이미 '샤오린쓰'란 브랜드를 보호하기 위해 법인을 설립했고, 문화홍보, 식품, 제약회사 등 다수의 계열사를 거느리고 있어요. 외국에도 40여 개의 직영회사를 운영하고 있고요. 이젠 지방사찰을 인수·합병하는 M&A까지 하고 있으니 일개 절이 아닌 글로벌(?) 기업인 셈이지요. 소림사는 직접 무술영화 및 TV 드라마를 제작하기도 해요. 2007년도엔 '슈퍼스타 K'의 쿵푸 버전 '중국 쿵푸스타'를 주최해 엄청난 광고수입을 벌어들

였답니다. 또 '소림환희지'라는 인터넷 쇼핑몰을 시작해 시계, 티셔츠 같은 캐릭터 상품은 물론이고, 700년간 비전된 약방으로 만든 파스, 연고 등의 의약품을 팔기도 하고요. 얼마 전 이 쇼핑몰에선 소림사 고승들의 무술비급이 담겼다는 비급서를 9999위안(180만 원)에 팔아 중국 누리꾼들로부터 욕을 바가지로 먹기도 했었답니다. "오! 돈독 오른 소림사여. 막장의 끝은 어디에~" 한 술 더 떠 조만간 소림사를 홍콩 주식시장에 상장한다는 뉴스가 여기저기서 뜨기도 했었어요.

이렇게 공격적인 사찰 경영(?)을 하는 주인공은 바로 소림사 주지인 '스용신'이에요. 이 스님은 '소림 CEO'란 별명을 갖고 있는데, 중국 승려 중 유일한 MBA 학위 소지자이기도 해요. 스용신은 중국에서 꽤 유명한

‘이슈 메이커’에요. 스님답지 않은 기업가적인 정신과 행동으로 사람들 입방아에 자주 오르내리거든요. 얼마 전 중국 최대의 정치행사인 ‘양회’에 아이패드를 들고 나타나 얼리어답터(?)다운 면모를 보이기도 했다는……. 소림사에 중국 최초의 무술대학을 세우고, 병원을 건립하고, 카메룬에서 국가대표 출신 코치까지 초청해 소림 축구단을 만드는 등 스티

브 잡스도 울고 갈 만큼 경영능력이 뛰어나답니다. 중국에선 이런 소림사 주지의 행보를 두고 “승려 신분을 잊은 지나친 상업화다.” vs “중국 문화와 불교 전파를 위한 수단일 뿐이다.”란 의견이 팽팽히 맞서고 있어요. 물론 전자의 입장이 다수이지만……. 2010년 8월, 소림사를 포함한 숭산 주위의 11개 고건축물이 ‘하늘과 땅의 중심’이란 이름으로 세계문화유산에 등재되었어요. 중국 언론에선 연일 이를 축하하는 기사들을 쏟아냈지만, 수많은 누리꾼은 “이거 또 소림사 입장료가 오르겠군!” 하며 냉소적인 반응을 보였답니다.

상품 商品 [shāngpǐn 샹핀]
언론 媒体 [méitǐ 메이티]

여행 旅游
뤼여우, lǚyóu

안내자 导游
다오여우, dǎoyóu

명승고지 名胜古迹
밍성구찌, míngshènggǔjì

통역 翻译
판이, fānyì

안내대 服务台
푸우타이, fúwùtái

매점 小卖部
씨아오마이뿌, xiǎomàibù

식당 餐厅
찬팅, cāntīng

지도 地图
띠투, dìtú

기차 火车
훠처, huǒchē

버스 巴士
빠스, bāshì

침대 버스 卧辅巴士
워푸 빠스, wòpǔ bāshì

택시 出租车
추주처, chūzūchē

비행기 飞机
페이지, fēijī

배 船
추안, chuán

케이블카 缆车
란처, lǎnchē

입장권 门票
먼피아오, ménpiào

매표소 售票处
셔우피아오추, shòupiàochù

학생 할인 学生优惠
쉐셩 여우후이, xuéshēng yōuhuì

여기 입장료가 얼마에요?

A: 门票多少钱? 입장료가 얼마에요?
Ménpiào duōshao qián? 먼피아오 뚜워샤오 치엔?

B: 一张100块钱。 한 장에 100위안이에요.
Yì zhāng yì bǎi kuài qián. 이 쟝 이 바이 콰이 치엔.

쿵푸 공연 언제 시작해요?

A: 功夫表演几点开始? 쿵푸 공연 언제 시작해요?
Gōngfu biǎoyǎn jǐ diǎn kāishǐ? 공푸 비아오이옌 지 디엔 카이스?

B: 马上就开始。 곧 시작해요.
Mǎshàng jiù kāishǐ. 마샹 찌우 카이스.

실례지만, 사진 좀 찍어주실 수 있어요?

A: 请问，你能帮我照相吗? 실례지만, 사진 좀 찍어주실 수 있어요?
Qǐngwèn, nǐ néng bāng wǒ zhàoxiàng ma? 칭원, 니 넝 빵 워 쟈오씨앙 마?

B: 没问题! 그럼요!
Méi wèntí! 메이 원티!

PART 3 사회편
Zing Pub
JOY & peace
CRYSTAL PALACE
JING CHUEN RESTAURANT CENTER
草苑 조원
CHO WON KOREAN RESTAURANT
TAXI
LF 8691

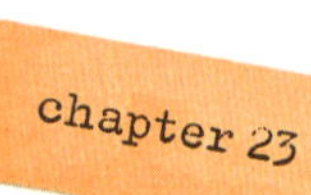

chapter 23

중국에선 아이를 한 명만 낳을까?

현재 중국의 인구는 몇 명일까요? 2005년 1월 6일 베이징의 한 산부인과에서 13억 번째로 태어난 아이를 기점으로 현재는 대략 13억 4천만 명 정도 된답니다. 지금 이 순간에도 5초당 한 명꼴로 아기들이 태어나고 있고요. 우리나라는 저출산 문제가 심각해 아이를 많이 낳도록 국가에서 장려하지만, 중국은 반대로 출산을 제한하는 정책을 쓰고 있어요. 그것도 꽤 엄격하게 말이에요. 현재까지 중국은 법적으로 한 가정당 오직 딱 한 명의 자녀만을 가질 수가 있어요. 이런 산아제한 정책을 중국에서는 '계획생육'이라고 부릅니다. 만약 이 규정을 위반하면 사회 부양비라는 명목으로 둘째 아이를 가진 것에 대한 막대한 벌금을 물어야 하죠. 우리나라는 둘째를 낳으면 정부에서 출산 장려금이 나오지만, 중국은 오히려 벌금을 물어야 한다니, 참 대조적이죠? 특히 국가 공무원이나, 공산당원, 국유기업 간부, 대학교수 등 사회 지도층이 이 정책을 위반하면, 벌금뿐만 아니라 심하

면 직위를 박탈당할 수도 있을 만큼 엄격하게 처벌을 받습니다. 이런 엄격한 중국의 '한 자녀 정책'에도 물론 예외는 있어요. 만약 부부가 모두 형제·자매가 없으면 자녀를 2명까지 낳을 수가 있어요. 또 부부가 농민출신으로 딸 한 명밖에 없다면, 한 명을 더 낳을 수가 있고요. 그 외에도 소수민족이나 혁명열사의 외동 자손은 아이를 2명까지 낳을 수가 있답니다. 그 외에도 몇 가지 예외조항이 더 있고요. 재미난 건 합법적으로 둘째를 낳더라도 첫째와의 나이 터울이 반드시 4년 이상 나야 한다는 조건이 있어요. 중국에서 둘째 낳기 참 어렵죠?^^

문제 问题 [wèntí 원티]
정책 政策 [zhèngcè 정처]
계획생육 计划生育 [jìhuà shēngyù 찌화 성위]

그럼 중국에서 만약 둘째 아이를 갖는다면 벌금으로 얼마를 물어야 할까요? 이게 일률적으로 얼마라고 정해진 금액은 없어요. 각 도시별 또는 개인별로 벌금 기준이 조금씩 다르거든요. 보통은 해당 도시의 연평균 주민소득의 3~10배를 징수하는데요. 베이징이나 상하이 같은 대도시에선 많이 부과되고, 농촌에선 상대적으로 적게 부과돼요. 현재 베이징은 공식적으로 대략 24만 위안(4천5백만 원) 정도가 벌금으로 책정되어 있답니다. 완전 뜨악이죠? 베이징 시민의 연평균 수입이 우리 돈으로 약 천만 원 정도인데, 애 하나 더 낳았다고 벌금으로 4천만 원을 물리다니 정말 무시무시한 정책이 아닐 수 없죠. 얼마 전엔 베이징의 한 법대 교수가 둘째 아이를 출산했는데, 그 때문에 학교에서도 해고당하고 부과된 벌금 24만 위안을 내지 못해 길거리에서 1인 피켓 시위를 벌인 적이 있었어요. 피켓에는 "내게 벌금 낼 돈과 아이의 육아비용을 합친 67만 위안의 돈을 주면 평생 당신의 노예가 되겠소."라는 내용이 적혀 있었어요. 베이징 법대 출신의 이 엘리트 교수는 자기 자신을 진짜 팔려고 했던 게 아니라, 아이를 낳으면 그게 곧 죄가 되는 중국 사회의 부조리에 일침을 가하고자 했던 게 아니었을까요? 그가 한 방송국과의 인터뷰에서 한 말이 떠오르네요. "이미 생긴 아이를 낙태시키는 것과 정부의 산아제한 정책을 어기는 것 중 과연 어느 것이 더 큰 죄입니까?"

수입 收入 [shōurù 셔우루]
교수 教授 [jiàoshòu 찌아오셔우]

일반 서민들이야 벌금이 무서워서라도 둘째 낳기를 꺼리지만, 중국의 부자들은 "그까이꺼 돈 몇천만 원 내면 그만이지." 이런 생각들을 하고 있어서, 과감히 벌금을 내고 아이를 여러 명 낳는 경우도 많아요. 아~ 돈 없으면 아이도 맘대로 못 낳는 더러운 세상~~^^ 최근 들어 자녀를 갖는 문제에서도 부익부 빈익빈 현상이 점차 심각해지자, 중국 정부에서는 개인의 수입에 따라 벌금을 차별적용하는 '고소득자 가중처벌 법안'을 마련하기도 했어요. 그래서 돈 많은 사람에게는 벌금도 그만큼 많이 거둬들이고, 둘이 아니라 셋째, 넷째를 낳는 등 죄질(?)이 고약하면 언론에 대대적으로 공개하기도 해요. 실례로 후난성의 한 탄광주는 아들을 낳으려고 계속 출산을 시도한 끝에 5명의 자녀를 출산했는데, 결국 벌금 사상 최고액인 135만 위안. 우리 돈 2억 4천만 원이라는 어마어마한 벌금 폭탄을 맞기도 했답니다.

이렇게 엄격하게 산아제한 정책을 시행하다 보니 일부 부유층들은 외국으로 원정 출산을 가는 경우도 많아요. NBA 휴스턴 로키츠의 '야오밍'은 미국에서 원정 출산으로 아들을 낳아 네티즌들의 뭇매를 맞기도 했어요. 중국에서 야오밍은 한국의 박지성처럼 거의 국가적 영웅인데, 그런 사람이 아이를 미국에서 낳았으니, 중국인들의 배신감이 이만저만이 아니었죠. 많은 중국인은 "야오밍 아들이 장차 농구선수가 된다면 미국 국가대표로 뛰게 되겠네?"라며 야유를 보내기도 했어요. 장동건이 출연한 영화 '무극'의 감독 '천 카이거'는 미국으로 국적을 옮겼는데, 그 이유가 아이를 많이 낳고 싶어서였다죠? 그 외에도 많은 중국의 갑부 연예인들이 이런저런 이유를 핑계로 홍콩, 싱가포르, 캐나다, 미국 등의 지역으로 이주하는 사례가 늘고 있어요. 최근에는 드라마 '황제의 딸'에서 제비 역을 맡았던 '쟈오웨이'도 싱가포르에서 딸을 출산했고요.

특히 중국 본토 산모들이 가장 선호하는 원정 출산지가 바로 홍콩이에요. 홍콩 통계국에 따르면 최근 1년간 홍콩에서 출생한 신생아 2명 중 1명이 중국 본토 출신이라고 해요. 중국 산모들이 굳이 무거운 몸을 이끌고 홍콩까지 가서 출산하는 이유는 뭘까요? 좀 더 선진화된 의료환경에서 아이를 낳고 싶어서? 물론 이건 핑계예요. 무엇보다 중국의 산아제한 정책을 피할 수 있다는 게 가장 큰 이유예요. 하지만 또 다른 이유가 한 가지 더 있어요. 만약 홍콩에서 아이를 낳으면 아기는 자동으로 홍콩 영주권이 주어져, 본토와는 차원이 다른 각종 사회복지 혜택을 누릴 수가 있거든요. '중국인이 홍콩 영주권을 가지고 있다.' 이건 돈 주고도 사기 어려운 엄청난 메리트예요. 홍콩 영주권이 있으면 초등학교부터 고등학교까지 전부 의무교육인데다, 중국 대학 입학 시에도 본토 학생과는 다른 특별우대를 받거든요. 또 홍콩 여권이 있으면 세계 여행도 제한받지 않고 맘대로 다닐 수가 있고요. 그래서 미국으로 원정 출산을 가기는 부담스럽고, 법적인 제재 없이 둘째를 낳고 싶어하는 여유 있는 본토의 중산층 산모들에게 홍콩은 출산의 성지(?)처럼 여겨진답니다. 제 주위에도 아이는 꼭 홍콩에 가서 낳을 거라고 얘기하는 친구들이 더러 있으니까요. 이렇게 중국 산모들의 원정 출산이 끊이질 않자, 정작 홍콩의 산모들은 입원할 병실을 구하지 못해 엄청난 불편을 겪고 있다고 해요. 그래서 홍콩 당국은 임신 7개월 이상 된 본토 임산부들의 입경을 제한하고, 출산 7개월 전에 홍콩 현지 병원에서 진단을 받고 분만 예약을 한 산모에게만 입경을 허락한다는 제한조치를 발표하기도 했답니다.

본토 大陆 [dàlù 따루]
특별우대 优惠 [yōuhuì 여우후이]

최근 들어 중국 사회 각계각층에선 '한 가정 한 자녀' 정책을 하루빨리 완화해야 한다는 목소리가 커지고 있어요. 이미 30년간 시행해온 산아제한 정책은 효율(?)적으로 인구조절을 해왔지만, 그에 따른 부작용도 만만찮게 많았거든요. 둘째를 낳았음에도 호적에 이름을 못 올려 교육·의료 등 모든 권리를 박탈당한 채 살아가는 무호적자 문제. 이들을 '헤이 하이즈'(검은 아이들)라고 부르는데, 중국 정부에 의하면 이런 아이들이 현재 1300만명이나 있다고 해요. 또한 지방 관리들에 의해 여전히 행해지는 반인권적 낙태 강요, 여아 선별 낙태로 말미암은 남녀성비 불균형 문제 등

그 부작용은 일일이 열거하기도 어려울 정도에요. 요즘 중국의 젊은 부부들은 굳이 벌금이 무서워서가 아니라, 엄청난 양육비로 인해 둘째를 별로 갖고 싶어하지 않는다고 해요. 또 자기들만의 생활을 즐기려고 아이를 아예 안 가지는 젊은 부부들도 늘고 있고요. 이미 베이징이나 상하이 같은 대도시에선 젊은 부부들의 저출산이 슬슬 문제 되고 있다고 하니, 제가 볼 땐 중국의 산아제한 정책! '머지않아 곧 역사 속으로 사라지지 않을까?' 하는 생각입니다. 오늘 중국 뉴스를 보니 오는 2015년도부터 '한 자녀 정책'을 점차 폐지해나갈 거라는 기사가 떴네요.

검은 아이들 黑孩子 [hēiháizi 헤이하이즈]
낙태 堕胎 [duòtāi 뚸워타이]

〈모친〉

이모 **姨**

이, yí

큰이모 **大姨**

따이, dàyí

막내이모 **老姨**

라오이, lǎoyí

외할머니 **姥姥**

라오라오, lǎolao

외할아버지 **老爷**

라오예, lǎoye

외삼촌 **舅舅**

찌우지우, jiùjiu

큰 외삼촌 **大舅**

따찌우, dàjiù

작은 외삼촌 **老舅**

라오찌우, lǎojiù

〈부친〉

친할머니 **奶奶**

나이나이, nǎinai

친할아버지 **爷爷**

예예, yéye

고모 **姑**

꾸, gū

큰고모 **大姑**

따꾸, dàgū

막내 고모 **老姑**

라오꾸, lǎogū

큰아버지 **大叔**

따슈, dàshū

작은아버지 **老叔**

라오슈, lǎoshū

사촌동생 **表弟**

비아오떠, biǎodì

사촌형 **表哥**

비아오꺼, biǎogē

사촌누나 **表姐**

비아오지에, biǎojiě

조카 **侄子**

즈즈, zhízi

결혼하셨어요?

A: 你结婚了吗? 결혼하셨어요?
　　Nǐ jiéhūn le ma? 니 지에훈 러 마?

B: 我结婚了。 저 결혼했어요.
　　Wǒ jiéhūn le. 워 지에훈 러.

아이가 몇 명이세요?

A: 你有几个孩子? 아이가 몇이세요?
　　Nǐ yǒu jǐ ge háizi? 니 여우 지 거 하이즈?

B: 我有一个儿子。 아들 하나 있어요.
　　Wǒ yǒu yí ge érzi. 워 여우 이 거 얼즈.

형제·자매가 몇 명이에요?

A: 你有几个兄弟姐妹? 형제·자매가 어떻게 되세요?
　　Nǐ yǒu jǐ ge xiōngdì jiěmèi? 니 여우 지 거 씨옹띠 지에메이?

B: 我是独生女。 저 외동딸이에요.
　　Wǒ shì dúshēngnǚ. 워 스 두셩뉘.

chapter 24

중국인들이 선망하는 직업은?

최고 일류대인 베이징대 졸업생이 길거리에서 사탕꼬치를 판다? 대입 수석으로 베이징대 의학부에 입학했지만, 졸업 후 취직이 안 돼 시골에서 1위안짜리 사탕꼬치를 팔았던 한 청년의 실제 이야기에요. 중국의 극심한 실업난을 바로 보여주는 사례로 중국에서도 엄청난 이슈를 불러왔었죠. 상하이 명문 공대생이 길거리에서 밀가루 전병을 파는 얘기, 경제학 석사학위를 가진 지식인이 초두부 튀김장사를 하는 얘기. 이젠 이런 식의 기사가 하도 많아 별로 신선하지도 않아요. 매년 중국 전역에서 쏟아져 나오는 대학 졸업생만 600여만 명. 이중 취업을 못하는 사람이 거진 150만 명에 달한다고 해요. 에휴~ 중국의 구직자들 정말 한숨이 절로 나오겠네요.

작년 중국 산둥성의 지방 환경국에선 정화조 청소부를 모집했는데, 최종 5명의 대학 졸업자가 채용되었어요. 그것도 391명의 지원자 중 무려 80대 1의 경쟁률을 뚫고서요. 20대 중반인 이들은 출신 학과도 경영관리, 경제학, 법학 등 다양해요. 여대생도 2명이나 있고요. 별의별 희한한 일이 다 일어나는 중국에서도 좀체 볼 수 없는 기현상인지라, 여러 언론에서 앞다퉈 취재를 했답니다. 저도 TV를 통해 봤었는데, 대학을 갓 졸업한 앳된 외모의 여성이 공중 화장실에서 그것도 기계가 아닌 삽으로 직접 분뇨를 퍼담는 영상을 보니, 참 많은 생각이 들더라고요. 새벽 6시 30분에 출근.

취업 就业 [jiùyè 찌우이예]
청소부 清扫工 [qīngsǎogōng 칭싸오꿍]
출근 上班 [shàngbān 상빤]

온종일 한 트럭 분량의 분뇨를 퍼담고 이들이 받는 월급은 2000위안(36만 원). 동행한 기자가 대학까지 나와서 이런 막일을 하는 게 창피하진 않느 냐고 묻자, 전혀 망설임 없이 "체면이 생존보다 중요한가요?"라며, 지금은 힘들지만 3년 후엔 구청에서 행정업무 자리가 보장되어 만족하며 일한다 고 하더라고요.

중국에서 최고 인기 직업은 뭘까요? 한 조사에서 취업 준비 중인 중 국 대학생들이 가장 선호하는 직장은 우리의 공기업에 해당하는 국유기 업인 것으로 나왔어요. 중국 대학생들은 민간기업보다는 정부가 운영하는 국유기업을 선호하는 현상이 뚜렷해요. 아무래도 정부의 전폭적인 지원을 받다 보니 공무원처럼 안정적이고 복리후생이 좋거든요. 그래서 많은 명 문대 출신 취업자들이 대거 몰린답니다. 국유기업 중에서도 중국 최대의 통신회사인 중국이동통신(차이나 모바일), 중국 기업 순위 1위인 중국석 유화공(시노펙), 전 세계 시가총액 1위를 자랑하는 중국 석유(페트로 차이나), 중국 최대 전력기업인 중국전력공사 등이 흔히 말하는 '스펙'이 빵빵한 자만이 들어갈 수 있는 곳이에요. 참고로 위 3개 국유기업은 2010년 미국 포춘지 선정 '세계 500대 기업'에서 모두 랭킹 10위 안에 드는 회사들이에요. 이 3개 기업에서 벌어들이는 수익이 중국의 500대 민간기업 수익 전부를 합친 것보다 많답니다. 이쯤 되면 중국 경제에서 국유기업이 차지하는 비중과 파워가 얼마나 센지 알 수 있겠죠? 국유은행인 중국은행, 공상은행도 구직자들이 희망하는 꿈의 직장이고요.

그럼 흔히 '사'자라 불리는 의사, 변호사, 회계사 등 전문직은 어떨까요? 10년 전만 해도 의사 월급이 우리 돈 30만 원이 채 안 됐다면 믿으시겠어요? 그만큼 중국에선 '사'자 직업이 크게 빛을 발하지 못했어요. 하지만 현재는 소득이며 사회적 지위 모두 전보다 많이 좋아졌어요. 아무리 좋아졌다곤 하지만 우리나라처럼 '의사 남편 만나 시집가면 최고!' 뭐 이 정도까진 아니에요. 수입 면에서 보면 참 어처구니없이 적게 버는 직업 또한 의사이니까요. 중국 남성들이 가장 선호하는 배우자 직업은 뭘까요? 바로 학교 선생님이에요. 중국에서 교사란 직업은 정년이 보장되어 안정적이다 뭐 이런 것 외에, 좀 특별한 의미가 있는 것 같아요. 뭐랄까? 인민을 계몽하

직업 职业 [zhíyè 즈이예]
국유기업 国企 [guóqǐ 구워치]
공무원 公务员 [gōngwùyuán 꽁우위엔]
선생님 老师 [lǎoshī 라오스]

고 깨우치게 하는 혁명가의 이미지? 너무 오버인가? 2008년 수십만 명의 사상자를 낸 쓰촨성 지진이 났을 때, 목숨을 걸고 학생들을 구출한 중학교 교사가 '인민의 영웅'이란 칭호를 받고 혁명열사급 대우를 받기도 했으니까요. 중국에서 교사는 월급이 세지는 않지만, 사회적 지위가 상당히 높다고 할 수 있죠. 요즘은 항공 승무원도 연봉이 꽤 세서 굉장히 주목받는 직업이 되고 있어요. 보통 1년에 10만 위안(1800만원)은 기본! 한 외국 항공사의 모집광고를 보니 기본연봉으로 15~20만 위안(2700~3500만원)을 제시하더군요. 중국에선 승무원을 선발할 때 수영복 심사를 하기도 한답니다.

항공 승무원 空姐 [kōngjiě 콩지에]
수영복 游泳衣 [yóuyǒngyī 여우용이]
국시 国考 [guókǎo 구워카오]
경쟁률 竞争率 [jìngzhēnglǜ 찡정뤼]

중국에서 최고 인기직업은 뭐니뭐니해도 '황금밥통'이라 불리는 공무원이에요. 중국에선 공무원 시험을 '국시'라고도 하는데, 그 열기가 가히 상상을 초월한답니다. 거의 광풍 수준이에요. 2011년 중앙 공무원 시험 응시자는 총 141만 명. 이 중에서 만 6천 명만 뽑으니, 경쟁률이 무려 '88대 1'! 특히 세무국, 세관, 공안부 이 3개 부처는 모든 응시생이 바라는 꿈의 자리에요. 올해 가장 응시 인원이 많이 몰린 부처는 국가 에너지국의 '에너지 및 과학기술장비처'로 무려 4961대 1의 경쟁률을 보이기도 했답니다. 너도나도 공무원이 되고 싶어하는 이유는 뭘까요? 첫째! 안정적이다. 둘째! 복리후생이 좋다. 셋째! 뒷돈(?)을 많이 챙길 수 있다. 중국에서 공무원

은 사회적인 지위도 꽤 높고, 정말 웬만큼 큰(?) 잘못을 하지 않으면 해고당할 일이 없어 그야말로 철밥통도 아닌 24K 황금밥통이라 할 수가 있죠. 중국 공무원은 최고 1급에서 최말단인 15급까지 있는데, 정식 월급은 그렇게 많지가 않아요. 하지만 알게 모르게 벌어들이는 수익이 상당히 많죠. 그 수익이 얼마고 어떻게 버느냐고 묻는다면, 절대 알 수가 없습니다. 주위에 공무원 친구가 있다 해도 그런 걸 물어보기도 어렵고, 또 물어봐도 대답해줄 리도 없으니까요. 하지만 한 달 월급이 우리 돈 80만 원이 채 안 되는 공무원들이 호화 별장을 구입하고, 마카오로 날아가 도박으로 수억 원을 탕진한다는 기사가 심심찮게 나오는 걸 보면 아마 꽤 많은 뒷돈을 챙긴다고 봐야겠죠. 물론 뒷돈 액수도 직위에 따라 천차만별이겠지만 말이에요.

중국 정부에선 연일 부패관리들과의 전쟁을 선포하고, 비리를 저지르다 걸리면 직위해제는 물론이고 심하면 사형까지 내리며 엄중하게 다스리고 있어요. 하지만 워낙 땅덩어리가 넓은지라 지방 구석구석까지 중앙정부의 통제력이 미치지 못하는 게 사실이에요. 2010년 중국 대륙을 충격의 도가니에 빠트린 대형 비리사건이 있었는데요. 그 주인공은 충칭의 사법국장인 '원창'이었어요. 우리로 치면 검찰총장쯤 되는 사법기관의 제1인자였던 그는 막강한 권력과 지위를 이용해 폭력조직을 감싸고, 뇌물수수, 여대생 강간 등 할 수 있는 모든 악행을 저질렀죠. 수사과정에서 별장 저수지 바닥에 몰래 꿈쳐놓은 2천만 위안(36억 원)의 돈다발이 발견되기도 했었고요. 더욱 충격적인 건 재판과정에서 밝혀진 스타들과의 성 추문이었는데요. 스타들이 충칭에 공연을 오면 무조건 이 사람을 거쳐야만 무대에 오를 수 있다는 소문이 돌았었는데, 결국 사실로 밝혀지고 말았죠. 그가 직접 성관계를 가졌다고 진술한 12명의 연예인은 중화권 최고의 톱스타들로, 저도 그 명단을 보는 내내 정말 손이 부르르 떨릴 정도로 충격이 컸답니다. 궁금하신 분들은 중국의 네이버인 '바이뚜'에서 검색해 보시길……. 결국 '인민의 적'이라 불렸던 그는 사형을 선고받고 형장의 이슬로 사라졌답니다.

얼마 전 한 언론사에서 실시한 중국에서 가장 스트레스가 심한 직업 조사에서 공무원이 1위로 뽑혔어요. 대다수 네티즌들은 "웬 개뼉다귀 뜯어먹는 소리?"라며 격양된 반응을 보였었죠. "구린게 많으니 당근 불안할 수밖에……." 이런 의견도 많았고요. 어느 지방 도시에선 "부패한 공무원과 개는 밖에서 대기"라는 간판을 내건 카페까지 등장했으니, 중국에서 높은 인기만큼 욕도 제일 많이 먹는 직업이 바로 공무원인 듯하네요.

친구 朋友 [péngyou 펑여우]
도박 赌博 [dǔbó 두보]
스트레스 压力 [yālì 야리]
카페 咖啡厅 [kāfēitīng 카페이팅]

회사 **公司**
꽁쓰, gōngsī

과장 **科长**
커장, kēzhǎng

채용하다 **招聘**
쟈오핀, zhāopìn

부장 **部长**
뿌장, bùzhǎng

채용광고 **招聘广告**
쟈오핀꽝꽈오, zhāopìnguǎnggào

이사 **理事**
리스, lǐshì

면접 **面试**
미엔스, miànshì

팀장 **经理**
징리, jīnglǐ

이력서 **简历**
지엔리, jiǎnlì

사장 **总经理**
종징리, zǒngjīnglǐ

취업하다 **就业**
찌우예, jiùyè

회장 **董事长**
동스장, dǒngshìzhǎng

승진하다 **升级**
셩지, shēngjí

비서 **秘书**
미슈, mìshū

해고당하다 **被解雇**
뻬이 지에꾸, bèi jiěgù

CEO **总裁**
종차이, zǒngcái

평사원 **员工**
위엔꽁, yuángōng

영업사원 **推销员**
투이씨아오위엔, tuīxiāoyuán

무슨 일 하세요?

A: 你是搞什么的？ 지금 하시는 일이 뭐에요?
Nǐ shì gǎo shénme de? 니 스 가오 션머 더?

B: 我是待业青年。 저 백수인데요.
Wǒ shì dàiyè qīngnián. 워 스 따이예 칭니엔.

너 몇 시에 출근해?

A: 你平时几点上班？ 너 평소에 몇 시에 출근해?
Nǐ píngshí jǐ diǎn shàngbān? 니 핑스 지 디엔 샹빤?

B: 早上8点。 아침 8시.
Zǎoshang bā diǎn. 쟈오샹 빠 디엔.

취업하기 정말 어렵다!

A: 就业真难！ 취업하기 정말 어렵다!
Jiùyè zhēn nán! 찌우예 쩐 난!

B: 可不是嘛！ 누가 아니래니!
Kě búshì ma! 커 부스 마!

chapter 25

중국인의 직업별 연봉은?

"뤼화야, 너 한 달 월급 얼마야?"

"나 한 달에 3천 위안."

"넌 네 월급이 적당하다고 생각해?"

"그냥 보통이야. 내 학력에 비하면 적다고 볼 수 있지만……."

"보너스 같은 건 있어?"

"있긴 한데 정기적으로 있진 않고, 명절 때마다 500~1000위안 정도 나와."

"보험은 다 들어주고?"

"응, 5대 보험 다 들어줘."

위 대화는 저와 제 대학 동기와의 통화내용이에요. 간만에 전화해서 다짜고짜 월급부터 물어보니 매우 황당해하더군요. 중국에선 아무리 친한

친구 사이여도 월급 같은 건 서로 잘 물어보지 않거든요. 그 친구는 현재 중국 한의대 박사과정에 있으며, 3년 전부터 베이징의 한 제약회사에서 평사원으로 근무하고 있답니다. 제 친구 말대로 박사학위 정도면 월급이 제법 셀 법도 한데, 학업을 병행하느라 회사에서 편의를 봐주고 있어 대졸자 정도의 월급을 받고 있다네요. 박사학위 취득 후의 희망 월급은 최소 5000위안(90만 원) 이상이라고 하고요. 중국의 직장인들은 월급을 얼마나 받을까요? 이 질문에 정확히 답하기는 상당히 어려워요. 학력과 직종에 따라 월급이 제각각 다르기도 하지만, 중국은 땅덩어리가 워낙 커서 지역적 편차 또한 상당히 크거든요. 또 공식적인 집계가 절대 불가능한, 즉 당사자만이 아는 여러 경로의 수입이 있기 때문이기도 하고요.

국가 통계국의 발표를 보면 2010년 중국 근로자의 평균 연봉은 3만

보험 保险 [bǎoxiǎn 바오씨엔]
직장인 职工 [zhígōng 즈꽁]
연봉 年薪 [niánxīn 니엔씬]

위안(540만 원). 중국에서 평균 연봉이 가장 높은 도시 1위는 상하이로 6만 3천 위안(1150만 원). 수도인 베이징은 5만 위안(900만 원)으로 2위를 차지했네요. 그럼 어떤 직종이 가장 연봉이 셀까요? 의사? 변호사? 모두 NO! 중국에서는 외환딜러, 증권맨, 은행원 같은 금융업 종사자들이 돈을 가장 잘 번답니다. 베이징시 금융업 종사자들의 평균 연봉은 19만 위안(3400만 원)으로, 일반 직장인들보다 3배나 많은 소득을 올리고 있죠. 증권사나 은행의 잘나가는 고위 임원은 우리 돈으로 1~2억 원의 연봉을 받기도 한답니다. 그다음으로는 정보통신 및 소프트웨어 개발 등의 IT 업종 종사자들이 수입이 높아요. 가장 소득이 적은 직업은 농수산업 및 숙박, 요식업 근로자예요. 이들의 평균 연봉은 2만 5천 위안(450만 원) 정도. 최고

소득층과 최저 소득층과의 연봉 차이는 무려 8배나 나는 셈이에요. 중국에는 최소 7억 명 이상이 농업 종사자인데, 이러니 빈부 격차가 심할 수밖에……

그럼 좀 더 현실감 있게 제가 직접 발로 뛰며 조사한 중국인들의 수입에 대해 말씀드릴게요. 중국에서 4년제 대학을 졸업한 사회 초년생은 보통 2천~3천 위안(35~55만 원) 정도의 월급을 받아요. 중국은 회사에 입사하면 일정기간의 인턴과정을 거치는데, 이때는 2천 위안이 채 못 되는 급여를 받는답니다. 우리가 볼 땐 "에게~ 대졸자 월급이 겨우 40만 원?"이라고 할 수도 있지만, 중국은 한국과 물가수준이 엄연히 다르다는 걸 고려해야 해요. 중국의 공무원 및 초 · 중 · 고교 교사의 임금도 거의 비슷한 수준이에요. 제 주위에 박사학위를 따고 대학에서 강사를 하는 친구도 매달 3천 위안 정도를 받고 있답니다. 석사 학력의 다른 중국인 후배는 베이징의 한 의학 관련 출판사에 취직했는데, 매월 1만 위안(180만 원)의 월급을 받는다네요. 제가 아는 한 제 학교 동기나 후배 중에 가장 많은 월급을 받는 경우죠. 이번엔 회사원이 아닌 다양한 직업 층의 임금을 소개할게요. 하루 2교대로 10시간 정도 운전하는 베이징 택시기사의 월수입은 약 3500위안(65만 원). 병원에서 일하는 청소부 아주머니의 봉급은 숙식 포함해서 월

의사 大夫 [dàifu 따이푸]
변호사 律师 [lǜshī 뤼스]
은행 银行 [yínháng 인항]
출판사 出版社 [chūbǎnshè 추반셔]

1300위안(25만 원), 5살짜리 아이가 있는 친구 부부 집에서 월~토 출근해 하루 10시간 집안일을 돕는 가사 도우미 월급은 2000위안(35만 원). 이는 중국동포일 경우이고, 중국인 가사도우미는 좀 더 싸고요. 집 근처 맥도날드에서 일하는 아르바이트생 시급은 8위안(1500원), 영어를 좀 할 줄 알아야 하는 스타벅스 아르바이트생 시급은 좀 더 높은 10위안(1800원) 정도고요. 현재 중국에서 근로자 최저 임금이 가장 높은 도시는 어딜까요? 1위는 광둥성의 심천으로 월 1320위안(24만원)이에요. 2, 3위는 광저우와 상하이가 각각 차지 했고요. 역시 중국에서 제일 잘사는 도시 Best 3 답네요. 수도인 베이징은 4위로 월 1160위안(20만 원)이랍니다.

한국에서 최고 신랑감으로 꼽히는 '사'자가 들어간 전문직의 수입은 어떨까요? 중국 의사들과 대화할 때 한국 전문의들의 월급이 5백만 원은 족히 넘는다고 하면 다들 눈이 휘둥그레지며 놀라곤 해요. 제가 근무하는 대학부속병원 암 병동에는 총 12명의 양·한방 전문의가 있어요. 과장급 의사인 제 지도교수님을 빼곤 나머지 의사들의 월급이 3천 위안 정도에요. 아니… 전문의의 월급이 고작 우리 돈 55만 원? 중국에서도 전문의를 따려면 10년이 넘게 걸리는데, 뭣이 55만 원? 이에 관한 숨겨진 비밀은 제가 뒤에서 밝히도록 하겠습니다. 이번엔 변호사! 현재 지방 도시의 법무법인에서 변호사로 활동하는 한 친구는 연봉이 30만 위안(5500만 원)이라고 털어놓았답니다. 그 친구 말을 빌자면 요즘 변호사는 1년에 15만 위안(2700만원)은 거뜬하고, 자기가 아는 베이징이나 상하이의 잘나가는 변호사들은 1억원 넘게 버는 경우도 많다네요. 중국에선 변호사가 의사보다 확실히 수입이 좋은 거 같아요. 대학교수는 보통 5천 위안(90만 원) 정도 받는답니다. 예전에 베이징대 신방과 부교수가 인터넷에 자신의 월급이 4786위안인데, 이런 박봉으론 연구고 나발이고 아르바이트(?)를 뛰지 않으면 입에 풀칠조차 못한다는 내용의 글을 올려 한바탕 논란이 일기도 했었답니다.

암 癌 [ái 아이]
비밀 秘密 [mìmì 미미]

　자! 이젠 중국인들의 월급에 얽힌 비밀을 공개하도록 할게요. 제가 위에서 중국 의사들의 월급이 우리 돈 55만 원이라고 했는데, 실제로 버는 수입은 그보다 2~3배 정도 많답니다. 정식 월급은 3천 위안이지만, 제약 회사로부터 받는 리베이트 및 환자 가족들로부터 받는 '사례금'이 상당히 짭짤하거든요. 그래서 실제로 버는 순수입은 한 달에 1만 위안(180만 원)이 넘는답니다. 그래서 같은 동료 의사끼리도 서로의 진짜 월급에 대해 잘 몰라요. 물론 당연히 물어보지도 않고요. 그런 건 엄청난 실례로 여겨지니까요. 중국에선 외과의사들이 수입이 가장 좋은데, 그 이유도 같아요. 흉부 외과 의사들의 수입이 1년에 60만 위안. 즉 우리 돈 1억 원이 안 되면 정말 '바보'라고 털어놓았던 의사도 있었어요. 특히 수술을 집도하기 전 환자 가족들로부터 두툼한 돈 봉투를 받는다는 건 이 바닥(?)에선 누구나 아는 공공연한 비밀이기도 하죠. 선생님이나 공무원도 마찬가지에요. 학교 교사의 실제 월급은 적지만, 개인 과외를 하거나 몰래 사설학원에 나가 강의를 뛰고, 또 학부형들로부터 받는 '촌지' 또한 중요한 수입원이기 때문이죠. 그래서 일부 유명 학교 담임교사들은 한 달 수입이 1만 위안은 가뿐히 넘기도 해요. 대학교수의 월급 역시 표면적으로는 우리 돈 100만 원이 채 안 되지만, 여기저기 강연 나가고, 정부나 기업에서 연구비 받고, 이래저래 따지면 실제 수입은 훨씬 더 많다고 볼 수 있죠. 그러니 중국인들의 적은(?) 월급을 액면가 그대로 믿으면 안 된답니다. 이제 왜 중국인들에게 월급이 얼만지 물어보는 게 상대방을 난처하게 할 수도 있는지 이해가 되셨죠?

사례금 红包 [hóngbāo 홍빠오]
외과 外科 [wàikē 와이커]

기업 **企业**
치예, qǐyè

IT업종 **IT业**
IT예, ITyè

자영업자 **个体户**
꺼티후, gètǐhù

보험회사 **保险公司**
바오씨엔꽁쓰, bǎoxiǎngōngsī

월급 **月薪**
위에씬, yuèxīn

증권회사 **证券公司**
정취엔꽁쓰, zhèngquàngōngsī

보수 **酬劳**
초우라오, chóuláo

펀드매니저 **财务经理**
차이우찡리, cáiwùjīnglǐ

화이트칼라 **白领**
바이링, báilǐng

헤드헌터 **猎头**
리에터우, liètóu

평사원 **员工**
위엔꽁, yuángōng

임원 **高官员**
까오관위엔, gāoguānyuán

사장 **老板**
라오반, lǎobǎn

회장 **董事长**
동스쟝, dǒngshìzhǎng

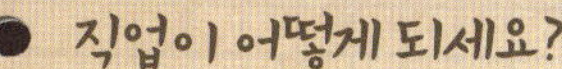

직업이 어떻게 되세요?

A: 你是做什么工作的？ 직업이 어떻게 되세요?
Nǐ shì zuò shénme gōngzuò de? 니 스 쭈워 션머 꽁쭈워 더?

B: 白领。 회사원이에요.
Báilǐng. 바이링.

너 연봉이 얼마야?

A: 你的年薪是多少？ 너 연봉이 얼마야?
Nǐ de niánxīn shì duōshao? 니 더 니엔씬 스 뚜워샤오?

B: 秘密！ 비밀이야!
Mìmì! 미미!

나 오늘 월급 탔어.

A: 我今天拿工资了。 나 오늘 월급 탔어!
Wǒ jīntiān ná gōngzī le. 워 찐티엔 나 공쯔 러.

B: 快请客！ 빨리 한턱내!
Kuài qǐngkè! 콰이 칭커!

chapter 26

현대판 신분제도, 후커우

　　매주 월·목요일 오전은 교수님과 함께하는 외래진료일. 이때는 전국각지에서 몰려드는 환자들로 물 마실 시간조차 없어요. 진료과가 종양내과다 보니 각종 위중한 암환자들이 병원에 옵니다. 예상과 달리 중국은 생각보다 건강보험 체계가 잘 잡혀 있어요. 국가 통계를 보면 이미 12억 명. 전체 인구의 90% 이상이 건강보험에 가입되어 있거든요. 외래환자 중 상당수가 입원치료를 요하는데, 고가의 항암치료제도 어느 정도는 보험 적용이 된답니다. 하지만 적잖은 환자들이 입원을 거부하고, 그냥 한약 치료만 받으면 안 되냐고 해서 교수님과 실랑이가 붙을 때가 있어요. 이런 환

시간 **时间** [shíjiān 스찌엔]

건강보험 **医保** [yībǎo 이바오]

입원 **住院** [zhùyuàn 쭈위엔]

돈 **钱** [qián 치엔]

자들을 만나면 교수님은 오래 살고 싶지 않으면 그렇게 하라고 호통을 치기도 해요. 생사를 다투는 암환자들이 체계적인 항암치료를 거부하고, 값싼 한약 치료를 고집하는 데는 그들만의 사정이 있답니다. 중국인들이 양약보다 한약을 더 좋아해서? 아님 한약이 양약보다 암 치료 효과가 좋아서? 모두 아니에요. 그 이유는 바로 돈이 없어서예요. 아니, 건강보험은 뒀다 어디에 쓰려고? 이들은 농촌에서 대도시로 돈을 벌러 올라온 노동자들인데, 이들이 가진 농촌 건강보험으론 도시인들과 똑같은 의료혜택을 받을 수가 없거든요. 즉, 농민들의 건강보험은 자기 고향에선 통하지만 대도시에선 무용지물인 셈이에요. 그래서 똑같은 치료를 받더라도 도시인보다 훨씬 돈을 많이 내야 하지요. 우리로 치면 경상도나 전라도 사람이 서울의 병원에서 치료받는데 서울사람보다 2~3배나 많은 돈을 내야 하는 것과 같

아요. 어찌 이런 황당한 일이 가능할까요?

중국에는 50년 넘게 중국 인민들을 강력하게 통제하는 특유의 제도가 존재해요. 바로 '후커우'라고 하는 호적제도예요. 이 '후커우'는 1958년 중국 정부가 도시지역을 집중적으로 발전시키고자 농촌인구의 도시유입을 막으려고 만든 제도예요. 쉽게 말해 중국인은 크게 도시호적과 농촌호적을 가진 두 부류로 나뉜다고 보면 돼요. 그런데 이 호적제도는 우리가 생각하는 것처럼 단순한 호적제도가 아니에요. 왜냐하면 도시호적은 1등 국민, 농촌호적은 2등 국민으로 구분하는 일종의 신분 차별제의 성격이 강하거든요. 그래서 후커우는 현대판 신분제, '중국의 카스트제'라고도 불려요. 만약 농촌사람이 베이징이나 상하이 같은 대도시로 이주한다고 해도 원래 호적은 쉽게 바꿀 수가 없어요. 우리야 시골에 살다가도 언제라도 서울로 이사 오면 주민등록 주소지를 맘대로 변경할 수 있지만, 중국에선 상상조차 어려운 일이에요.

이 '후커우' 제도가 얼마나 중국인들의 삶을 옭아매고 있는지, 그 때문에 중국인들이 얼마나 괴로워하는지 알면 아마 놀라실 거에요. 중국에서 베이징, 상하이 등 대도시의 호적을 갖고 태어난 아이들은 입에 금수저를 물고 태어났다고 해도 과언이 아니에요. 그만큼 '후커우'의 영향력은 막강하답니다. 한 개인의 일생을 좌지우지할 정도로요. 베이징의 인구는 대략 2천만 명, 이 중 베이징 호적을 가진 진짜 베이징 시민은 1250만 명 정도에요. 나머지 800여만 명은 타지에서 상경한 외지인이고요. 외지인들은 베이징 호적 대신 외국인처럼 '임시 거주증'을 갖고 살아가고 있어요. 베이징에서 북경 호적 없이 살아가기란, 휴우~ 미국에서 영주권이나 시민권 없이 사는 거랑 똑같다고 보면 돼요. 이들은 주택 구입, 건강보험, 자녀교육, 취업 등에서 진짜 북경인과는 대조되는 심각한 차별 대우를 받는답니다. 외지인의 자녀가 베이징에서 학교에 다닐 때 중학교까지 적용되는 무상교육 혜택을 못 받아, 매달 학비를 내야 해요. 또 입학할 때 별도의 기부금을 내야 하기도 하고요. 근데 이 금액이 수천 위안에 달해요. 농민공 가정의 한 달 수입이 우리 돈 20~30만 원인 걸 감안한다면, 실로 살인적인 불평등이라 할 수가 있죠. 또 베이징 호적이 있는 학생들은 다른 지역 학생들보다 손쉽게(?) 베이징대나 칭화대 같은 북경 소재 명문대에 입학할 수가 있어요. 중국 대학은 해당 지역 학생들을 많이 뽑는 특이한 제도가 있어, 베이징의 대학들은 베이징 출신 학생들을 훨씬 많이 뽑는답니다. 그 어렵다는 베이징대를 딴 지방이라면 도시 전체에서 5~6명이 들어가기도 어려울 테지만, 베이징에선 한 학교에서만 80명 넘게 들어가기도 하니까요. 또 베이징에서 초·중·고교를 마쳤더라도 베이징 호적이 없으면 대입시

호적 **户口** [hùkǒu 후커우]
제도 **制度** [zhìdù 즈뚜]
외지인 **外地人** [wàidìrén 와이띠런]

험조차 원래 호적지에 가서 치러야 해요. 만약 '부모의 호적지가 쓰촨성의 시골마을이다.' 그럼 수능시험 한번 치르려고 산 넘고 물 건너 30시간씩 기차 타고 가는 고통을 겪어야 한답니다. 베이징의 택시기사들은 왜 전부 토종 베이징인일까요? 외지인들은 택시영업 허가가 안 나오기 때문이에요. 만일 '베이징인과 외지인이 나란히 길을 걷다 똑같이 차에 치여 사망했다?', '건설현장에서 일하다 똑같이 추락했다?' 그럴 때도 외지인들은 베이징인보다 턱없이 낮은 보상비를 받는답니다. 취업할 때도 상황은 비슷해요. 베이징 호적이 없으면 채용조차 않하는 회사들이 많고, 월급도 훨씬 적게 받지요. 또 외지인은 베이징 소재 대학을 나오지 않는 이상 베이징시 공무원 시험에 응시조차 할 수가 없어요. 지방 명문대를 수석으로 졸업해 아무리 난다 긴다 해도 북경 호적이 없으면 중앙부처에서 일할 기회조차 주지 않는 셈이지요. 정말 무시무시한 차별이죠? 뿐만 아니라 외지인은 아무리 돈이 많아도 베이징에서 아파트 한 채 사기조차 쉽지 않아요. 정부가 외지인들의 대도시 부동산 투기를 막고자 강력한 억제 정책을 펴고 있거든요. 이젠 외지인이 베이징에서 아파트와 차를 사려면 5년 이상 베이징에 거주하며 낸 소득세와 사회보험료 납세증명이 있어야 가능해요.

이런 극심한 차별을 감수하면서까지 외지인들이 도시로 몰려오는 까

보상비 賠償金 [péichángjīn 페이챵찐]
훈장 勋章 [xūnzhāng 쉰쟝]
고향 老家 [lǎojiā 라오지아]

닭은 뭘까요? 그 이유는 오직 하나! 중국에선 훈장과도 같은 대도시 호적을 따기 위함이에요. 그럼 외지인은 어떻게 해야 대도시 호적을 취득할 수 있을까요? 그건 도시마다 사정이 다 달라요. 특히 베이징 호적 따기가 가장 어려워요. 거의 미국 가서 시민권 따는 수준이랄까? 먼저 베이징 호적 소유자와 결혼하는 방법이 있어요. 결혼을 한다고 해도 바로 호적이 변경되는 게 아니라, 몇 년 후에야 변경할 수 있어요. 법규를 보면 베이징 호적자와 결혼한 외지인은 결혼생활을 10년 이상 해야 하고, 만 45세가 되어야 호적 변경을 할 수가 있어요. 만약 돈과 연줄이 있다면 기간을 앞당길 수 있고요. 그 외에 베이징시 공무원이 되거나, 빵빵한 국유기업에 취업해 장기 고용계약을 맺어도 가능합니다. 제 절친은 지방 소도시 출신으로 의학박사 학위가 있는데도, 베이징에서 딸랑 우리 돈 50만 원을 받고 일하고 있어요. 자기 고향에 가서 취업하면 지금보다 2~3배는 더 벌 수 있지만, 베이

징 호적 취득이 현재의 월급보다 훨씬 중요하기 때문이죠. 다른 지역은 베이징과 비교하면 호적 취득하기가 그나마 수월한 편이에요. 상하이의 경우 외국 유학파가 귀국 후 곧바로 상하이에서 일 할 경우 본인과 가족들에게 상하이 호적을 부여하기도 해요. 항저우나 충칭, 톈진 같은 도시에선 80만 위안. 우리 돈 1억 5천만 원 이상의 주택을 구입하면 즉시 해당 도시 호적을 내주기도 한답니다. 이처럼 학력, 돈, 연줄, 직장! 이 중에서 하나라도 부족하면 자랑스러운(?) 대도시 주민이 될 수가 없어요. 그러니 가난한 2억 명의 농민공들은 죽었다 깨나도 농민신분을 벗어나기 어려워요. 농민공이란 농촌출신으로 고향을 떠나 돈을 벌려고 대도시로 나와 3D직종에 종사하는 사람들을 말해요.

현재 중국에서는 하루빨리 '후커우'를 철폐해야 한다는 여론이 들끓고 있어요. 작년에는 이례적으로 17개 언론사에서 후커우 제도를 폐지하자는 공동 사설을 실은 적도 있고요. 사회안정을 위협하고, 계층간 갈등을 심화시키는 중국의 '후커우' 제도. 13억 승객을 싣고 폭주하는 대륙 기관차 앞에 놓인 또 하나의 큰 장애물임은 분명해요.

유학파 海归 [hǎiguī 하이꾸이]
주택 房子 [fángzi 팡즈]
농민공 农民工 [nóngmíngōng 농민꽁]

트위터 **推特**
투이터, tuītè

썰렁해! **寒**
한, hán

페이스북 **脸书**
리엔슈, liǎnshū

지존 **帝**
띠, dì

구글 **谷歌**
구거, gǔgē

달인 **达人**
다런, dárén

웨이보(중국판 트위터) **微博**
웨이뽀, wēibó

우울해 **囧**
지옹, jiǒng

죽인다! 대박! **给力**
게이리, gěilì

스트레스 받아! **鸭梨**
야리, yālí

어이 상실 **雷人**
레이런, léirén

짝퉁 **山寨**
샨쟈이, shānzhài

쓰러짐! **雷倒**
레이따오, léidào

1등 (첫 댓글 달 때) **沙发**
샤파, shāfā

오타쿠 **宅男**
쟈이난, zháinán

2등 **板凳**
반떵, bǎndèng

헐~! **汗**
한, hàn

여동생 아가씨 **MM**

욱! 제길! **靠**
카오, kào

오빠 **GG**

완전 대박이야!

A: 这电影好看吗？ 이 영화 재미있어?
Zhè diànyǐng hǎokàn ma? 져 띠엔잉 하오칸 마?

B: 太给力了！ 완전 대박이야!
Tài gěilì le! 타이 게이리 러!

나 요리의 달인이야.

A: 你会做饭吗？ 너 요리할 줄 알아?
Nǐ huì zuò fàn ma? 니 후이 쭈워 판 마?

B: 我是做饭达人。 나 요리의 달인이야.
Wǒ shì zuòfàn dárén. 워 스 쭈워판 다런.

완전 썰렁해!

A: 我给你讲笑话，听听。 내가 웃긴 얘기 해줄게, 들어봐.
Wǒ gěi nǐ jiǎng xiàohua, tīngting. 워 게이 니 지앙 씨아오화, 팅팅.

B: 真寒啊！ 완전 썰렁해!
Zhēn hán a! 전 한 애!

chapter 27

중국을 밀어주는 전 세계의 화교들

　　어학연수 시절 학교에는 동남아시아 학생들이 참 많았어요. 물론 한국, 일본 학생들이 압도적으로 많았지만, 태국, 필리핀, 말레이시아 등 동남아 학생들도 꽤 많았답니다. 이 친구들은 비록 국적은 다 달랐지만, 공통점이 하나 있었어요. 바로 대부분이 화교 2~3세 출신이라는 점이었죠. 특히 인도네시아 학생들은 열이면 열 다 화교였어요. 화교라 하면 왠지 당연히 중국어를 잘할 것 같지만, 뜻밖에 못 하는 친구들이 많았답니다. 제가 만나본 화교 대부분은 자기의 뿌리를 찾아야 한다는 부모의 권유로 중국에 유학을 왔다고 해요. 동남아 국가에선 소수 화교가 상권 대부분을 쥐고 있어, 화교 사회에서 가업을 잇고 사업을 하려면 중국문화와 언어를 익혀

국적 国籍 [guójí 구워지]
화교 华侨 [huáqiáo 화치아오]
충격 打击 [dǎjī 다지]

야 할 필요성이 크다고 할 수 있죠. 전 세계 168개국에 흩어져 사는 화교는 대략 4500만 명. 이 중 2/3가 동남아에서 살고 있어요. 앞에서 화교들이 동남아 상권의 70~80%를 쥐고 있다고 했죠? 인도네시아는 화교는 전체인구의 4% 정도로 소수지만, 전체 상권의 80%를 쥐고 있답니다. 태국 역시 화교들이 경제권을 싹 다 장악했는데, 10대 재벌기업 중 6개가 화교기업일 정도에요. 예전에 태국 방콕과 치앙마이에 놀러 갔을 때 금은방 간판이 죄다 한자여서 놀랬던 기억이 있어요. 저의 한 지인은 어학연수 중 만난 인도네시아 화교 여성이랑 오랜 연애 끝에 결혼했는데, 상견례를 하러 자카르타에 갔을 때 큰 충격을 받았었다고 해요. 평소에 중국 화교들이 어느 정도 부자라는 사실은 익히 들어 알고 있었지만, 여자친구가 평소 씀씀이도 검소하고, 옷차림도 수수해서 몰랐는데, 실제로 가보니 정말 입이 떡 벌어질 정도로 부자여서 놀랐다고 해요. 결혼식에 참석하라라며 지인들에게 '베이징-자카르타' 왕복 항공권을 돌리는 걸 보곤 저희끼리 "우와! 저 형 땡 잡았네!" 이런 농담을 하기도 했답니다.^^

화교는 흔히 유대인과 함께 세계 경제를 움직이는 실세라고 하지요. 뉴욕 월가에서 유대 자본과 유일하게 대적할 수 있는 것도 화교 자본이고요. 세계 각지에 점조직처럼 흩어져 있는 화교들의 총 자산규모는 3조 9천억 달러라고 해요. 액수가 너무 커서 감이 잘 안 올 텐데요. 이는 우리나라 한 해 국가 예산의 15배에 달하는 천문학적인 액수에요. 전 세계 500대 억만장자 중 미국 다음으로 많은 게 화교출신 기업인인데, 특히 홍콩에 본사

를 둔 '허치슨왐포아' 그룹 회장 '리자청'은 이건희 회장보다 3배나 많은 재산을 보유한 아시아 최고 부호에요. 홍콩에서 1달러를 쓰면 5센트는 그의 주머니에 들어간다는 말이 있을 정도니까요. 전 세계에 지점을 둔 고급 호텔체인인 '샹그릴라'와 우리가 즐겨 마시는 필리핀 맥주 '산미구엘'도 화교 기업이고요. 사실 전 세계에서 화교들이 제일 기를 못 펴고, 차이나타운조차 없는 나라가 바로 한국이에요. "어! 인천에 차이나타운 있지 않나요?"라고 물으실 텐데요. 인천 차이나타운은 그저 자장면이 유명한 관광특구일 뿐. 다른 외국처럼 화교들의 경제권이 집중된 공동체라고 볼 순 없어요. 근래에 들어 전 세계 화교들은 한국의 부동산에도 투자하기 시작했는데요. 역삼동의 강남 파이낸스 센터, 시청의 서울 파이낸스 센터, 아시아나 빌딩, 뉴코어 강남점 등이 대표적이에요. 또 서울 힐튼 호텔과 명동의 센트럴 빌딩도 싱가포르 화교기업의 소유이고요.

중국 정부는 화교들을 어떻게 보고 있을까요? 중국 정부는 다른 나라 국적을 취득한 외국 화교들을 이방인 취급하지 않고 같은 동포로서 극진히 대해준답니다. 흔히 과거의 중국을 '잠자는 용'이라 비유하곤 했는데, 이 용을 잠에서 깨운 게 바로 화교였어요. 30년 전 덩샤오핑이 죽의 장막을 걷고 개혁개방을 주창했을 때, 서방 기업에선 중국의 잠재력을 인정하면

항공권 机票 [jīpiào 지피아오]
경제 经济 [jīngjì 징찌]
투자 投资 [tóuzī 터우즈]
동포 同胞 [tóngbāo 통빠오]

서도 "어떻게 공산당을 믿지?"라며 선뜻 투자를 하지 않았어요. 이때 자국에서 번 돈을 바리바리 싸들고 와서 화끈하게 중국 대륙에 돈다발을 풀어놓은 게 바로 화교(특히 동남아)들이었어요. 이들은 중국 곳곳에 공장, 발전소, 학교, 아파트 등을 지어주고, 기업 경영 노하우 등을 전수해주며 모국의 경제발전을 이끌었답니다. 현재도 중국에 투자되고 있는 전체 외국 자본 가운데 절반 이상을 화교들이 담당하고 있어요. 베이징의 명동인 왕푸징에 가보면 쭉쭉 솟은 빌딩과 고급 쇼핑몰들이 많은데, 이것들도 대부분 화교 기업인들이 투자해 만든 것이에요. 어려울 때 도와주는 친구가 진정한 친구라고 중국 정부도 이들을 지원하는 '화교 위원회'를 설치해, 화교 상인들이 글로벌한 기업으로 성장할 수 있게끔 정책적으로 팍팍 밀어주고 있답니다. 중국과 화교는 이렇게 서로 주거니 받거니 하며 찰떡궁합을 자랑하고 있어요.

화교들은 세계경제에서뿐만 아니라 국제 정치 무대에서도 두각을 나타내고 있어요. 현재 세계 각국에서 활약하는 화교 출신 거물급 정치인은 20여 명이 넘어요. 오바마 정부의 상무장관인 '게리 로크', 에너지 장관인 스티븐 추, 화교 출신으론 처음으로 미국 시장에 당선된 '쑤왕수' 등 미국에만 10여명 정도의 화교 정치인이 활약하고 있어요. 특히 중국 이민자 3세인 게리 로크는 최근 주중 미국대사로 정식 임명돼 중국 내에서도 그 인기가 아주 최고예요. 호주에서는 아시아계 처음으로 연방정부 장관이 된 '페니 웡', 태국의 최연소 총리 당선자인 '아파싯', 2007년도에 영국 프리미어리그 '맨체스터 시티' 구단을 사들인 '탁신' 전 총리 역시 화교 출신이고요. 또 일본의 얼짱 여성 행정장관인 '렌팡'도 아버지가 대만인인 화교이죠. 당시 중국에서는 일본에서 최초의 화교 장관이 탄생했다며 연일 대서특필 됐었어요. 캐나다는 특히 다른 나라에 비해 화교들의 사회적 영향력이 큰 편인데요. 1999년도에는 홍콩 출신 화교인 '우빙즈'가 캐나다의 총독직에 오르기도 했었어요. 캐나다의 화교는 100만 명이 넘는데, 밴쿠버 어학연수 시절 중국어만 써도 생활할 수 있을 정도로 화교들이 많아 참 신기했어요. 한 번은 현지 은행에서 만든 신용카드를 분실해 전화로 신고하는데, 담당자가 영어를 하도 빨리 말해 잘 못 알아들었더니, 바로 Do you speak mandarin?(중국어 할 줄 아세요?)라고 해서 깜짝 놀랐답니다.^^ 캐

빌딩 高楼 [gāolóu 까오러우]
정치 政治 [zhèngzhì 정즈]
신용카드 信用卡 [xìnyòngkǎ 씬용카]

나다는 유색인종에 대한 차별이 덜 심하고, 또 상속세가 없어 동남아 화교 및 중국 본토 부자들이 가장 선호하는 이민국이에요.

얼마 전 신문에서 현재 미국이 보유한 세계일류급 과학자 및 미국 명문대 교수, 실리콘 밸리의 IT 전문가 중 1/3분이 중국계 화교라는 기사를 본 적이 있어요. 타지에서의 핍박과 차별 속에 경제·정치·기술·교육 등 사회 전 분야에 걸쳐 놀라운 성과를 내는 화교들을 보면 무서울 정도로 생존력이 강하단 생각이 들어요. '또 하나의 중국'이라 불리는 화교들. 이들은 '우린 모두 중화민족'이란 뿌리의식을 바탕으로 매우 촘촘하면서도 견고한 그들만의 네트워크를 구성해 나가고 있어요. 중국도 전 세계 화교들의 단합을 위해 정부 주도로 '세계 화인 운동회' 같은 행사를 기획하는

등 어여쁜(?) 화교들 끌어안기에 최대의 노력을 기울이고 있답니다. 미국의 국무부 장관이었던 '헨리 키신저'는 이런 말을 했다죠. "중국의 발전은 운명이다!" 제가 볼 땐 중국에 있어 전 세계 4500만명의 화교들은 그야말로 "너는 내 운명!"이 아닐까요?

단합 团结 [tuánjié 투안지에]
운명 命运 [mìngyùn 밍윈]

연예인 **明星**
밍씽, míngxīng

연예계 **娱乐圈**
위르어취엔, yúlèquān

슈퍼스타 **大腕儿**
따왈, dàwànr

연예 가십 **八卦**
빠꾸아, bāguà

기획사 **经纪公司**
징찌꽁쓰, jīngjìgōngsī

스캔들 **绯闻**
페이원, fēiwén

가수 **歌手**
꺼셔우, gēshǒu

섹시 화보 **写真集**
씨에젼지, xiězhēnjí

영화배우 **电影演员**
띠엔잉이옌위엔, diànyǐngyǎnyuán

성 상납 **潜规则**
치엔 꾸이저, qián guīzé

탤런트 **演员**
이옌위엔, yǎnyuán

스폰서 **后台**
허우타이, hòutái

팬 **粉丝**
펀쓰, fěnsī

립싱크 **假唱**
지아창, jiǎchàng

예능 프로 **综艺节目**
쫑이 지에무, zōngyì jiémù

레이싱걸 **车模**
쳐모, chēmó

인기 있다 **红**
홍, hóng

한물가다 **过期**
꾸워치, guòqī

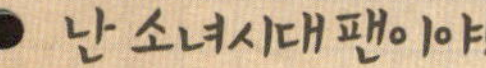

난 소녀시대 팬이야!

A: 你喜欢的歌手是谁？ 넌 어떤 가수 좋아해?
Nǐ xǐhuan de gēshǒu shì shéi? 니 씨환 더 꺼셔우 스 쉐이?

B: 我是少女时代的粉丝。 난 소녀시대 팬이야.
Wǒ shì Shàonǚshídài de fěnsī. 워 스 샤오뉘스따이 더 펀쓰.

현빈이 인기 짱이야!

A: 在韩国最红的明星是谁？ 한국에서 제일 인기있는 옌예인이 누구야?
Zài Hánguó zuì hóng de míngxīng shì shéi? 짜이 한구워 쭈이 훙 더 밍씽 스 쉐이?

B: 玄彬最红。 현빈이 제일 인기 있어.
Xuánbīn zuì hóng. 쉬엔삔 쭈이 훙.

걔 이미 한물갔어!

A: 李孝莉现在还红吗？ 이효리 요즘도 인기 많아?
Lǐ Xiàolì xiànzài hái hóng ma? 리 씨아오리 씨엔짜이 하이 훙 마?

B: 她已经过期了。 이제 한물갔어.
Tā yǐjing guòqī le. 타 이징 꾸워치 러.

chapter 28

중국엔 부자가 한국 인구만큼 있다?

베이징에서 가장 럭셔리한 동네를 꼽자면 아마 '진바오' 거리일 거예요. 이곳에는 고급 외제차 매장들이 죄다 모여 있어, 일명 '스포츠카 거리'라고도 불려요. 차도 벤츠나 BMW 같은 평범한(?) 외제차가 아니라 애스턴 마틴, 람보르기니, 롤스로이스, 부가티 등 대당 10억 원에 육박하는 그런 슈퍼카들을 취급하죠. 한 번은 이 길을 걷는데 윈도 안에서 엄청난 아우라를 풍기는 차량 한 대를 발견했어요. 그 차는 다름 아닌 이탈리아 장인이 한 땀 한 땀 수작업으로 만들었다는 슈퍼카의 전설 '파가니 존다'였어요. 전 세계에 몇십 대밖에 없다는 진귀한 차를 베이징 한복판에서 만나다니……. 완전히 흥분해 얼른 매장 안으로 들어가 봤어요. 딜러에게 가격을 물어보니, 2천만 위안이 넘는다고 하네요. 뜨악! 우리 돈으로 무려 38억 원! 이 차를 사는 사람이 있느냐고 물었더니, 당연하다는 듯 고개를 끄덕입니다. 왠지 허탈한 마음에 매장을 나오는데, 옆에 있는 롤스로이스 매장에서 대당 8~9억 원 하는 팬텀 두 대가 손님에게 인도되고 있는 모습이 보이네요. '야~ 중국 부자들 정말 돈이 많긴 많나 보다!' 실감한 순간이었죠.

"중국엔 부자가 한국 인구만큼 많다더라." 이런 말 한 번쯤은 들어보셨을 거에요. 물론 약간 과장된 말이긴 하지만 중국엔 인구가 많은 만큼 부자들이 많은 건 사실이에요. 사회주의 국가란 시스템 안에서 중국의 부자들은 어떻게 그 많은 부를 일궈냈을까요? 중국에서 부자 탄생의 역사는 그

슈퍼카 跑车 [pǎochē 파오처]
부자 有钱人 [yǒuqiánrén 요우치엔런]

렇게 길지가 않아요. 지금으로부터 30여 년 전 덩샤오핑은 "누구든 먼저 부자가 되라!"라는 구호를 내걸고, 중국의 경제성장을 이끌었어요. 중국은 땅도 넓고, 사람도 많으니 우선 가능성 있는 일부 도시, 능력 있는 사람들부터 먼저 부자가 되어야 한다는 게 그의 생각이었죠. 그렇게 "무조건 앞만 보고 달려가자."는 시대적 분위기 속에서 80년대 초에는 제조업을 위주로 하는 민간 자영업자들 속에서, 90년대 주가가 폭등하는 시기에는 증권가에서, 2000년도 이후 인터넷 · 통신 · 컴퓨터가 부흥할 땐 IT 분야에서, 또 부동산 가격이 폭등할 때는 부동산 개발업자 중에서 수백, 수천 명의 억만장자가 탄생했어요. 2009년 심천 증권거래소에서 처음 개장한 성장기업 위주 증시인 '차스닥'에선 작년 한 해에만 무려 500명의 억만장자가 탄생했어요. 즉 매일같이 2명의 억만장자가 탄생한 셈이에요. 지금 이 순간에도 붕어빵 찍어내듯 벼락부자들이 탄생하고 있고요.

중국 재벌들의 재산현황 및 소비경향을 밀착 연구하는 '후룬 리포트'

에 따르면 현재 중국에는 100억 위안. 우리 돈 1조 8천억 원 이상 가진 최상류층 부호가 200명 있다고 해요. 불과 10년 전만 해도 1조 원 넘는 재산을 가진 부호가 딱 1명뿐이었는데, 10년 만에 무려 200배나 증가한 셈이죠. 10억 위안, 즉 한화 1,800억 원이 넘는 억만장자는 4천 명이나 되고요. 중국의 억만장자 역시 10년 전엔 24명뿐이었으니, 10년 새 무려 160배나 증가한 셈이네요. 정말이지 부를 축적하는 속도가 엄청나죠? 전 세계 여성 부호 중에서도 중국인의 비율이 가장 높아요. 전 세계 여성 부호 20명 중 중국인이 총 11명이나 포진해 있거든요. 게다가 순위 1, 2, 3위 모두 중국 여성 기업인이 차지했고요. 20명 순위 안에는 오프라 윈프리나 해리 포터 작가 '조앤 롤링', ZARA나 GAP의 회장 같은 쟁쟁한 기업인이 포함되어 있는데, 역시 중국 여성의 힘은 가정(?)에서든 밖에서든 대단하네요.

중국에서는 얼마 정도의 재산이 있어야 부자 소릴 들을까요? 바로 천만 위안. 즉 우리 돈 18억 원 이상 돼야 "돈 좀 있구나." 하는 소릴 듣는답니다. 중국 전역에 이런 백만장자들은 총 96만여 명이나 있고요. 이는 중국 인구 1,400명당 한 명꼴로 백만장자가 있다는 말이에요. 중국에는 일부러 소득신고를 하지 않으려고, 집에다 막대한 현금을 보관하는 경우도 많아,

부동산 **房地产** [fángdìchǎn 팡띠찬]
재벌 **富豪** [fùháo 푸하오]
재산 **财产** [cáichǎn 차이찬]
현금 **现金** [xiànjīn 씨엔찐]

실제 중국의 부자는 미국의 부자 수만큼 많다고 보는 게 정석이라고 하네요. 중국 최상위 부호들의 생활방식과 소비경향을 살펴보면 참 재미있어요. 이들의 평균연령은 43세로, 제조업·부동산업·IT업종에 종사하며, 베이징·상하이·광둥성에 주로 살고 있어요. 이들은 1년에 평균 170만 위안(3억 원)을 소비하는데, 외국여행, 사치품 구입, 자녀 교육비 등에 주로 지출한다고 해요. 요즘 중국의 신흥 재벌들 사이에선 "이거 없으면 부자 축에도 못 끼지."라고 하는 게 있는데요. 바로 '짱아오'라고 불리는 애완견이에요. '짱아오'는 티베트 토종견(마스티프 종)으로 마치 사자처럼 생겨 일명 '사자개'라고도 불리는데, 그 몸값이 적게는 수천만 원에서 많게는 수십억 원까지 나간답니다. 얼마 전 '게이리'라는 이름의 2살짜리 순수혈통 '짱아오'가 3000만 위안, 우리 돈 50억 원에 거래되기도 했으니까요. 이 개는 사료로 쇠고기와 해삼, 전복을 먹는다네요. 참나, 개 한 마리 가격이 강남 아파트 한 채 값보다 비싸다니……

　　중국 부자들의 사치품 구매 열풍은 전 세계의 주목을 받고 있어요. 한 신문을 보니 작년 한 해 중국 부자들이 홍콩, 런던, 파리 등 세계 각지를 돌며 사치품을 사는 데 쓴 돈만 무려 11조 원이 넘는다고 해요. 세계명품협회에서는 3년 안에 중국이 일본을 제치고 세계 제1의 사치품 소비국이 될 거라 보고 있어요. 현지에서 명품 편집매장을 운영하는 한 중국인 친구는 고객이 얼마 전 '에르메스 버킨백'을 두 개 주문했는데, 홍콩, 도쿄까지 다녀왔지만 대기시간이 길다며, 제게 한국에서 예약을 대신 걸어줄 수 없겠느냐고 부탁한 일도 있었어요. 개당 우리 돈 천만 원이 넘는 핸드백을 살 정도면 상당히 부자겠거니 하고 "뭐 하는 사람이야?" 물었더니, "빠오파후(졸부야)"라고 짧게 대답하네요.

중국은 현재 상위 1%의 부유층이 전체 부의 41%를 차지하고 있어요. 상·하위 10%의 소득격차는 무려 55배에 달할 거라는 국가 통계도 있었고요. 중국에는 수백 아니 수천만 명의 부자가 있지만, 대표적 빈곤층이

소비 消费 [xiāofèi 씨아오페이]
짱아오 藏獒 [zàng'áo 짱아오]
졸부 暴发户 [bàofāhù 빠오파후]

라 할 수 있는 농민공 계층이 무려 2억 5천만 명에 달하고 있어요. 이들은 도시의 호적이 없어서 의료, 교육 등 기본적 복지혜택조차 못 받는 사회의 소외계층이에요. 얼마 전 중국 인터넷에선 한 농민공 가족이 올린 가계부가 화제가 된 적이 있었어요. 4인 가족이 지내는 단칸방 월세는 우리 돈 만 원. 자녀 교육비 4만 원, 반찬비 4만 원 등 한 달 총 생활비가 우리 돈 15만

원이 채 안 되었어요. 우리 입장에서 보면 거의 불가능할 것 같은 가계부지만, 현재 중국 농민공들의 평균 월급이 우리 돈 20만 원 정도인 걸 생각하면 충분히 이해가 가지요. 얼마 전 중국 인터넷에는 농민공이 베이징에서 30평형 아파트를 사려면 아편전쟁 때인 19세기 중반부터 지금까지 쉬지 않고 일해야 한다는 괴담이 떠돌기도 했는데, 이게 단순히 농담으로 받아들여지지 않는 이유는 왜일까요? 중국은 세계가 놀랄 정도로 빠른 경제 성장을 이뤄냈지만, 그 대가로 도시와 농촌 간의 소득 격차·계층 간의 빈부 격차라는 심각한 부작용을 낳았어요. 중국 지도부에서도 이런 심각성을 인식하고 과거의 '먼저 부자가 되자'에서 '포용성 성장'이란 새로운 구호를 내걸고, 부의 분배에 힘을 기울이고 있어요. 어떻게 13억 인민들을 골고루 잘살게 하느냐? 이것이 현재 중국 사회가 당면한 최고 과제랍니다.

아편전쟁 鸦片战争
[yāpiànzhànzhēng 야피엔쟌졍]

백만장자 **百万富翁**
바이완푸웡, bǎiwànfùwēng

억만장자 **亿万富翁**
이완푸웡, yìwànfùwēng

명품 **名牌儿**
밍팔, míngpáir

사치품 **奢侈品**
셔츠핀, shēchǐpǐn

시계 **手表**
셔우비아오, shǒubiǎo

구두 **皮鞋**
피씨에, píxié

핸드백 **手提包**
셔우티빠오, shǒutíbāo

보석 **珠宝**
쥬바오, zhūbǎo

루이뷔통 **路易威登**
루이웨이떵, Lùyìwēidēng

조르지오 아르마니 **乔治·阿玛尼**
치아오즈·아마니, Qiáozhì·āmǎní

샤넬 **香奈儿**
씨앙날, Xiāngnàir

에르메스 **爱仕玛**
아이쓰마, àishìmǎ

구찌 **古驰**
구츠, Gǔchí

프라다 **普拉达**
푸라다, Pǔlādá

롤렉스 **劳力士**
라오리스, Láolìshì

카르티에 **卡地亚**
카띠야, Kǎdìyā

벤츠 **奔驰**
뻰츠, Bēnchí

BMW **宝马**
바오마, Bǎomǎ

롤스로이스 **劳斯莱斯**
라오쓰라이쓰, Láosīláisī

벤틀리 **宾利**
뻰리, Bīnlì

황사가 장난이 아닌데!

A: 今天沙尘暴好厉害！ 오늘 황사 장난 아니다!
Jīntiān shāchénbào hěn lìhai! 찐티엔 샤쳔빠오 헌 리하이!

B: 真可怕！ 정말 무서운데!
Zhēn kěpà! 젼 커파!

아이고, 더워 죽겠어!

A: 哎呀，热死了！ 휴우, 더워 죽겠다!
Āiyā, rèsǐ le! 아이야, 르어쓰 러!

B: 今天是32度。 오늘 32도래.
Jīntiān shì sānshí dù. 찐티엔 스 싼스 뚜.

감기 조심해!

A: 天气变冷了。 날씨가 추워졌네.
Tiānqì biàn lěng le. 티엔치 삐엔 렁 러.

B: 小心感冒！ 감기 조심해!
Xiǎoxīn gǎnmào! 씨아오씬 간마오!

chapter 29

베이징은 단지 정치적 수도?

1996년 3월 14일 오전 12시. 베이징에 처음 도착한 그날의 기억이 아직도 생생해요. 뿌연 하늘과 잿빛 건물, 카키색 인민복을 입은 무표정한 사람들……. 정말 머릿속으로만 상상하던 칙칙한(?) '중국'의 이미지와 딱 맞아떨어졌어요. 짐을 풀자마자 중국의 상징인 천안문 광장으로 가 대형 마오쩌둥 초상화를 배경으로 기념사진을 찍었어요. 국방색 제복을 입은 공안들과 펄럭이는 오성홍기를 보니 "아! 내가 진짜 중국 안으로 들어왔구나." 실감을 했었죠. 중국에 온 지 10주년이 되던 날. 다시 그때 그 자리에 가서 기념촬영을 했어요. 인민을 내려다보는 마오쩌둥의 근엄한 표정도 변함이 없고, 내 모습도 약간 올드(?)해진 것 외엔 큰 차이가 없는데, 주위를 둘러보니 모든 게 싹 바뀌어 있었어요. 시민들은 인민복 대신 명품 옷

하늘 天空 [tiānkōng 티엔콩]
천안문 天安门 [tiān'ānmén 티엔안먼]

华人民共和国万岁
世界人民大团结万岁

으로 치장하고, 자전거 행렬 대신 외제차들이 거리를 메우고, 수천억 원을
쏟아부어 만든 건물들이 빌딩숲을 이루니 그야말로 '상전벽해'라 할 수밖
에……. 90년대 중반만 해도 당나귀가 끄는 수레가 1차선 도로를 질주하
기도 했었는데…….

　'현재는 없고 과거와 미래만 존재한다.' 이게 제가 느끼는 베이징의
모습이에요. 베이징은 대륙의 수도로서 정치, 경제, 문화, 예술 전 분야에
걸쳐 다른 도시와는 차별화된 DNA를 가지고 있어요. 광둥성처럼 돈 냄새
가 풀풀 나지 않고, 상하이처럼 세련되진 않지만, 중심을 지키는 묵직한 기
운이 있어요. 책임감 강한 맏아들의 이미지랄까? 우리 머릿속의 베이징
의 이미지는 명·청대 24명의 황제가 살았던 자금성, 공산당 혁명의 상징
천안문 광장, 서태후의 여름별장 이화원, 달에서 보이는 유일한 인공건축
물 만리장성 등 뭐 대충 요정도 일 텐데요. 4박5일 패키지 여행만으론 살
아 꿈틀거리는 베이징을 느끼는 건 불가능해요. 한두 달 잠깐 도시를 떠나
있어도 금세 티가 날만큼 베이징은 빛의 속도로 진화하고 있거든요. 자고

일어났더니 집 앞에 빌딩이 들어서고, 길이 뚫리고, 지하철 노선이 새로 생긴다? 조금 과장이긴 하지만 베이징에선 가능해요. 흔히들 중국을 빗대어 '만만디'라고 하는데, 그런 느릿느릿한 중국의 모습은 이제 어디서든 찾아볼 수가 없어요. 중국은 지금 그 누구보다 "콰이콰이"(빨리빨리)에요.

베이징은 지난 800년간 전 중국을 지배했던 대륙의 심장이었어요. 그래서 베이징을 '정치의 중심'이라고도 해요. 황제가 살았던 자금성을 영어로는 '포비든 시티' 즉 '금단의 성'이라 하는데, 아직도 자금성 옆에는 일반인들의 출입이 엄격히 제한된 성역이 존재하고 있어요. 바로 '중남해'라고 하는 곳으로, 국가 주석 및 중국 공산당 최고 지도부들이 거주하는 곳이에요. 원래는 명·청대 황실의 정원이었는데, 지금은 공산당 총본부와 지도자들의 숙소로 사용되고 있죠. 5m의 높은 담장으로 둘러싸인 이곳 밀실에선 극소수의 정치 엘리트들이 중국의 정책을 결정하고, 13억 인민을 통제하고 있어요. 그러니 이곳이야말로 중국의 심장부 중에 심장이라고 할 수가 있죠. 언론에 단 한 번도 노출된 적이 없을 정도로 은밀한 곳

자전거 自行车 [zìxíngchē 쯔씽처]
과거 过去 [guòqù 꾸워치]
미래 未来 [wèilái 웨이라이]
수도 首都 [shǒudū 셔우뚜]
만만디 慢慢的 [mànmànde 만만디]
콰이콰이 快快 [kuàikuài 콰이콰이]

이지만, 겉만 봐서는 그렇게 경비가 삼엄하진 않아요. 매번 여길 지날 때마다 한번 들어가 보고픈 충동이 생기는데, 한 번쯤 쿨하게 개방하면 좋으련만……

베이징의 짙은 정치적 분위기는 시민들에게도 많은 영향을 끼쳤어요. 다른 지방 사람들보다 유독 베이징 토박이들은 정치 얘기를 좋아해요. 베이징 사람들은 삼삼오오 모여 떠드는 걸 좋아하는데, 무슨 대화를 하는지 가만히 들어보면 나라의 대소사는 물론이거니와 전 세계의 정치 이슈를 죄다 끌어와 100분 토론을 벌인답니다. 특히 베이징의 택시기사들은 아주 피곤하기 짝이 없어요. 한번 말을 시작했다 하면 멈추질 않거든요. "천안함 침몰 소식 들었는데, 그거 북한이 한 거요?", "어제 뉴스에서 한국 국회의원들 주먹질하는 거 봤는데, 대체 왜 싸우는 거요?", "우리 공산당은 부패했는데, 한국 정부도 그렇소?" 등등 한국의 정치 이슈에 대해서도 아주 자세히 꿰고 있어요. 그뿐만 아니라 한국 배추값 폭등 얘기부터 시작해, 박지성의 대표팀 은퇴 얘기, 김연아가 성형을 했는지, 한국 연예인들은 왜 자살을 하는지 등 정말 장르를 넘나들며 말을 많이 해요. 예전에야 택시비도 뽑을 겸 중국어 연습차원에서 기사에게 먼저 말을 걸곤 했었는데, 요즘은 그냥 자는 척하면서 눈을 지그시 감고 있답니다.^^

베이징은 '정치 도시', 상하이는 '경제 도시'란 말을 하는데, 이젠 다 옛말이에요. 천안문 광장을 중심으로 동서방향에는 베이징을 '좌청룡, 우백호'처럼 보좌하는 두 곳의 거대한 경제중심구역이 있어요. 천안문에서 서쪽으로 조금만 가면 '베이징의 월스트릿'이라 불리는 금융가가 나옵니다. 중국 정부가 베이징을 상하이를 뛰어넘는 금융 허브로 만들려고 야심차게 조성한 금융단지로 전 중국의 60% 금융자산이 이곳에 몰려 있죠. 여

택시기사 司机 [sījī 쓰지]
정치 政治 [zhèngzhì 쩡쯔]
경제 经济 [jīngjì 찡찌]
금융 金融 [jīnróng 찐롱]

기엔 중국의 국유 은행과 메릴린치, JP모건, 한국의 우리은행 등 전 세계 유수 금융기관의 총본부가 들어섰어요. 다른 한 곳은 천안문 광장의 동쪽, 차오양구에 있는 '중앙 비지니스구'에요. 이곳 역시 정부가 베이징을 뉴욕, 도쿄 같은 세련된 국제도시로 만들려고 "돈은 중요치 않다. 무조건 더 크게! 더 화려하게!"란 모토를 내걸고 개발한 지역이에요. 이곳은 '베이징의 맨해튼'이라 불리는데, 미국 경제지 〈포춘〉이 선정한 세계 500대 기업 중 100여 곳이 넘는 기업들이 들어와 있어요. 특히 천문학적인 돈을 쏟아부어 만든 특이한 건축물이 많은데, 중국판 '피사의 사탑'이라 불리는 중앙 TV 방송국 건물은 무려 50억 위안, 우리 돈 8천5백억 원을 들여 건설했답

니다. 네델란드의 세계적인 건축가 '렘 콜하스'가 설계했는데, 가운데가 뻥 뚫려 있는 기하학적인 모양을 하고 있죠. 제가 즐겨 찾는 '스마오텐제'라는 쇼핑몰에는 야외에 500억 원을 들여 만든 길이 250m의 초대형 천정 스크린이 걸려 있는데, 이게 정말 장관이라는……. 고개를 치켜들고 별이 쏟아지는 하늘 스크린을 바라보고 있자면 정말 "대박!"이란 말이 절로 나와요. 만리장성보다 더 멋있다에 한 표!

2010년 베이징에선 큰 경사가 있었어요. 시민 1인당 소득이 1만 달러를 넘어 심천, 상하이, 광저우에 이어 4번째로 '1만 달러 클럽'에 가입했거든요. 근데 '포레스트 검프'처럼 무작정 앞만 보고 달려가는 베이징이 걱정되는 건 왜일까요? 베이징의 상주인구는 이미 2천만 명을 돌파했어요. 매년 50만 명씩 외지인들이 도시로 흘러들어와, 도시는 완전 포화상태죠. 인구가 늘어나니 고질적인 물 부족 현상이 더 심각해져 수천 가정이 식수 공급을 제대로 못 받고 있어요. 그래서 물이 풍부한 남방의 양쯔강에서 물을 끌어오는 일명 '남수북조' 프로젝트. 만리장성 축조 이후의 최대 토목공사라 일컬어지는 대규모 수로공사를 진행 중에 있어요. 차량은 넘쳐나 세계에서 가장 심각한 교통지옥으로 변하고 있고요. 오죽했으면 올해 1월부터 강력한 차량억제 정책을 시행해, 이젠 새로 차량을 등록하려면 로또처

건축물 **建筑** [jiànzhù 찌엔쥬]
대박 **牛** [niú 니우]
남수북조 **南水北调** [nánshuǐběidiào 난쉐이베이띠아오]

럼 '번호판 추첨'에 당첨되어야 차를 몰 수가 있어요. 차량 추첨은 TV에서도 중계를 해주는데, 경쟁률이 10대 1이더군요. 헐~ 돈 있어도 맘대로 차도 못 산다니. 좀 웃기죠? 집값은 또 왜 이리 무섭게 뛰는지. 최근 통계를 보면 현재 베이징의 아파트 평균 분양가가 평당 7만 5천 위안(1350만 원)이에요. 중심지로 들어가면 평당 우리 돈 2~3천만 원 하는 아파트도 수두룩하고요. 이젠 베이징의 아파트값은 서울수준과 비슷해졌어요. 전세란 게 없는 베이징의 아파트 평균 월세는 2800위안(50만 원)이고요. 4년 전 제가 살았던 아파트 월세가 우리 돈 40만 원이었는데, 지금은 두 배로 뛰어 80만 원이 되었어요. 5년 전 한 친구는 베이징의 한인촌에 우리 돈 1억 원을 조금 넘게 주고 아파트를 샀는데, 지금은 4억 원을 호가한답니다. 현재 베이징에서 가장 비싼 아파트는 올림픽 스타디움 옆에 있는 '판구따관'으로 평당 48만 위안. 우리 돈으로 8천만 원이 넘는답니다. 현재 베이징에서 가장 비싼 아파트는 '위위안탄' 공원 옆에 위치한 '댜오위타위 7호'로 평당 90만 위안. 우리 돈으로 1억 5천만 원이 넘어요. 집값이 이렇게 살벌하다 보니 외지에서 돈 벌려고 상경한 농민공들과 갓 대학을 졸업한 '중국의 88만 원 세대'들은 도시 외곽 2평 남짓한 쪽방촌에서 월 300위안(5만 원)을 내며 근근이 살아가고 있어요. 중국에선 이들을 개미족이라고 부르는데, 이런 사람들만 10만 명이 넘는다고 합니다. 베이징의 화려한 성장 속에 가려진 어두운 그늘이에요.

번호판 추첨 摇号 [yáohào 야오하오]
집값 房价 [fángjià 팡지아]
개미족 蚁族 [yǐzú 이주]

마트 **超市**
챠오스, chāoshì

편의점 **便利店**
삐엔리띠엔, biànlìdiàn

구멍가게 **食杂店**
스쟈띠엔, shízádiàn

쇼핑 카트 **手推车**
셔우투이쳐, shǒutuīchē

쇼핑 바구니 **购物筐**
꺼우쿠앙, gòuwùkuāng

칫솔 **牙刷**
야슈아, yáshuā

치약 **牙膏**
야까오, yágāo

비누 **香皂**
씨앙쟈오, xiāngzào

샴푸 **洗发水**
씨파쉐이, xǐfàshuǐ

린스 **护发素**
후파쑤, hùfàsù

바디샴푸 **沐浴露**
무위루, mùyùlù

클렌징폼 **洗面乳**
씨미엔루, xǐmiànrǔ

채소 **蔬菜**
슈차이, shūcài

주류 **酒类**
지우레이, jiǔlèi

생선 **鱼**
위, yú

빵 **面包**
미엔빠오, miànbāo

과자 **饼干**
빙깐, bǐnggān

라면 **方便面**
팡삐엔미엔, fāngbiànmiàn

휴지 **卫生纸**
웨이셩즈, wèishēngzhǐ

생리대 **卫生巾**
웨이셩찐, wèishēngjīn

비닐봉지 **塑料袋**
쑤리아오따이, sùliàodài

어떻게 팔아요?

A: 这苹果怎么卖？ 이 사과 어떻게 팔아요?
Zhè píngguǒ zěnme mài? 져 핑궈 젼머 마이?

B: 10块钱一斤。 1근에 10위안이에요.
Shí kuài qián yì jīn. 스 콰이 치엔 이 찐.

원 플러스 원이래.

A: 买这个吧，买一送一。 이걸로 사자. 원 플러스 원이래.
Mǎi zhè ge ba, mǎi yì sòng yī. 마이 져 거 바, 마이 이 쏭 이.

B: 好的。 오케이
Hǎo de. 하오 더.

봉투 필요하세요?

A: 要袋儿吗？ 봉투 필요하세요?
Yào dàir ma? 야오 딸 마?

B: 要。请装一下。 네, 담아주세요.
Yào. Qǐng zhuāng yíxià. 야오. 칭 주앙 이씨아.

chapter 30

상하이의 물가는 어느 정도?

현재 중국에서 최고의 시청률을 자랑하는 '핫'한 예능 프로는? 바로 매주 토·일 밤 9시 장쑤TV에서 방영하는 '페이청우라오'. 우리말로 하면 '성의를 다해 들이대라(?)'란 이름의 프로예요. 24명의 싱글녀와 1명의 싱글남이 출연해 서로의 짝을 찾는 쇼프로인데, 한국 케이블 채널에서 하는 '러브 스위치'와 포맷이 완전히 똑같아요. 이 프로가 나름 재밌는 게 중국 20대 싱글 남녀들의 연애관, 결혼관을 적나라하게 파악할 수가 있거든요. 또 베이징, 상하이, 광둥성, 쓰추안성 등 출연자의 출신지가 다양하다 보니, 그들의 한 마디 한 마디에서 지역적 특징을 읽을 수도 있고요. 베이징

프로그램 节目 [jiémù 지에무]
된장녀 拜金女 [bàijīnnǚ 빠이찐뉘]
디아 嗲 [diǎ 디아]
애교 撒娇 [sājiāo 싸찌아오]

이나 북방지역 여자들은 목소리가 큰 게 성격도 아주 시원시원하고, 광둥성이나 쓰촨성 같은 남방 출신들은 체격이 아담한 게 말할 때도 아주 나긋나긋해요. 그 중 시청자들의 공분(?)을 사는 출연자가 있는데, 바로 상하이 출신 싱글녀에요. 말끝마다 "워스 상하이 뉘런!"(나 상하이 여자야!)하며 자신이 상하이 출신임을 엄청 강조하죠. 무슨 상하이에서 태어난 게 큰 벼슬인 양 말이에요. 이들은 또 전형적인 '차도녀', '된장녀'의 표본을 보여주는데, 남성의 성격이나 인품을 보기보단 재력을 주로 봐요. 질문하는 걸 보면 "아파트는 있는지?", "연봉은 얼만지?" 이런 현실적인 질문을 주로 해요. 말투도 코맹맹이 소리를 내며 어찌나 귀엽게 보이려 애를 쓰는지, 보는 내내 손발이 오그라들 정도에요. 전 중국을 통틀어 상하이 여자들의 애교는 유명한데, 이런 상하이 여자들의 특징을 '디아'라고 해요. '디아'는 상하이 방언으로 애교, 여성스러움, 고상함, 세련됨, 교태, 내숭 등 다양한 의미를 함축하고 있어요. 상하이 남성들은 남심을 살살 녹이는 상하이 여성의 '디아'에 껌뻑 죽기도 하지만, 다른 지역 남성들은 너무 가식적이고 불여시(?) 같다고 싫어하기도 합니다.

　우리에겐 상하이의 이미지가 동방의 진주, 동양의 파리 등 칭찬 일색

이지만, 중국인들에게 "상하이 사람 어때?"하고 물으면 어김없이 나오는 첫 마디가 '커우'(짠돌이) 또는 '씨아오치'(쪼잔해) 같은 부정적인 말뿐이 에요. 상하이 사람들은 중국에서 가장 잘 나가는 지역에 산다는 우월감이 무척 강해요. 그래서 상하이를 제외한 모든 지역을 싸잡아 '시골'이라 여긴 답니다. 뭐 수도에 사는 베이징 사람들조차 시골사람이라고 여길 정도니 까요. 특히 라이벌 관계인 베이징 사람과 상하이 사람은 서로 대립각을 세 우는데, 베이징 사람은 상하이 사람을 '자기 이익만 챙기는 계산적인 쪼잔 이들', '의리라곤 눈곱만큼도 없는 이기주의자들'이라고 폄하해요. 마찬가 지로 상하이 사람은 베이징 사람을 '고상한 척 만날 정치 타령만 하는 것 들', '실속 없이 말만 번지르르하게 하는 것들'이라고 무시하고요. 특히 호 탕한 성격을 가진 북방지역 남자들은 음식을 시켜먹어도 만두 몇 개만 시 키고, 퇴근해서까지 부엌에서 야근(?)을 하며, 마누라 치맛바람에 휘둘려

찍소리도 못하는 소심한 상하이 남성들을 '좀팽이', '샌님'이라며 엄청 무시하기도 한답니다. 제가 직접 겪어본 상하이 남성들은 매너도 좋고 매사에 똑 부러지는 면이 있지만, 확실히 북방 남성들처럼 쿨한 '싸나이'의 맛은 좀 떨어져요.

　제가 처음 상하이를 방문한 게 1997년도였어요. 가기 전 머릿속에 '동·서양 문화가 만난 시크한 도시'의 이미지가 있어 내심 기대했었는데, 막상 가보니 실망스러웠어요. 황푸강을 따라 늘어선 유럽풍의 건물들은 충분히 이국적이었지만, 살짝만 속으로 들어가니 역시나 똑같은 '중국'이었어요. 자전거와 차가 엉킨 도로사정이며, 온 사방이 공사판이라 먼지가 풀풀 날리고, 아무 데서나 침을 뱉고 무단횡단을 하는 사람들의 모습도 어찌나 똑같은지……. 차이가 있다면 당시 베이징에는 없었던 '하겐다즈'와 '버거킹' 매장이 있었다는 정도. 그 후 매년 한 번꼴로 상하이를 방문했는데, 도시가 무슨 코코블럭 쌓듯 빠르게 변해가고 있더라고요. 90년대 까지만 해도 논밭이었던 푸동지구는 지금 전 세계 900여 개의 금융회사가 들어선 글로벌한 금융단지로 변했어요. 상하이를 방문한 북한의 김정일이 '천지개벽'이란 표현을 써가며 감탄을 했을 정도니까요. 이곳엔 468m의 동방명주 TV타워, 88층의 진마오 타워, 세계에서 3번째로 높은 101층

짠돌이 抠 [kōu 커우]
쪼잔하다 小气 [xiǎoqì 씨아오치]
시골 乡下 [xiāngxia 씨앙씨아]
사나이 爷们 [yémen 이예먼]

의 '상하이 월드 파이낸스센터'가 들어서 엄청난 스카이라인을 자랑한답니다. 바로 옆에는 128층 높이의 '상하이 타워'가 2014년 완공을 목표로 건설 중이고요. 또 2015년에는 17조 원을 투자해 만든 아시아 최대 규모의 디즈니랜드가 들어설 예정이랍니다. 상하이의 도시 인프라 구축은 거의 세계 최고 수준이에요. 제가 처음 상하이에 갔을 때만 해도 지하철 노선이 딸랑 하나뿐이었는데, 지금은 세계에서 가장 긴 노선을 가지고 있답니다. 공항에서 도심을 연결하는 세계 최초로 상용화된 자기부상열차는 최고 시속 413km의 속도로 차로 한 시간 걸릴 거리를 단 10분 만에 주파합니다.

저도 한 번 타봤는데, 뭐 거의 총알처럼 날아가더군요. 다리가 아주 후들후들 했다는…….^^ 서울시에서도 현재 도입을 추진 중인 친환경 '노면전차(트램)'도 이미 작년부터 정식운행을 시작했어요. 14년 전 상하이 도심을 가로지르는 황푸강에서 유람선을 탔을 때 도시의 발전상을 어느 정도 머릿속에 그려보긴 했지만, 이렇게 빨리 달라질 줄은 몰랐어요. 앞으로 10년 후 또 어떤 모습으로 바뀌어 있을지 예측하기가 두려울 정도에요. 정말이지 무엇을 상상하든 그 이상을 보여주는 곳이 바로 중국 상하이에요.

중국 상하이의 물가는 어느 정도일까요? 얼마 전 한 신문에서 상하이의 일부 물가가 홍콩을 넘어섰다는 기사가 나왔어요. 상하이뿐만 아니라 중국 대도시의 물가수준이 큰 폭으로 올라, 광둥성의 심천에서는 장을 보러 홍콩까지 넘어갔다오는 주부들이 늘고 있답니다. 자! 그럼 2011년 상하이의 무서운 물가에 대해 자세히 알아볼게요. 상하이에는 다양한 교통수단이 있는데, 지하철은 기본요금이 3위안(550원), 버스와 트램은 모두 2위안(350원)이에요. 택시 요금은 전국에서 가장 비싼데, 기본요금은 12위안(2100원). 밤 10시 이후에는 할증이 붙어 16위안(2900원)이고요. 서울의 택시 기본요금이 2400원이니 뭐, 큰 차이가 없죠? 하지만 곧 택시비가 인상된다는 말이 있어, 상하이 택시는 서울보다 비싸질 날이 머지않았답니다. 상하이에는 스타벅스가 한 집 건

물가 **物价** [wùjià 우찌아]
주부 **主妇** [zhǔfù 주푸]

너 하나씩 있는데, '카페라테' 톨 사이즈 1잔은 25위안(4500원), '아메리카노'는 21위안(3800원) 정도에요. 상하이에서 마시는 별다방 커피는 서울뿐만 아니라 뉴욕보다 비싸단 사실! 그밖에 맥도날드 빅맥 버거 1개 15위안(2700원), 식당에서 파는 참이슬 소주 1병 30위안(5500원), 휘발유 1리터 8.3위안(1500원), 중국에서도 폭발적인 인기를 끄는 '아이폰4' 16G는 6000위안(110만 원), 상하이에 오픈한 CGV에서 보는 최신 외화는 편당 80위안(만 4천 원). 얼핏 봐도 물가가 장난아니죠? 상하이의 명동인 '난징루'에는 세계 최대 규모의 유니클로 매장이 문을 열었는데, 이곳에서 파는 옷들도 한국보다 20% 정도 비싸답니다. 도처에 깔린 명품관에서 파는 의류, 신발, 화장품 등은 말할 필요도 없고요. 자, 이번엔 집세를 한번 알아볼까요? 상하이는 중국에서 부동산 투기가 가장 심한 지역 중 하나에요. 현재 상하이의 신규 주택 분양가가 제곱미터당 2만 위안. 우리식으로 계산하면 평당 1200만 원을 돌파했어요. 서울의 아파트 분양시세가 평균 1500만 원 정도니 대략 경기도 집값 정도 되는 셈이네요. 상하이의 맨해튼이라 불리는 '루쟈주이'에는 황푸강변을 따라 고급아파트가 쭉 늘어서 있는데, 여기 아파트값은 아주 상상을 초월합니다. 강남의 타워팰리스나 아이파크는 저리 가라에요. 이 지역 아파트는 평당 우리 돈 3~6천만 원 정도인데, 최고 비싼 곳은 평당 1억 원이 넘는 곳도 있답니다. 그중에서도 '탕천이펀(Tomson Riviera)'이란 초호화 아파트는 뉴욕 맨해튼보다 비싼 집값으로 유명세를 탔는데, 강변이 내려다보이는 복층구조의 290평 펜트하우스의 가격이 무려 3억 위안. 우리 돈으로 540억 원이나 한답니다. 헐~ 월세도 상하이 엑스포를 기점으로 꽤 올랐는데요. 도심에서 원룸은 최소 3천 위안(55만 원) 이상은 줘야 해요. 상하이 겨울은 온도가 영하로 떨어지진 않지만 습하고 춥기로 유명한데, 한국식 보일러가 깔린 한인촌의 아파트는 방 2~3개짜리 월세가 우리 돈 2~3백만 원이 훌쩍 넘는답니다.

상하이 물가를 쭉 훑어보니 서울 물가와 비슷하거나 오히려 비싼 경우가 많죠? 상하이 시민의 연간 소득은 7만 위안(천3백만 원)으로 전국 최고수준이고, 근로자 임금도 전국에서 가장 높은 편이지만, 물가가 이렇게 살인적이니 시민들이 버텨내기가 참 어려울 것 같다는 생각이 들어요. 중국에서 가장 국제화된 도시 1위. 시민의식이 높은 도시 1위. 외국인이 가장 살기 편한 도시 1위. 심지어 가장 섹시한 도시 리서치에서조차 1위를 차지한 상하이. 하지만 생활행복지수에서는 10위 안에도 들지 못하는 도시. 화려한 도시에서 고군분투하며 살아가는 콧대 높은 상하이 시민들이 왠지 측은해 보이기도 하네요.

커피 咖啡 [kāfēi 카페이]
맥도날드 麦当劳 [Màidāngláo 마이땅라오]
화려하다 华丽 [huálì 화리]

스타벅스 星巴克
씽빠커, Xīngbākè

커피빈 香啡缤
씨앙페이삔, Xiāngfēibīn

아메리카노 美式咖啡
메이스카페이, měishìkāfēi

라테 拿铁
나티에, nátiě

그린 티 라테 抹茶拿铁
모챠 나티에, mǒchá nátiě

아이스 아메리카노 冰美式咖啡
삥 메이스카페이, bīng měishìkāfēi

카푸치노 卡布奇诺
카뿌치누워, kǎbùqínuò

카페 모카 摩卡
모카, mókǎ

카라멜 마끼아또 焦糖玛奇朵
찌아오탕마치두워, jiāotángmǎqíduǒ

에스프레소 浓缩咖啡
농쑤워카페이, nóngsuōkāfēi

얼 그레이 伯爵红茶
보주에 홍차, bójué hóngchá

머핀 麦芬
마이펀, màifēn

치즈 케이크 芝士蛋糕
즈스 딴까오, zhīshì dàngāo

초콜릿 케이크 巧克力蛋糕
치아오커리 딴까오, qiǎokèlì dàngāo

물 矿泉水
쿠앙취엔쉐이, kuàngquánshuǐ

주스 果汁
구워즈, guǒzhī

설탕 糖
탕, táng

우유 牛奶
니우나이, niúnǎi

스몰 小杯
씨아오뻬이, xiǎobēi

미디엄 中杯
중뻬이, zhōngbēi

라지 大杯
따뻬이, dàbēi

테이크아웃 带走
따이져우, dàizǒu

뭐로 주문하시겠어요?

A: 您要点什么? 뭘 드시겠어요?
Nín yào diǎn shénme? 닌 야오 디엔 션머?

B: 来一杯美式咖啡。 아메리카노 한 잔 주세요.
Lái yì bēi měishì kāfēi. 라이 이 뻬이 메이스 카페이.

뜨거운 걸로 주세요.

A: 您要冰的，还是热的? 아이스로 드려요, 아니면 뜨거운 걸로 드려요?
Nín yào bīng de, háishì rè de? 닌 야오 삥 더, 하이스 르어 더?

B: 我要热的。 뜨거운 걸로 주세요.
Wǒ yào rè de. 워 야오 르어 더.

가져갈 거에요.

A: 您在这儿喝，还是带走? 여기서 드실 거에요, 아니면 가져가실 거에요?
Nín zài zhèr hē, háishì dàizǒu? 닌 짜이 졀 허, 하이스 따이져우?

B: 带走。 가져갈 거에요.
Dàizǒu. 따이져우.

chapter 31

중국과 대만은 어떤 관계?

대학시절 학교에는 대만 유학생들이 꽤 있었어요. 당시 재미났던 건 대만 유학생들은 중국 본토 학생들과 같이 수업을 못 듣게 해서, 따로 '대만인 반'을 만들어 수업했답니다. 나중에서야 풀렸지만, 대만 학생들은 사는 곳도 학교에서 별도로 지정해준 '대만인 전용숙소'에서 살아야 했어요. 두 나라 관계가 워낙 적대적이었던 시절이라 아무래도 정부 차원에서 대만 학생들을 특별 관리했던 거 같아요. 당시 대만친구들은 우스갯소리로 "우리 숙소엔 분명히 도청장치가 설치됐을 거야." 이런 말을 종종 했었어요. 근데 실제로 그랬을 수도……. 방학 때 집에 갈 때면 직항노선이 없어

대만 台湾 [Táiwān 타이완]

홍콩 香港 [Xiānggǎng 씨앙강]

마카오 澳门 [Àomén 아오먼]

고산족 高山族 [gāoshānzú 까오샨주]

홍콩이나 마카오를 경유해서 가느라 힘들어 죽겠다는 푸념도 많이 늘어놨었고요.

우리가 '대만' 또는 '타이완'이라고 부르는 나라의 정식 국호는 '중화민국'이에요. 한때 우리는 중국 본토를 '중공', 대만을 '자유중국'이라 부르기도 했었죠. 대만은 우리나라의 경상남·북도를 합친 것보다 조금 크고, 인구는 2,300만 명 정도에요. 그 중 중국인(한족)이 98%를 차지하고 있어요. 그럼 나머지 2%는 대체 누규? 바로 고산족이라 불리는 원주민이에요. 대만에는 공식적으로 14개의 고산족이 있는데, 각 부족은 저마다 고유의

언어와 문화를 가지고 있어요. 이들은 혈통은 물론이고 생김새도 중국인과는 완전히 달라요. 피부도 검고, 쌍꺼풀도 짙은 게, 거의 남태평양의 원주민들과 흡사하다고 보면 돼요. 중화권 최고의 여가수로 꼽히는 '장후이메이'가 바로 대만의 고산족 출신이랍니다.

여기서 굉장히 흥미로운 사실이 하나 있어요. 앞에서 대만에는 98%의 중국인(한족)이 살고 있다고 했는데, 이들은 중국 본토에서 대만으로 이주해온 시기에 따라 두 부류로 나뉘어요. 한 부류는 명나라가 망하던 시기부터 시작해 청나라 때부터 본격적으로 중국의 푸젠성과 광둥성에서 넘어온 중국인들로, 이들을 '내성인'이라고 불러요. 쉽게 말해 '내성인'은 대만의 토박이라고 할 수 있어요. 나머지 한 부류는 1949년 장개석이 공산당과의 전쟁에서 패해 대만으로 쫓겨왔을 때 같이 피난해온 중국인들로 이들은 '외성인'이라 부르고요. 내성인은 대만인구의 85%를 차지하고, 외성인은 겨우 13% 정도로 소수이지만, 그동안 소수의 외성인들이 내성인들과 원주민을 철저히 배제한 채 사회 전반을 모두 지배해 왔어요. 그래서 이 두 부류 간에는 현재까지도 감정의 골이 깊어요. 비록 같은 한족이지만 워낙 서로 정체성이 다른지라 "중국과의 통일이냐, 아니면 대만의 독립이냐?" 같은 중대한 문제에서도 첨예한 정쟁 다툼을 하고 있지요. 또 이런 인종분포로 말미암아 현재 대만에는 표준어인 베이징어 외에도 대만 사투리인 민남어, 중국 지방 사투리인 객가어 등 다양한 언어가 쓰인답니다. 특히 이 민남어는 우리가 아는 중국어와는 발음체계가 전혀 달라 거의 외국어라고 보면 돼요. 대만에서 지하철을 타면 안내방송에서 표준 중국어, 민남어, 객가어, 영어 이렇게 총 4가지 언어가 나온답니다. 좁은 땅덩어리에서 여러 개의 언어가 쓰인다는 게 참 신기하죠?

여기서 퀴즈 하나! 대만은 독립된 하나의 국가일까요? 아니면 중국 영토의 일부분일까요? 정답은 "그렇기도 하고, 아니기도 하다"에요. 대답이 조금 생뚱맞죠? '그렇다, 아니다'로 시원스레 답을 하면 좋겠지만, 국제사회에서의 대만의 정체성은 한마디로 정의 내리기가 어려울 정도로 복잡해요. 한때 대만(중화민국)은 1945년에 설립된 국제연합(UN)의 창설멤버이자, 미국 · 영국 · 프랑스 · 구소련과 함께 UN 안전보장이사회의 5대 상임국으로 국제무대에서 큰 입김을 발휘하던 때가 있었어요. 하지만 1971년 UN에서 대만이 차지했던 상임이사국 지위가 고스란히 중국 정부에 넘어가면서, 대만은 UN에서 퇴출을 당하는 굴욕을 당하게 됩니다. 이 사건을 계기로 전 세계의 수많은 나라가 앞다퉈(?) 대만과 단교를 하고 중국과

내성인 **内省人** [nèishěngrén 네이셩런]
외성인 **外省人** [wàishěngrén 와이셩런]
독립 **独立** [dúlì 두리]

수교를 맺기 시작했어요. 중국은 대만과 수교를 한 나라와는 절대 국교를 맺지 않는다는 원칙이었기 때문에, 1970년대에만 일본, 독일, 미국을 포함해 무려 45개국이 주르륵 대만과의 단교를 선언했답니다. 우리나라는 1992년에 대만과 단교를 하고 중국과 수교를 맺었어요. 당시 대만이 사용하던 서울 명동의 대사관은 고스란히 중국 정부에게 넘겨져 현재까지 중국 대사관으로 쓰이고 있고요. 현재까지도 대만은 중국의 강력한 반대 때문에 여전히 UN에 가입하지 못한 상태에요. 전 세계에서 오직 아프리카,

남미 등의 23개 약소국만이 대만을 하나의 국가로 인정해 정식 수교관계를 맺고 있답니다. 그 외의 나머지 국가와는 대사관 대신 '대표부'를 설치해 비공식 외교관계를 유지하고 있고요. 우리나라에는 1994년도에 서울 종로구 세종로에 '주한국 타이베이 대표부'가 설치되어 종전의 대사관 업무를 대신하고 있어요. 2005년도에는 부산에 총영사관격인 사무처가 개설되었고요.

중국은 '하나의 중국'이란 원칙을 철저히 고수하고 있어요. 중국 헌법에 보면 "대만은 중화인민공화국의 신성한 영토의 일부분이다."라고 떡 하니 명시되어 있어요. 중국의 지리 교과서나 지도를 봐도 대만을 중국의 23개 성 중의 하나로 버젓이 포함해 놓았고요. 혹시 올림픽이나 아시안게임 때 대만 대표선수단의 유니폼과 국기를 자세히 보셨나요? 이들은 국제경기에서 '타이완' 또는 '중화민국' 같은 국명을 쓰지 못하고 '중화 타이베이(CHINESE TAIPEI)'라는 별도의 명칭을 써요. 아니 자기 나라 이름 놔두고 왜? 중국은 대만이 '타이완' 또는 '중화민국'이란 국명만 써도 이를 독립 시도로 간주해 대외적으로 엄청난 압력을 행사하기 때문이죠. 그래서 대만 선수가 금메달을 따면 대만의 국기인 '청천백일기' 대신 흰 바탕에 오륜기가 그려진 올림픽 위원회기가 올라갑니다. 국가도 자국의 국가가 아닌

수교 **建交** [jiànyì 찌엔이]
대사관 **大使馆** [dàshǐguǎn 따스관]
국기 **国旗** [guóqí 구워치]
금메달 **金牌** [jīnpái 찐파이]

별도의 '국기가'가 울려 퍼지고요. 아직도 기억이 생생한데요. 2004년 아테네 올림픽에서 대만은 올림픽 참가 역사상 최초로 태권도 종목에서 금메달을 획득했어요. '천쉬친'이란 여자선수는 시상대위에 올랐고, 이어 대만 국기가 아닌 올림픽기가 올라가는 순간 복받치듯 눈물을 터뜨렸어요. 분명히 나라 없는 설움에 뜨거운 눈물을 훔쳤을 텐데, 보는 저도 왠지 마음이 찡하더라고요. 우리도 한때 손기정 선수가 일장기를 가슴에 달고 시상식에 올랐던 아픈 역사가 있었으니까요.

흔히들 중국-대만의 관계를 남북한과의 관계와 많이 비교하는데요. 사실 지금은 이런 비교 자체가 불가능해요. 왜냐? 현재 중국과 대만의 관계는 분단국가라 할 수 없을 정도로 분위기가 상당히 좋거든요. 이젠 서로 우편물과 택배가 제삼국을 거치지 않고 바로 전달되고, 2009년부터는 60년 만에 하늘과 바닷길의 직항노선도 열려 본토 사람들은 얼마든지 자유롭게 대만을 여행할 수가 있어요. 대만에 가서 쇼핑할 땐 중국 본토의 직불카드나 신용카드도 쓸 수 있고요. 또 이제는 그동안 안보상의 이유로 금지됐던 중국 본토 학생들의 대만 대학교 입학이 전면 허용되었고, 대만도 그동안 인정하지 않았던 중국 대학의 학위를 인정하기로 했답니다. 그 외에도 2010년 6월엔 자유무역 협정(FTA)격인 '경제협력 기본협정'을 체결해 경제교류에도 박차를 가하고 있어요. 뭐 이 정도 분위기면 언제 으르렁대면서 싸웠나 싶을 정도로 절친모드인데요. 그럼 중국의 소원대로 중국과 대만은 해피엔딩 통일을 할 수 있을까요? 얼마 전 대만 정부에서 벌인 여론조사를 보면 중국과의 통일을 원하는 대만 국민은 9.8%고, 나머지 86%

는 현상유지, 내지는 통일을 반대한다는 결과가 나왔어요. 물론 중국도 대만과의 통일이 그렇게 간단하지 않을 거라는 것은 잘 알고 있어요. 대만 역시 '비통일, 비독립, 비무력'을 주장하며, 통일도 아닌, 그렇다고 열렬히 독립을 원하는 것도 아닌 어정쩡한 태도를 보이고 있고요. 현재 중국과 대만과의 관계를 남녀관계에 비유하면 어떨까 하는 생각을 해봐요. 중국: "자! 내 품에 안기기만 해. 그럼 뭐든 해달라는 대로 다 해줄게! 엉? 하지만 한눈팔면 그땐 죽음이야!" 대만: "아직 결혼 생각은 없는데……. 가끔 외롭기도 하지만 그래도 난 혼자가 편해. 뭐, 통장에 돈도 좀 있고, 우리 그냥 쿨하게 연애만 하면 안 될까?" 아! 농담은 농담일 뿐 오해하지 말자~!! 아무튼 중국-대만 간의 전략적 기 싸움과 동상이몽적(?) 밀월관계의 결말은 어떻게 날지 상당히 궁금하네요.

비교하다 比较 [bǐjiào 비찌아오]
우편물 邮件 [yóujiàn 여우찌엔]
학위 学位 [xuéwèi 쒜웨이]
통일 统一 [tǒngyī 통이]

올림픽 奥运会
아오윈후이, àoyùnhuì

배드민턴 羽毛球
위마오치우, yǔmáoqiú

월드컵 世界杯
스찌에뻬이, shìjièbēi

축구 足球
주치우, zúqiú

스포츠 体育
티위, tǐyù

농구 篮球
란치우, lánqiú

요가 瑜伽
위지아, yújiā

배구 排球
파이치우, páiqiú

스노보드 单板滑雪
딴반화쒜, dānbǎnhuáxuě

야구 棒球
빵치우, bàngqiú

스키 滑雪
화쒜, huáxuě

수영 游泳
여우용, yóuyǒng

볼링 保龄球
바오링치우, bǎolíngqiú

복싱 拳击
취엔지, quánjī

당구 台球
타이치우, táiqiú

하키 曲棍球
취꾼치우, qūgùnqiú

골프 高尔夫球
까얼푸치우, gāo'ěrfūqiú

핸드볼 手球
셔우치우, shǒuqiú

테니스 网球
왕치우, wǎngqiú

마라톤 马拉松
마라쏭, mǎlāsōng

나 맥주병이야.

A: 你会游泳吗？ 너 수영할 줄 알아?
Nǐ huì yóuyǒng ma? 니 후이 여우용 마?

B: 我是个 "旱鸭子"。 나 '맥주병'이야.
Wǒ shì ge "hànyāzi". 워 스 거 "한야즈".

정말 끝내준다!

A: 哇，朴知星进球了。 와! 박지성이 골 넣었어.
Wā, Piáo Zhīxīng jìnqiú le. 와, 피아오 즈씽 찐치우 러.

B: 太漂亮了！ 정말 끝내준다!
Tài piàoliang le! 타이 피아오량 러!

너 스노보드 탈 줄 알아?

A: 你会玩儿单板滑雪吗？ 너 스노보드 탈 줄 알아?
Nǐ huì wánr dānbǎnhuáxuě ma? 니 후이 왈 딴반화쒜 마?

B: 我很害怕。 나 겁이 많아.
Wǒ hěn hàipà. 워 헌 하이파.

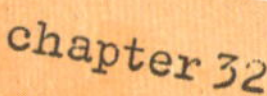

중국에 반환된 홍콩 뭐가 달라졌나?

홍콩 하면 떠오르는 이미지는 주윤발의 영웅본색, 쇼핑 파라다이스, 2층 버스, 번쩍이는 네온사인, 홍콩할매귀신(?) 등등 다양하죠. 하지만 무엇보다 '별들이 소곤대는 홍콩의 밤거리…….' 이 노래 가사처럼 '빅토리아 피크'에서 바라보는 홍콩의 야경은 정말 숨이 막힐 정도로 황홀하죠. 설마 아직도 홍콩이 영국의 식민지이거나, 한 술 더 떠 하나의 독립된 국가라고 생각하는 분은 없겠죠?^^ 혹시나 하는 마음에 홍콩의 역사에 대해 잠깐 짚

고 넘어갈게요. 1842년 영국은 청나라와의 아편전쟁에서 승리하고 '난징 조약'을 체결해 홍콩을 꿀꺽 삼킵니다. 영화 '황비홍'을 보면 당시의 혼란스런 시대 분위기를 잘 느낄 수가 있죠. 그리고 156년간 영국이 통치하고 있었던 홍콩은 정확히 1997년 7월 1일 0시를 기점으로 다시 중국에 반환되었습니다. 당일 홍콩에서는 찰스 황태자와 장쩌민 국가 주석이 나란히 참석한 정권 이양식이 성대히 개최되었어요. 아직도 기억에 남는데 영국 국기인 유니언 잭이 내려지고, 오성홍기가 올라갈 때 화면에 비친 찰스 황태자의 표정이 어찌나 씁쓸해 보이던지……. 저는 이 역사적인 순간을 천안문 광장에서 맞이했는데요! 밤새 폭죽이 터지고 온 도시가 축제의 도가니에 빠졌답니다.

홍콩은 크게 홍콩섬, 구룡반도, 신계 지역으로 나뉘고, 총 면적은 제주도의 2/3 정도에요. 인구는 700만 명 정도 되고요. 홍콩의 정식 명칭은 '중화인민공화국 홍콩 특별행정구'에요. 명칭이 참 길죠? 홍콩은 분명 중국에 속해있지만, 중국하고는 다른 통치 체제를 갖고 있어요. 이름하여 '1국가 2제도'인데, 쉽게 말하면 중국 본토는 사회주의를, 홍콩은 자본주의를 시행한다는 것이에요. 비록 홍콩이 중국에 반환되었지만, 외교와 국방을 제외한 모든 부문에서는 홍콩의 원래 생활방식을 50년간 유지하기로 합의를 했어요. 그래서 홍콩은 올림픽이나 월드컵도 '홍콩 차이나'란 이름

야경 夜景 [yèjǐng 이예징]
영화 电影 [diànyǐng 띠엔잉]

으로 따로 출전하고, 화폐도 인민폐가 아닌 홍콩달러를 쓰고 있어요. 또 홍콩인은 여권도 중국 여권이 아닌 홍콩 여권을 쓰고요. 비록 홍콩이 중국의 일부이지만, 중국인들은 홍콩에 갈 때 여전히 비자에 해당하는 통행증을 발급받아야 해요. 마찬가지로 홍콩 시민도 중국 본토에 갈 때는 '회향증'이란 카드를 발급받아야 하고요.

홍콩이 중국에 반환되기 전, 불안감을 느낀 홍콩 시민은 캐나다, 호주, 영국, 미국 등지로 이민 엑소더스를 벌였어요. 이때 대략 40만 명의 홍콩인들이 외국으로 떠났다고 해요. 홍콩 느와르 열풍을 일으켰던 수많은 영화배우도 하나둘씩 떠나갔고요. 그도 그럴 것이 영국의 선진화된 시스템에서 교육받고 생활하던 시민이 한순간에 공산국가의 일부가 된다는 게 여간 두려운 일이 아니었을 거에요. 많은 세계 언론들도 홍콩이 중국에 반환되면 홍콩의 경제도 끝장날 것이라고 보는 견해가 지배적이었으니까요. 미국 '포춘'지는 '홍콩사망'이란 표현까지 썼을 정도였지요. 하지만 막상 뚜껑을 열어보니 결과는 대반전! 이젠 중국 정부의 전폭적인 지원을 등에

인민폐 人民币 [rénmínbì 런민삐]
홍콩달러 港币 [Gǎngbì 강삐]
통행증 通行证 [tōngxíngzhèng 통싱정]
이민 移民 [yímín 이민]

업고 유래 없는 경제 호황기를 누리는 홍콩으로 다시들 돌아오는 실정이에요. 홍콩에서는 영어, 중국 표준어, 광둥어 이렇게 세 가지 언어가 쓰여요. 2000년대 초만 해도 중국 본토인이 홍콩에 가서 중국 표준어인 '푸퉁화'를 쓰면, 대륙에서 온 촌뜨기 취급을 받았었어요. 홍콩인들은 중국어 방언 중의 하나인 광둥어를 쓰는데, 이게 본토 중국어와는 발음이 완전히 달라요. 말이 방언이지 거의 외국어라고 보면 돼요. 영화 '첨밀밀'을 보면 본토에서 돈을 벌러 홍콩에 간 여명이 맥도날드에서 아르바이트를 하려고 하지만 광둥어를 못해 채용이 안 되죠. 또 장만옥은 자신도 본토 출신이면서 홍콩 사람인 양 행세하며 본토 중국말을 쓰는 여명에게 매일같이 '투빠오즈(촌뜨기)'라고 놀리는 장면이 나와요. 홍콩 사람이 이민을 가장 많이 한 캐나다 밴쿠버는 '홍쿠버'라고 불릴 정도로 화교들이 많아요. 제가 예전에 밴쿠버의 한 중식당에 갔을 때의 일인데요. 같이 간 일행들이 중국어

로 음식을 한번 주문해 보라고 해서, 제가 걸쭉한 베이징 사투리로 음식을 주문했더니, 이거 뭐 바로 무시를 하더라고요. --; 전 같은 동포(?)라고 반겨줄 줄 알았더니만……. 흑흑!! 아마 홍콩에서 건너온 그 종업원은 저를 본토에서 온 중국인으로 오해했을 거에요. 홍콩인들이 본토 중국인에 대해 가진 우월의식을 몸소 체험한 순간이었죠. 각종 여론조사를 보면 반환된 지 이미 14년이 되었지만, 아직도 홍콩 시민 10명 중 6명은 자신이 중국인이 아닌 그냥 '홍콩인'이라고 생각한다고 해요. 하지만 이젠 상황이 180도 역전되었어요. 요즘 홍콩인들 사이에선 중국 표준어인 '푸통화' 배우기 열풍이 불고 있어요. 정말이지 격세지감! 푸통화는 이젠 초등학교에서부

터 필수과목이 되었고, 매년 수만 명의 홍콩인이 중국어 능력평가인 HSK
를 보고 있지요. 홍콩으로의 입경이 자유로워진 지금, 매달 수백만 명의 본
토 중국인들이 홍콩에 와서 먹고, 마시고, 쇼핑하고, 집을 사는데 돈을 펑
펑 쓰고 있어요. 이 때문에 홍콩의 경제가 엄청난 호황을 누리고 있죠. 또
홍콩에서 대학을 나온 인재들도 예전과 달리 졸업 후 기회의 땅인 중국에
서 일하기를 희망한다니, '푸통화'를 안 배울래야 안 배울 수가 없는 상황
이 된 거죠. 일부 홍콩인들은 물밀듯 몰려드는 본토인들 때문에 도시 전체

무시하다 欺负 [qīfu 치푸]

의 영어 수준이 팍팍 낮아지고 있다며 걱정하지만, 푸통화가 대세임은 누구도 부정할 수가 없어요.

전 세계에서 홍콩의 집값은 비싸기로 명성이 자자해요. 모나코, 모스크바, 런던에 이어 세계에서 집값이 비싼 순위 5위 안에 드는 곳이에요. 이게 그냥 비싼 게 아니고 거의 살인적으로 비싸답니다. 홍콩 사람들은 보통 4인 기준으로 15평 미만의 아파트에 사는데, 20년이 넘은 허름한 아파트의 시세가 우리 돈 5억 원을 호가해요. 얼마 전 홍콩의 대표적인 부촌인 미드레벨에 위치한 '콘두잇 로드39'이란 170평형 아파트가 무려 우리 돈 657억 원에 팔리기도 했답니다. 이쯤 되면 거의 막가자는 거지요?^^ 어느 신문을 보니 홍콩에서 한 가정당 매월 소득의 30%를 저축했을 때, 15평 아파트 마련에 최소 46년이 걸린다는 기사도 있었어요. 어휴~ 한국이든 홍콩이든 내 집 마련하기 정말 쉽지가 않네요.

　　홍콩 하면 뭐니 뭐니해도 쇼핑! 홍콩은 도시 전체가 면세지역이에요. 거기다 폭탄 세일시즌이 1년에 두 번 있는데, 6~7월 말, 크리스마스~설날 전까지가 특급 세일기간이에요. 이때는 적게는 20%에서, 많게는 70~90% 까지 할인을 합니다. 이때만 되면 '침사츄이'의 명품거리에 있는 루이비통, 샤넬, 까르띠에 등 명품 매장 앞에는 사람들이 끝없이 줄을 서 있기도 해요. 물론 전 세계에서 몰려온 알뜰 쇼핑족 때문에 물량이 금세 동나곤 하지만, 열심히 발품을 팔면 의외의 득템을 할 수도 있어요. 홍콩 하면 왠지 짝퉁을 많이 떠올리시는데, 정식 매장에서 파는 물건은 짝퉁이 없으니 안심하세요. 뭐 가끔 백화점 앞에서 한국인들을 상대로 007가방을 꺼내 보이며 '롤렉스'를 외치는 사람들도 있지만 말이에요. 만약 진정 짝퉁의 세계를 경험해보고 싶다면, 홍콩에서 국철을 타고 중국 심천에 있는 루워후란 곳에 가면 돼요. 국경을 넘는다고는 하지만 홍콩 도심에서 30분 밖엔 안 걸려요. 중국 본토인 심천은 홍콩과는 접해있지만, 외국인은 따로 중국비자를 받고 들어가야 해요. 심천 이민국에선 심천 시내에서만 사용할 수 있는 5일짜리 비자를 당일 발급해준답니다.

면세 免税 [miǎnshuì 미엔쉐이]
할인 打折 [dǎzhé 다저]
짝퉁 假货 [jiǎhuò 지아훠]
루워후 罗湖 [luóhú 루워후]
비자 签证 [qiānzhèng 치엔정]

브랜드 品牌
핀파이, pǐnpái

랑콤 兰蔻
란커우, Lánkòu

샤넬 香奈儿
씨앙날, Xiāngnàir

비오템 碧欧泉
삐어우취엔, Bìōuquán

루이뷔통 路易·威登
루이·웨이떵, Lùyì·wēidēng

라네즈 兰芝
란즈, Lánzhī

구찌 古驰
구츠, Gǔchí

마몽드 梦妆
멍주앙, Mèngzhuāng

페라가모 菲拉格慕品
페이라거무핀, Fēilāgémùpǐn

페이스샵 菲诗小铺
페이스씨아오푸, Fēishīxiǎopù

아르마니 阿玛尼
아마니, Āmǎní

설화수 雪花秀
쒜화씨우, Xuěhuāxiù

에르메스 爱马仕
아이마스, Àimǎshì

헤라 赫拉
허라, Hèlā

디올 迪奥
디아오, Dí'ào

아이오페 雷婷
레이팅, Léitíng

펜디 芬迪
펀디, Fēndí

롤렉스 劳力士
라오리스, Láolìshì

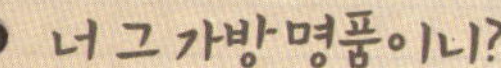

너 그 가방 명품이니?

A: 你的手提包是名牌儿吗? 너 그 가방 명품이니?
Nǐ de shǒutíbāo shì míngpáir ma? 니 더 셔우티빠오 스 밍팔 마?

B: 这是假货。 짝퉁이야.
Zhè shì jiǎhuò. 져 스 지아훠.

너 주말에 뭐 할 거야?

A: 你周末要干什么? 너 주말에 뭐 할 거야?
Nǐ zhōumò yào gàn shénme? 니 져우모 야오 깐 션머?

B: 我要去逛街。 나 쇼핑하러 갈 거야.
Wǒ yào qù guàngjiē. 워 야오 취 꾸앙지에.

여기 카드 돼요?

A: 可以刷卡吗? 카드 결제 돼요?
Kěyǐ shuākǎ ma? 커이 슈아카 마?

B: 当然，可以。 그럼요, 물론이죠.
Dāngrán, kěyǐ. 땅란, 커이.

chapter 33

라스베이거스보다 돈을 많이 버는 마카오

마카오는 한국 드라마의 단골 촬영지에요. 궁, 꽃보다 남자, 에덴의 동쪽, 비가 출연한 도망자까지. 하지만 마카오 하면 뭐니뭐니해도 카지노의 천국으로 가장 많이 알려졌죠. 전 세계 도박의 메카는 더이상 미국의 라스베이거스가 아니에요. 마카오는 이미 2~3년 전에 라스베이거스를 가뿐히 제치고 세계 최고의 카지노 도시가 되었거든요. 수입 면에서 보면 라스베이거스보다 무려 4배나 많이 벌어들이고 있다는 사실. 대체 카지노 말고 마카오엔 또 뭐가 있지? 이런 분들을 위해 마카오에 대한 자세한 설명 들어갑니다. 마카오는 450년간 포르투갈의 식민통치를 받다가 1999년 12월 20일 0시를 기점으로 중국에 반환되었어요. 13억 중국인들에게 이날은 홍콩 반환 후 2년 만에 찾아온 또 한 번의 큰 경사였죠. 마카오의 정식 명칭은

포르투갈 葡萄牙 [Pútáoyá 푸타오야]

'중화인민공화국 마카오 특별행정구'에요. 어째 홍콩의 정식명칭과 그 이름이 비슷하죠? 중국에선 마카오를 홍콩과 똑같이 '1국가 2체제'로 다스리고 있어요. 마카오가 비록 중국 본토에 반환되었지만, 마카오 원래의 사회제도와 생활방식을 앞으로 50년간 유지하는 것도 똑같고요. 그래서 중국 정부는 마카오 정부에 고도(?)의 자치권을 보장해주고 있어요. 마카오 주민은 직접선거를 통해 일부 입법(국회)의원을 뽑을 수 있어요. 마카오의 수장인 행정장관은 각계 대표 300명으로 구성된 선거위원회에서 간접선거로 뽑히고요. 당연히 무조건 친중파가 당선되지만……

마카오는 중국 광둥성의 '주하이'라는 도시와 붙어 있고, 홍콩과는 60km 정도 떨어져 있어요. 중국에서 마카오는 '아오먼'이라 불리는데, '광둥성의 문'이란 뜻이에요. 인천공항에서 마카오까지는 비행기로 3시간 30

분이 걸리는데, 대부분 관광객은 홍콩에서 페리를 타고 들어갑니다. 소요시간은 딱 1시간! 홍콩과 마카오는 중국 영토이지만, 특별행정지구라 홍콩에서 마카오로 들어갈 때 역시 별도의 출입국 심사를 받아야 해요. 본토 중국인은 정부로부터 비자에 해당하는 마카오 통행증을 발급받아야 하고요.

마카오는 도시 면적이 서울 종로구와 비슷해요. 인구는 55만 명 정도이고요. 언어는 홍콩처럼 광둥어가 가장 많이 쓰이고 중국 표준어, 영어, 포르투갈어 이렇게 4가지 언어가 쓰인답니다. 영국 식민지배를 받은 홍콩 시민이 대부분 영어를 쓰는 것과 달리, 마카오 주민들은 포르투갈어를 거의 할 줄 몰라요. 하지만 도로표지판을 보면 중국어와 포르투갈어가 같이 쓰여있어요. 마카오에서는 '파타카'란 화폐를 쓰는데, 홍콩 달러와 환율이 거의 같아 그냥 홍콩 달러를 써도 됩니다. 물론 중국 인민폐도 쓸 수가 있고요.

마카오 하면 카지노만 떠올리는데, 알고 보면 25개의 유네스코 지정 세계문화유산이 몰려 있는 살아있는 역사박물관이에요. 아무래도 400년 넘게 유럽문화의 영향을 받다 보니 도시 전체에 이국적인 느낌이 물씬 풍겨요. 동서양이 결합한 퓨전적인 느낌이랄까? 그중에서도 모든 관광객이 인증샷을 찍는 '세인트 폴 성당'이 특히 유명하답니다. 1835년 화재로 전소해 지금은 성당의 정문과 계단만이 남아있어요. 앞에서 보면 진짜 멋있는데, 뒤로 돌아가 보면 난감하다는……. 철골만이 앙상하게 남아있거든요.^^ 예쁜 파스텔톤 건물들이 오밀조밀 모여 있어, 마치 유럽의 어느 광장에 온듯한 느낌이 드는 '세도나 광장'도 유명해요. '세도나 광장'과 '세인트 폴 성당' 사이에는 좁은 골목이 있는데, 이곳은 이름하여 '시식의 골목'이라 불려요. 여기엔 육포와 쿠키를 파는 가게들이 잔뜩 몰려 있어요. 주인장들이 여행객들에게 무한시식을 권하는데, 인심이 어찌나 후한지, 그냥 시식만 해도 배가 부를 지경이죠. 마카오의 명물인 '에그타르트'를 파는 곳도 많은데, 드라마 '꽃보다 남자'에서 김현중이 들렀다던 가게도 보이네요. 마카오는 우리나라와 특별한 인연이 있어요. 조선시대 사람으로 우리나라 최초의 천주

화폐 货币 [huòbì 훠삐]
골목 巷子 [xiàngzi 씨앙즈]
에그타르트 蛋挞 [dàntà 딴타]

교 신부가 된 '김대건' 사제가 이 곳에서 6년간 신학수업을 받았었거든요. '까모에스 광장'에 가면 전통 두루마기에 갓을 쓴 김대건 신부의 동상이 서 있답니다. 마카오는 도시가 워낙 작아 25곳의 세계문화유산을 모두 둘러보는데 반나절 정도면 충분해요.

마카오는 한때 홍콩 갱영화의 단골무대였어요. '도신', '열혈남아' 같은 영화에서 보면 조직폭력배들이 팔뚝만 한 길이의 칼을 휘두르거나 기관총으로 마구 총질을 해대는 장면이 나오잖아요. 그걸 보면서 "에이 설마~ 정말 저렇게 무식하게 싸울까……." 생각했었는데, 알고 보니 정말 그랬다는……. 마카오는 실제로 90년대 후반까지만 해도 갱들이 활개치는 무법천지였답니다. 특히 러시아 마피아, 일본 야쿠자와 함께 세계에서 가장 악명높기로 유명한 '삼합회'의 주 활동무대였어요. 마카오 갱들은 기관총과 박격포로 무장하고 경찰서를 습격하거나, 경찰차에 불을 지르는 등 하루가 멀다고 시내에서 총격전을 벌였다고 해요. 1998년에는 삼합회 최대파벌인 '14K파'가 자신들의 불법 카지노를 단속한다는 이유로 경찰청장이 탄 차량을 리모컨 폭탄으로 테러한 사건도 있었답니다. 완전 영화 속 한 장면이죠? 중국 정부에선 반환이 임박해오자, 마카오의 치안 안정을 위해 비밀리에 특수 공안요원들

336

을 파견해서 갱들을 모조리 소탕했다고 해요. 본보기로 영향력 있는 두목들을 잡아다 본토에서 공개처형을 시키기도 했었고요. 반환 후엔 즉시 천여 명의 인민해방군을 주둔시켜 현재는 갱들이 싹 자취를 감췄답니다. 갱들이 아무리 배짱이 좋기로서니 인민군과 맞장을 뜰 순 없으니까요.

마카오는 중국 내에서 도박이 유일하게 합법적인 곳이에요. 현재 30여 개의 초대형 카지노가 있는데, 이곳에서 벌어들이는 수입이 우리 돈으로 연간 28조 원에 달한답니다. 한국의 1년 총 관광수입이 10조 원 정도이니 정말 어마어마한 액수이죠. 카지노 업체에서 내는 세금도 엄청나 마카오 전체 행정수입의 70% 이상을 차지하고 있어요. 이렇게 세금이 팽팽 남아도니 마카오 정부는 모든 주민에게 매년 1인당 우리 돈 85만 원 정도의 현금을 보너스로 주고 있답니다. 2008년부터 현재까지 말이죠. 으미 부러운 거! ^^ 현재 마카오에는 홍콩출신 도박 황제 '스탠리 호' 소유의 리스보아 카지노 외에, 미국 라스베이거스의 샌즈, MGM, 윈, 시티 오브 드림즈 등 엄청난 규모의 카지노 호텔들이 들어섰어요. 현재도 계속해서 대형 카지노들이 들어설 예정이고요. 이 중에서도 가장 눈에 띄는 곳이 바로 '베네시아' 호텔 카지노에요. 이탈리아의 수상도시 베니스를 고대로 본떠 만든 베네시아 호텔은 드라마 '꽃보다 남자'에서 F4와 금잔디가 머물기도 한 곳

조직폭력배 黑帮 [hēibāng 헤이빵]
폭탄 炸弹 [zhàdàn 쟈딴]
세금 税 [shuì 쉐이]

이죠. 3천 개 객실이 전부 스위트룸인데다 호텔 내에 인공 운하까지 만들어 놓은 초호화 리조트에요. 여기서 김현중과 잔디가 곤돌라를 탔었는데, 그 장면 기억나시나요?

이곳 카지노의 규모는 축구장 3개를 합한 크기로, 1000여 대의 게임 테이블과 3400여 대 슬롯머신이 있어요. 마카오 카지노를 찾는 관광객, 특히 큰손들은 대부분이 중국 본토에서 온 신흥 부자들이에요. 이들은 통도 엄청나게 커서 하루에 우리 돈 수억 원을 칩으로 바꿔 게임을 하기도 합니다. 중국 본토인들은 비교적 자유롭게 마카오를 드나들 수 있지만, 공무원이나 정부관료들은 그렇지가 않아요. 매년 공무원들이 천문학적인 공금을 횡령해 그 돈으로 마카오에서 도박하다 적발이 되곤 하거든요. 중국 정부는 이를 막고자 공무원들에게 도박 금지령을 내리고, 마카오 통행증의 발급을 제한하는 정책을 쓰고 있어요. 신문을 보니 중국 제1의 갑부에서 횡령혐의로 졸지에 범죄자 신세가 된 '궈메이' 그룹의 '황광위' 회장은 마카오 카지노에서만 무려 9억 위안(1600억 원)을 탕진했다고 해요. 불현듯 우리나라 딴나라당의 모 국회의원이 한 화제의 발언이 떠오르네요. "우리나라도 섹스와 도박이 자유로운 특구지역을 만들어야 한다."는……. 아마도 이 모든 게 가능한 마카오를 염두에 두고 한 발언인 듯싶네요. 마카오는 도박뿐만 아니라 섹스의 천국이기도 하거든요.

■ 슬롯머신 老虎机 [lǎohǔjī 라오후찌]

조폭 **黑社会**
헤이셔후이, hēishèhuì

삼합회 **三合会**
싼허후이, sānhēhuì

야쿠자 **日本黑帮**
르번 헤이빵, Rìběn hēibāng

마피아 **黑手党**
헤이셔우당, Hēishǒudǎng

테러리스트 **恐怖分子**
콩뿌펀즈, kǒngbùfēnzǐ

기관총 **机关枪**
찌꾸안치앙, jīguānqiāng

수류탄 **手榴弹**
셔우리우딴, shǒuliúdàn

마약 **毒品**
두핀, dúpǐn

범죄자 **犯罪分子**
판쭈이펀즈, fànzuìfēnzǐ

감옥 **监狱**
찌엔위, jiānyù

카지노 **赌场**
두창, dǔchǎng

칩 **筹码**
쳐우마, chóumǎ

딜러 **发牌员**
파파이위엔, fāpáiyuán

카드 **扑克牌**
푸커파이, pūkèpái

포커 **扑克**
푸커, pūkè

블랙잭 **21点**
얼스이 디엔, èrshíyī diǎn

바카라 **巴卡拉**
빠카라, bākǎlā

주사위 **骰子**
터우즈, tóuzi

마작 **麻将**
마찌앙, májiàng

바둑 **围棋**
웨이치, wéiqí

시간 있으면 휴대전화로 연락 줘!

A: 有空，打我手机吧！ 시간 있으면 내 휴대전화로 연락 줘!
Yǒu kòng, dǎ wǒ shǒujī ba! 여우 콩, 다 워 셔우지 바!

B: 好的。 알았어.
Hǎo de. 하오 더.

전화 잘못 거셨어요!

A: 喂，小王吗？ 여보세요. 샤오왕이니?
Wèi, Xiǎo Wáng ma? 웨이, 씨아오 왕 마?

B: 你打错了！ 전화 잘못 거셨어요!
Nǐ dǎcuò le! 니 다추워 러!

너 문자 왔어!

A: 你来短信了！ 너 문자 왔어!
Nǐ lái duǎnxìn le! 니 라이 두안씬 러!

B: 这是垃圾短信。 이거 스팸 문자야.
Zhè shì lājī duǎnxìn. 져 스 라찌 두안씬.

chapter 34

중국은 일본보다 한국을 더 싫어한다?

제가 중국에서 대학, 대학원에 다닐 때 학교 전체가 봉쇄되었던 적이 두 번 있었어요. 한 번은 사스가 유행할 때였는데, 그 당시 베이징은 전시 상황처럼 아주 어수선했어요. 도시가 곧 봉쇄된다는 소문에 슈퍼마켓의 쌀과 라면이 다 동날 정도였으니까요. 그때 우리 학교에서도 사망자가 나와서 유학생은 임시 귀국 권고조치가 내려졌고, 학교는 두 달 넘게 완전히 봉쇄가 되었어요. 또 한 번은 2005년도에 일어난 대규모 반일 시위 때문이었어요. 일본의 역사 교과서 왜곡 및 유엔 안보리 상임이사국 진출시도에

분노한 수만 명의 시민들은 거리행진을 벌이며 강도 높은 시위를 벌였어요. 이때 한국의 용산 전자상가라 할 수 있는 '중관춘'의 모든 일본 제품 광고판이 파손됐으며, 시내의 일식당은 물론 대사관 유리창까지 시위대가 던진 돌에 박살이 나기도 했답니다. 저도 이때 중국 친구들로부터 "띠즈 르훠!"(일본 제품 불매!)란 문자메시지를 수십 통씩 받기도 했었어요. 이건 시위가 아니라 거의 폭동수준이었지만, 경찰들은 시위대를 통제하기는커녕 수수방관했어요. 공산국가에서 수만 명의 시민이 거리행진을? 그것도 수도 한복판에서? 이건 항일시위를 은근 반기(?)는 정부의 묵인이 없으면 절대 불가능한 일이었죠. 중국 사람들은 습관적으로 일본인을 '샤오르번'(쪽발이)이라고 비하해 부르는데, 이처럼 중국인들의 반일감정은 그 골이 참 깊어요.

얼마 전 중국의 한 신문사와 포털 사이트가 공동으로 시행한 "중국인이 가장 싫어하는 이웃 국가?" 설문조사에서 한국이 일본을 제치고 1위를 차지했어요. 중국인들은 정말 일본을 뼛속 깊이 싫어하는데, 어떻게 이런 결과가 나왔는지, 다소 의아했어요. 정말 언론보도처럼 요즘 중국인들은 한국과 한국인을 싫어할까요? 저는 중국에 살고 있으면서 그런 반한정서를 피부로 느낀 적은 거의 없어요. 굳이 예전과는 좀 다르다고 느끼는 건 중국 인터넷상에서 한국 관련 기사가 나올 때에요. 기사를 볼 때 습관적으로 댓글을 꼼꼼하게 읽는 편인데, 이유 없이 한국을 비방하는 악성 댓글들

시위 示威 [shìwēi 스웨이]
문자메시지 短信 [duǎnxìn 두안씬]

이 조금 많아졌다는 거! 우리가 중국인을 비하할 때 '짱깨', '짱꼴라'라고 하듯이, 중국인들도 한국인을 '까오리빵즈(고려 몽둥이놈)'라고 하는데, 이런 기분 나쁜 표현들도 전보다 많이 등장하고요. 뭐, 인터넷상에서 이런 막말을 쏟아내는 초딩(?)이야 어느 나라나 있기 마련이지만, 확실히 전과는 다른 냉랭한 분위기가 감도는 건 사실이에요.

중국에서 반한정서가 생긴 원인은 한류열풍에서 그 해답을 찾을 수가 있어요. 2005년 중국 대륙과 홍콩을 강타한 〈대장금〉의 인기는 가히 폭발적이었어요. 베이징에서 택시를 타면 주제가인 '오나라'가 흘러나왔고, 대학원 논문심사 때도 교수님들이 대장금에 관한 질문을 할 정도로 메가톤급 인기였답니다. 심지어는 후진타오 국가주석도 〈대장금〉을 보고 '이영애'의 왕팬이 되었을 정도니까요. 그런데 재미난 건 대장금이 최고의 인기를 구사했지만, 또한 최악의 드라마 1위로 뽑히기도 했다는 사실이에요. 그 이유는 대장금의 일부 내용이 중국인의 민족 감정을 거슬리게 했다는 거였어요. 특히 침술과 한약이 나오는 장면에서 일부 사람들이(주로 지식인층) 딴죽을 많이 걸었어요. 중국에서 영향력 있는 한 배우는 공개석상에서 "대장금을 보니 중국의 침술이 한국이 발명한 것으로 나오는데, 왜 이런

344

억지 설정의 드라마를 중국인들이 좋아하는지 모르겠다. 이런 드라마를 보는 사람은 전부 매국노와 같다."라는 참으로 황당한 발언을 하기도 했어요. 하지만 이때만 해도 이런 비판에 적극적으로 맞서는 중국 누리꾼들이 많았어요. "나 절대 한류빠 아니거든. 근데 솔직히 대장금이 중국 사극보다 훨씬 재밌다.", "한국 드라마를 즐겨 보면 매국노라고? 그럼 재미없는 중국 드라마 보면 애국자?" 이런 옹호의 글들 말이에요. 일부 지식인층에서 제기한 이런 한류비판에 일반인들은 시큰둥했지만, 후에 벌어진 단오절 문제 때는 상황이 조금 달랐어요. 2005년도에 한국이 '강릉 단오제'를 유네스코 세계 무형문화유산에 등재하자, 중국의 언론이며 누리꾼들은 "한국이 침술도 자기네가 원조라고 우기더니, 이젠 중국의 전통명절까지 뺏으려 한다."라며 엄청나게 흥분했답니다. 사실 세계문화유산에 등재된 건 단오절 자체가 아니라, 단오절 때 강릉에서 행해지는 고유의 제례의식인데 말이죠. 휴우~ 이런 부분은 한국 언론이나 정부에서 충분히 설명을 했었더라면 오해가 없었을 텐데……. 좀 아쉬운 점이죠. 또 '공자가 한국인이네.' '한자도 한국인이 개발했다더라.' 등 우리도 처음 듣는 기사들이 마치 공식 기사인 양 중국 인터넷에 퍼져 나가면서 반한 감정이 깊어지는 또 한 번의 계기가 되었어요. 중요한 건 이런 뜬

까오리빵즈 高丽棒子 [gāolìbàngzi 까오리빵즈]
흥분 兴奋 [xīngfèn 씽펀]
정부 政府 [zhèngfǔ 정푸]

금없는 짝퉁 기사들을 보고 "저스 쩐더 마?(그게 정말이야?)"라고 물어보는 중국인들이 꽤 많다는 사실이에요. 주윤발이 주연한 영화 '공자'의 감독도 '공자가 한국인이다'란 언론 기사에 자극받아 영화 제작을 결심했다고 하니까요.

사실 반한감정이 정말 깊어지게 된 계기는 '베이징 올림픽' 전후에요. 2008년 4월 서울에서 올림픽 성화봉송 중 중국 유학생과 한국 시민단체 간의 몸싸움이 있었고, 5월에 중국 쓰촨성에선 수만 명이 사망한 대지진이 발생했는데, 이때 일부 한국 누리꾼들이 쓴 "쌤통이다", "자업자득이다" 같은 악성 댓글들이 고스란히 번역돼 중국 인터넷에 퍼지기 시작했어요. 그런 험한 분위기 속에서 베이징 올림픽 때 SBS가 중국 정부의 엠바고를 어기고 개막식 리허설 장면을 미리 방영하면서, 한국에 대한 반한 감정은 최고조에 다다르게 되었죠. 당시 중국 언론에선 "100년을 기다려 준비한 올림픽을 한국이 다 망쳐놨다."라며 비판의 날을 세웠었죠. 여러분도 아마 보셨을 거에요. 개막식 때는 한국 선수단이 입장할 때 손뼉도 안 쳐주고, 또 올림픽 내내 한국이 어느 팀과 경기를 하건 상대편을 응

올림픽 奥运会 [àoyùnhuì 아오윈후이]
리허설 彩排 [cǎipái 차이파이]
야유 嘘声 [xūshēng 쒸셩]
분위기 气氛 [qìfēn 치펀]
호감 好感 [hǎogǎn 하오간]
존중 尊重 [zūnzhòng 준중]

원하는 그런 분위기였어요. 특히 한국과 중국의 여자 단체 양궁 결승전에서 중국 관중이 매너 없이 휘파람이나 야유를 보낼 땐 정말 화가 나더라고요. 최근에는 장나라가 '강심장'에 나와 "돈이 떨어지면 중국에 간다."라고 말한 영상이 바로 다음날 중국 인터넷에 퍼져 한바탕 난리가 일기도 했었답니다. 본인이야 정말 별 뜻 없이 농담삼아 한 말이겠지만, 이것 역시 중국 누리꾼들의 심기를 상당히 건드렸었죠. 또 슈퍼 주니어의 전 멤버 한경의 노예 계약 사건도 중국의 젊은 층에서 안티 한류를 만들어내는 단초가 되었고요. 그렇다고 치졸하게 반한류 컨셉 CF를 찍다니……. -.-

이처럼 중국에는 현재 어느 정도 반한 정서가 존재하는 게 사실이에요. 때론 의도적으로 혐한 분위기를 조성하는 언론 매체와 사람들도 분명히 있고요. 하지만 여전히 '시크릿 가든' 같은 한국 드라마를 즐겨보고, 한국 BB크림을 즐겨 바르며, 갈비와 삼계탕 같은 한식을 즐겨 먹는 등 한국 문화를 좋아하는 중국인들 또한 많아요. 제가 만나본 대다수 중국인은 한국이라는 나라에 대해 분명히 호감을 갖고 있어요. 현재 한국에 유학온 외국인 중 중국인은 7만여 명으로 전체 유학생의 75%를 차지하고 있어요. 만약 중국인이 한국이란 나라를 정말 싫어한다면 이런 것들이 가능할까요? 이유야 어떻든 중국에서 반한정서가 계속 생겨나는 건 분명히 유쾌하진 않지만, 이것은 달리 보면 그만큼 서로에게 관심이 있다는 얘기일 수도 있어요. 비가 오면 땅이 더 굳고 친구끼리도 싸우고 나면 더욱 친해진다고, 서로에게 애정을 갖고 바라보는 시각이 필요할 거 같아요. 상대방의 문화를 존중해 주면서 말이에요.

성격 **脾气**
피치, píqi

쿨하다 **酷**
쿠, kù

대박이다 **牛B**
니우B, niúB

화나다 **生气**
셩치, shēngqì

우울하다 **郁闷**
위먼, yùmèn

이상하다 **别扭**
삐에니우, bièniu

짜증 나다 **烦**
판, fán

기쁘다 **高兴**
가오씽, gāoxìng

분노하다 **愤怒**
펀누, fènnù

좋아하다 **喜欢**
씨환, xǐhuan

싫어하다 **讨厌**
타오이옌, tǎoyàn

삐치다 **赌气**
두치, dǔqì

까불다 **得瑟**
더써, désè

슬프다 **难过**
난꾸워, nánguò

흥분하다 **兴奋**
씽펀, xīngfèn

미쳐버리다 **发疯**
파펑, fāfēng

애교부리다 **撒娇**
싸찌아오, sājiāo

아부하다 **拍马屁**
파이마피, pāimǎpì

아! 열 받아!

A: 气死了！谁放屁了？ 아! 짜증 나! 누가 방귀 뀌었어?
Qìsǐ le! Shéi fàngpì le? 치쓰 러! 쉐이 팡피 러?

B: 对不起，是我！ 미안, 나야!
Duìbuqǐ, shì wǒ! 뚜이부치, 스 워!

너 혈액형이 뭐야?

A: 你的血型是什么？ 너 혈액형이 뭐야?
Nǐ de xuèxíng shì shénme? 니 더 쒜씽 스 션머?

B: 我是B型。 나 B형이야.
Wǒ shì Bxíng. 워 스 B씽.

이상형이 어떻게 되세요?

A: 你理想的对象是什么样的？ 이상형이 어떻게 되세요?
Nǐ lǐxiǎng de duìxiàng shì shénmeyàng de? 니 리씨앙 더 뚜이씨앙 스 션머양 더?

B: 善良，有钱。 착하고, 돈 많은 사람.
Shànliáng, yǒuqián. 샨리앙, 여우치엔.

chapter 35

자전거보다 인기 있는 대중교통

중국 하면 가장 먼저 떠오르는 것! 바로 자전거죠. 베이징에는 어딜 가든 차도 양옆으로 널찍한 자전거 도로가 있어요. 혹시 자전거가 막힌단 말 들어보셨나요? 예전 일이지만 출퇴근 시간만 되면 쓰나미처럼 쏟아져 나온 자전거들로 차도만큼 넓은 자전거 도로가 꽉 막히는 경우가 많았어요. 수만 대의 자전거들이 폭 10cm의 간격으로 엉겨붙어 가는 모습. 상상이 가시나요? 수업엔 늦겠지, 자전거는 꿈쩍도 안 하지. 냅다 자전거를 들쳐메고 인도 위를 뛰어갔던 적도 허다했어요. 그런데 요즘 베이징에는 자전거가 눈에 띄게 줄었어요. 갑자기 자전거가 사라진 느낌이랄까? 그 정도로 자전거 도로가 허전해요. 그나마 남은 자전거도 전기 자전거로 바뀌는 추세이고요. 그러고 보니 제 주위에도 자전거를 타고 출근하는 중국인은 거의 없네요. 건강을 위해 자전거를 타고 다니는 친구는 있지만 말이죠. 저 역시 황사와 자전거 도둑에 질려 더 이상 자전거는 타고 싶지 않답니다. 취미로라도 말이에요.

자전거가 점점 자취를 감추는 이유는 자가용이 늘어나는 원인도 있겠지만, 대중교통이 발달해서에요. 불과 3~4년 전만 해도 베이징의 지하철 노선은 고작 3개뿐이었어요. 지금은 14개 노선이 생겨, 도시 어디든 지하철만 타고 이동할 수가 있거든요. 지금도 새 노선을 계속 확장 중이고요. 지하철 요금은 이동거리에 상관없이 전 구간 2위안(380원)이에요. 우리도 출퇴근 러시아워가 되면 강남역, 신도림역, 충무로역 등 아주 전쟁터

도둑 小偷 [xiǎotōu 씨아오토우]

를 방불케 하잖아요. 중국도 마찬가지에요. 1일 승객수가 무려 700만 명에 달해 출퇴근 러시아워 땐 정말이지 지옥철이 따로 없답니다. 베이징에는 다양한 종류의 버스가 있어요. 전기로 가는 트롤리 버스, 두 개의 차량을 연결한 지네 버스, 그리고 홍콩에서나 볼 수 있는 이층버스까지. 참 다양하죠. 버스요금은 지하철과 달리 거리에 따라 정해지는데, 기본요금은 1위안(180원)이에요. 요금 정말 착하죠? 베이징 시민은 우리의 'T 머니' 같은 교통카드를 가지고 다녀요. '이카통'이란 카드인데, 이것만 있으면 버스를 단돈 4마오(70원)의 할인된 가격으로 탈 수가 있죠. 학생용 교통카드를 만들면 좀 더 할인된 2마오(35원)면 되고요. 야~ 전 세계에서 단돈 35원으로 버스를 탈 수 있는 나라가 과연 몇이나 될까요? 한국은 나날이 대중교통 요금이 오르는데, 중국은 오히려 요금을 낮추고 있으니 참 부럽습니다. 참! 중국에선 교통카드로 버스 탈 때 "아저씨! 두 명이요!" 요런 건 안된다는 거! ^^

한국에선 1989년 완전히 자취를 감춘 버스안내양. 하지만 중국에선 버스안내양이 건재합니다. 정확히 말하면 버스안내 아줌마지만….^^ 예전에는 차내를 돌아다니며 표를 파는 게 이들의 주 임무였지만, 교통카드가 도입된 후부터는 별로 할 일이 없어졌어요. 대신 이분들은 버스 내의 기강을 바로잡는 군기반장(?) 역할을 해요. 이분들 덕택에 중국인의 질서의식이 높아졌다고 해도 과언이 아니에요. '노인이나 임산부가 탔는데, 만약 젊은 사람이 양보를 안 했다.' 그럼 아주 난리가 납니다. "어이, 젊은이. 앞에 노인 서 계신 거 안보여요?" 처음엔 이렇게 점잖게 말하지만, 만일 끝까지 버티면 무섭게 쏘아 붙여요. 가끔은 개념 없는 승객들과 실랑이가 벌어져 욕설이 난무할 때도 있고, 머리채를 쥐어 잡고 싸우기도 한답니다. 이분들 정말 무서워요~

베이징의 택시 중 3분의 2가 현대에서 만든 엘란트라에요. 현대 자동차와 베이징 자동차가 합작한 '베이징 현대'에서 생산한 차량이죠. 베이징 택시는 차종에 상관없이 기본요금이 10위안(1800원)이에요. 주행요금은 킬로미터당 2위안(350원)씩 올라가고요. 올해부터는 기름 값이 올라 2위

버스 公交车 [gōngjiāochē 꽁지아오쳐]
이카통 一卡通 [yìkǎtōng 이카통]
승객 乘客 [chéngkè 청커]
택시 出租车 [chūzūchē 츄즈쳐]

안의 연료 부가세를 따로 받고 있어요. 미터기에는 별도로 표시가 안 되지만 꼭 내야 하죠. 행여나 기사가 돈을 더 받는다고 멱살 잡고 싸우는 일이 없도록 하세요.^^ 중국은 지역마다 택시 기본요금이 다 달라요. 홍콩과 맞닿아 있는 심천이 전국에서 가장 비싸고, 지방도시는 7~8위안 정도 해요. 완전 시골은 5위안을 받기도 하고요.

베이징에는 일명 '헤이처'라고 하는 불법 자가용 택시가 기승을 부리고 있어요. 지하철역, 버스정류장, 대학교 앞 어디든 득실득실~ 특히 한인들이 모여 사는 아파트 단지에는 언제나 한 무리의 '헤이처' 기사들이 진을 치고 있습니다. 베이징 택시기사들은 그들에게 불만이 많아요. 우리는 뼈빠지게 일해서 사납금 내기도 벅찬데, '헤이처' 놈들은 세금 한 푼 안 내고

영업을 뛰는데도 경찰들은 단속조차 않는다면서요. 베이징 택시기사들이 매월 내야 하는 사납금이 5천 위안(80만 원)에 달하니, 불만이 많을 수밖에요. 예전에야 헤이처 요금이 택시보다 싸서 종종 이용하곤 했는데, 요즘은 절대 안타요. 뭔 배짱인지 택시와 같은 요금을 받으려 하거든요. '헤이처'를 탔다가 강도를 당하거나, 성폭행을 당하는 일도 있어 여성분들은 특히 조심해야 해요.

베이징의 도로 상황은 아주 최악이에요. 요즘은 중국인들 사이에서도 개나 소나 차를 산다는 말이 있을 정도로 자가용은 생활필수품이 되었어요. 그래서 운전면허학원도 문전성시를 이루고 있죠. 중국의 운전면허 시험은 어떨까요? 한국과 똑같이 필기 및 실기시험을 보고, 도로연수를 마치면 면허가 주어줘요. 차이가 있다면 연습차량이 형편없다는 거! 학원비는 최소 3000위안(55만 원) 이상으로 꽤 비싼 편이에요. 외국인은 자국 면허가 있으면 간단한 필기시험만 통과하면 중국 면허를 딸 수가 있습니다. 한국인은 시험을 중국어가 아닌 한국어로도 볼 수 있어요. 45분간 100문제를 풀어야 하는데, 90점 이상이면 합격! 시험은 컴퓨터로 보기 때문에

기본요금 起步价 [qǐbùjià 치뿌찌아]
자가용 轿车 [jiàochē 찌아오쳐]
면허 驾照 [jiàzhào 찌아쟈오]

결과는 그 자리에서 바로 확인할 수 있어요. 한국처럼 예상 문제집에서 고대로 시험이 출제되니 하루 이틀 열심히 공부하면 어렵지 않게 붙을 수가 있답니다. 그럼 한국 면허 소지자가 베이징에서 면허 딸 때 드는 비용은? 시험 응시료, 면허 수속비, 신체검사비 다 포함해서 우리 돈 3~5만 원 정도. 정말 착하죠?^^

　중국에서 운전하기는 어떨까요? 일단 한국에서보다 정신을 100배는 바짝 차려야 해요. 깜빡이 안 켜고 끼어들기, 미친 듯이 클랙슨 울려대기, 개념 없이 상향등 키고 달리기 등 막가파 운전자가 많거든요. 또 여기저기서 튀어나오는 자전거들은 어떻고요. 중국에서 3년 정도 무사고로 운전했다면 'F1'에 나가도 우승할 수 있을 거에요. 그나저나 안전벨트 안 매고 운전하는 습관은 언제 고쳐질는지…. 지금이야 나아졌지만 예전에는 빼갈 먹고 운전대 잡는 사람들도 많았답니다. 요즘 베이징에선 대리운전이 인기에요. 전과 달리 음주단속이 엄격해졌거든요. 걸리면 즉시 면허취소에, 구류 등 형사처벌을 받고, 그 후 5년간 면허 재발급이 불허됩니다. 공무원은 두 번 걸리면 옷을 벗어야 하고요.

서울에서 운전하다 보면 주차 때문에 골치 아플 때가 많잖아요. 베이징도 마찬가지에요. 차는 넘쳐나고 주차공간은 부족하니 매번 주차할 때마다 애를 먹는 경우가 많아요. 중국 아파트에는 한국과 달리 지하에 주차장 시설이 없는 곳이 많아요. 그래서 단지 내에 있는 길가에 월 사용료를 내고 주차를 합니다. 요즘 중국에선 새 아파트를 분양할 때 아예 개인 주차공간을 포함해 팔기도 해요. 근데 재미난 건 요 2평 남짓의 주차공간이 우리 돈 3~4천만 원에 거래된다는 사실이에요. 차 값보다 더 비싼 돈을 주고 주차공간을 사는 나라 중국. 참 웃긴 나라죠?

안전밸트 **安全带** [ānquándài 안취엔따이]
주차장 **停车场** [tíngchēchǎng 팅쳐챵]

자동차 汽车
치쳐, qìchē

오토바이 摩托车
모투워쳐, mótuōchē

운전면허 驾照
찌아쟈오, jiàzhào

택시 잡다 打车
다쳐, dǎchē

교통사고 出车祸
추 쳐훠, chū chēhuò

신호등 红绿灯
홍뤼떵, hónglǜdēng

빨간불 红灯
홍떵, hóngdēng

파란불 绿灯
뤼떵, lǜdēng

일방통행 单行线
딴씽씨엔, dānxíngxiàn

유턴하다 掉头
띠아오터우, diàotóu

건널목 人行道
런씽따오, rénxíngdào

육교 天桥
티엔치아오, tiānqiáo

사거리 十字路口
스쯔루커우, shízìlùkǒu

고속도로 高速公路
까오쑤꽁루, gāosùgōnglù

경찰 警察
징차, jǐngchá

무단횡단 闯红灯
추앙훙떵, chuǎnghóngdēng

벌금 물다 罚款
파쿠안, fákuǎn

음주운전 酒后驾车
지우 허우 찌아쳐, jiǔ hòu jiàchē

대리운전 代驾
따이지아, dàijià

차가 너무 막히네!

A : 堵车真厉害！ 차가 너무 막히네!
Dǔchē zhēn lìhai! 두 쳐 쩐 리하이!

B : 现在是下班高峰。 지금 퇴근 러시아워라 그래.
Xiànzài shì xiàbāngāofēng. 씨엔짜이 스 씨아빤까오펑.

공항으로 가주세요.

A : 您去哪儿？ 어디 가세요?
Nín qù nǎr? 닌 취 날?

B : 去机场。 공항으로 가주세요.
Qù jīchǎng. 취 지창.

너 운전할 줄 알아?

A : 你会开车吗？ 너 운전할 줄 알아?
Nǐ huì kāichē ma? 니 후이 카이쳐 마?

B : 当然，我有驾照。 당연하지. 나 운전면허도 있어.
Dāngrán, wǒ yǒu jiàzhào. 땅란, 워 여우 찌아쟈오.

chapter 36

중국 소수민족 이야기

　　대학 입학 후 첫날. 학과 사무실에서 수강신청서를 작성할 때의 일이었어요. 이름, 생년월일, 국적을 차례로 적어나가는데……. 오잉! 민족? 이거 뭐지? '한민족'이라고 써야 하나?--; 옆에 중국인 학생들이 기재한 서류를 흘끗 쳐다보니 '한족', '만주족', '조선족' 등 다양하네요. 우물쭈물 서 있으니 사무처 직원은 "한궈런 부용 씨에!"(한국 사람은 안 써도 돼요!)라고 하더라고요. 중국인의 주민등록증을 보면 생년월일 옆에 출신 민족이 적혀 있어요. 우리는 상대방의 고향을 물을 때 "전라도세요?" 아님 "충청도세요?" 이렇게 묻지만 중국 사람들은 "어느 민족이세요?"라고 묻기도 한답니다. 저도 가끔 중국인들과 대화 중에 갑자기 한국에서 전화가 걸려와

소수민족 少数民族 [shǎoshùmínzú 샤오슈민주]
장족 壮族 [Zhuàngzú 쥬앙주]

360

우리말을 하면, 통화가 끝나자마자 "니스 차오씨엔 주마?"(혹시 조선족이세요?)란 질문을 받기도 해요. 중국은 인구의 92%를 차지하는 한족을 제외한 55개의 소수민족이 있어요. 1950년대만 해도 약 400여 개가 넘는 소수민족이 등록되었지만, 간추리고 추려서 현재는 55개로 최종 확정되었답니다. 소수민족의 총 인구는 대략 1억 명이 조금 넘어요. 그중 가장 인구가 많은 민족은 장족으로 대략 1600만 명 정도 된답니다. 그다음으로는 만주족, 후이족, 미아오족 순이죠. 조선족은 190만 명으로 13위를 차지하고 있고요. 인구가 가장 적은 민족은 티베트 자치구에 사는 뤄바족으로 고작 300여 명 밖에 안되죠. 또 북방지역에 사는 허저족은 4600명으로 뤄바족과 함께 인구가 가장 적은데, 슈퍼주니어의 전 멤버 '한경'이 바로 요 허저족 출신이기도 해요.

　　중국 소수민족 중 인구가 가장 많은 장족은 베트남과 인접한 중국 남부의 '장족 자치구'에 모여 살아요. 장족은 자유로운 연애결혼과 혼전 성관계, 데릴사위제 같은 독특한 풍습을 갖고 있어요. 인구 천만 명의 만주족! 청나라를 세워 티베트, 위구르, 몽골 지역을 정벌해서 지금의 중국 국토를 만든게 바로 만주족이에요. 한때 30만의 만주족이 1억 5천만의 한족을 지배했던 시절도 있었으나, 300년이 지난 지금은 자치구 하나 없는 초라한(?) 신세가 되었죠. 완벽하게 한족화가 되어, 현재 전 중국에서 만주어를 구사할 수 있는 사람이 고작 18명 뿐이라네요. 만주족 중에는 유명한 사람이 꽤 많아요. '낙타샹즈'를 쓴 중국 서민 문학의 거장 '라오서', 황비홍에 나왔던 홍콩배우 '관지람' 중국이 낳은 천재 피아니스트 '랑랑' 등……. 특이한 건 만주족은 양발의 새끼 발톱이 두 쪽으로 갈라져 있다고 해요. 제가 주위의 만주족 친구들을 죄다 벗겨 확인해 본 결과 정말 그렇더라고요. 또 만주족은 절대 개고기를 먹지 않아요. 청나라를 세운 '누르하치'가 적에게 쫓기고 있을 때, 그를 구해준 게 개였다는 일화가 있거든요.

중국에서 '살아있는 소수민족 박물관'이라 불리는 윈난성에는 미아오족, 야오족, 이족, 타이족 등 다양한 소수민족이 살고 있어요. 인구 900만 명의 미아오족은 은으로 만든 왕관과 오버사이즈 목걸이, 팔찌 등 장신구를 즐겨 해요. 소수민족 중 화려함이 단연 돋보이죠. 또 개고기나 고추, 마늘이 들어간 전골류, 무침 등의 음식을 즐겨 먹어 우리와 비슷한 구석도 많아요. 이족 역시 재미난 풍습을 많이 갖고 있어요. 특히 술을 굉장히 중시하는데, 손님이 방문하면 차 대신 술을 내와 따라준답니다. 그래서 "한족은 차, 이족은 술"이란 말이 있기도 해요. 그 외에 또 화끈한(?) 풍습이 하나 있는데요. 바로 '모나이제'에요. 우리말로 하면 '가슴 만지는 날'. --; 이름이 좀 이상야릇하죠? 음력 7월 14일부터 16일까지 3일간은 낯선 이족 여

만주족 满族 [Mǎnzú 만주]
개고기 狗肉 [gǒuròu 거우러우]
모나이제 摸奶节 [mōnǎijié 모나이지에]

성의 가슴을 얼마든지 만져도 된답니다. 이는 남자가 여자의 가슴을 만지면 여자에게 복이 온다고 믿기 때문이죠. 물론 만진 남자도 똑같이 복을 받는다고 하고요. 윈난성에서도 가장 남쪽에 있는 '시솽반나'에는 태국과 비슷한 풍습을 가진 타이족이 있어요. 이곳에 가면 황금 지붕의 태국풍 사원도 볼 수 있고, 30여 가지 요리가 올라오는 타이족 정식도 맛볼 수가 있어요. 특히 매년 양력 4월 13일부터 3일간 서로에게 바가지로 물을 흠뻑 뿌리는 '물세례 축제'가 아주 유명하답니다.

중국의 소수민족 중 가장 정체성이 두드러진 민족은 티베트족과 위구르족이에요. 인구 540만 명의 티베트족은 해발 5000m가 넘는 세계에서 가장 높은 고지대에서 살고 있어요. 저는 대학시절 티베트를 두 번이나 여행했는데요. 때묻지 않은 자연이 정말 아름다운 곳이에요. 말로만 듣던 고산병에 걸려 정말 죽을뻔한 기억도 있지만 말이에요. 중국인들이 가장 가고 싶어 하는 여행지 1순위가 바로 티베트에요. 하지만 정작 티베트족은 그들을 반기지 않아요. 사원 앞에서 밤새도록 오체투지를 하며 기도하는 티베트족에게, 중국말로 "니하오!"라고 인사를 건네면 싸늘하게 무시하기도 해요. 이내 중국어로 "워스 한궈런."(저 한국사람이에요.)이라고 하면, 그제야 환한 웃음으로 반겨주곤 했어요. 라싸에서 만났던 한 티베트 할아버지는 제 손을 잡고 인적이 드문 곳으로가, "중국은 우릴 해방시켰다고 하

타이족 **傣族** [Dǎizú 다이주]
물세례 축제 **泼水节** [Pōshuǐjié 포쉐이지에]
자연 **自然** [zìrán 쯔란]

364

지만, 우린 분명히 침략을 당한 거야!"라며 눈물을 글썽이기도 했어요. 중국 정부는 가난하고 낙후된 서부지역 개발을 빌미로 티베트에 철도를 놓고, 한족을 대거 이주시키는 동화정책을 쓰고 있어요. 하지만 이에 따른 실질적인 개발이익은 전부 한족 상인이나 공무원에게만 돌아가 민족 간의 골이 더 깊어지는 실정이에요. 지금 티베트에는 5성급 관광호텔까지 들어섰을 정도로 빠르게 도시화가 진행 중이에요. 한때 '달라이 라마'가 살았던 포탈라궁 옆에 곧 스타벅스가 생길 날도 멀지 않았겠지요.

위구르족이 모여 사는 신장 자치구에 가보면 과연 여기가 정말 중국이 맞나 싶을 정도로 분위기가 이국적이에요. 일단 생김새부터가 완전히 다르고, 쓰는 언어며 종교 · 문화가 전혀 다르니까요. 우르무치나 카슈카르에 가면 곳곳에 이슬람 사원도 많고, 여성들은 검은 베일로 얼굴을 가리

고 다녀요. 위구르족 자치구는 '중국의 화약고'라고 불리기도 해요. 매우 빈번하고도 심각하게 한족들과 무력충돌이 일어나거든요. 2009년도엔 우르무치에서 분리독립을 요구하는 시위가 벌어져 150여 명이 죽고, 수천 명이 다치는 참혹한 사건이 벌어지기도 했어요. 베이징의 도심에서도 가끔 테러로 의심되는 의문 모를 폭발사건이 일어나기도 하는데, 언론에는 일체 보도가 되지 않아요. 베이징 올림픽이 끝난 지가 언젠데, 아직도 모든 지하철역에서는 엄격한 보안검색이 이뤄지고 있어요. 무슨 공항도 아니고 승차할 때마다 검색대를 통과해야 하니 귀찮기 짝이 없죠.

중국 정부는 한족과 다른 소수민족 간의 이질감을 없애고, 민족 화합을 위해 다양한 우대 정책을 펴고 있어요. 소수민족은 중국의 '한 자녀' 정

366

책에 상관없이 자녀를 두 명까지 낳을 수가 있어요. 그리고 대학입시 때도 소수민족 학생은 적게는 5점에서, 많게는 20점의 가산점을 받는답니다. 이 때문에 중국에서는 매년 한족 학생들이 소수민족 출신으로 올리는 양 호적 사건이나 입학원서를 조작해 부정입학을 하는 사건이 심심찮게 일어 나기도 해요.

테러 恐怖袭击 [kǒngbùxíjī 콩뿌씨지]
지하철역 地铁站 [dìtiězhàn 띠티에쟌]

한족 汉族
한주, Hànzú

장족 壮族
주앙주, Zhuàngzú

만주족 满族
만주, Mǎnzú

회족 回族
후이주, Huízú

묘족 苗族
미아오주, Miáozú

위구르족 维吾尔族
웨이우얼주, Wéiwú'ěrzú

토가족 土家族
투찌아주, Tǔjiāzú

이족 彝族
이주, Yízú

몽고족 蒙古族
멍구주, Měnggǔzú

장족 藏族
짱주, Zàngzú

포의족 布依族
뿌이주, Bùyīzú

동족 侗族
똥주, Dòngzú

요족 瑶族
야오주, Yáozú

조선족 朝鲜族
차오씨엔주, Cháoxiǎnzú

백족 白族
바이주, Báizú

합니족 哈尼族
하니주, Hānízú

카자흐족 哈萨克族
하싸커주, Hāsàkèzú

여족 黎族
리주, Lízú

태족 傣族
다이주, Dǎizú

서족 庶族
슈주, Shùzú

율속족 傈僳族
리쑤주, Lìsùzú

흘로족 仡佬族
거라오주, Gēlǎozú

동향족 东乡族
똥씨앙주, Dōngxiāngzú

납호족 拉祜族
라후주, Lāhùzú

수족 水族
쉐이주, Shuǐzú

와족 佤族
와주, Wǎzú

납서족 纳西族
나씨주, Nàxīzú

강족 羌族
치앙주, Qiāngzú

토족 土族
투주, Tǔzú

무로족 仫佬族
무라오주, Mùlǎozú

● 중국에는 소수민족이 몇 개나 있어요?

A: 中国有多少个少数民族？ 중국에는 소수민족이 몇 개나 있어요?
Zhōngguó yǒu duōshao ge shǎoshùmínzú? 중궈 여우 뚸워샤오 거 샤오슈민주?

B: 一共56个民族。 모두 56개의 민족이에요.
Yígòng wǔshíliù ge mínzú. 이꿍 우스리우 거 민주.

고향이 어디세요?

A: 你的老家在哪儿？ 고향이 어디세요?
Nǐ de lǎojiā zài nǎr? 니 더 라오찌아 짜이 날?

B: 首尔。 서울이요.
Shǒu'ěr. 셔우얼.

● 한국에도 소수민족이 있나요?

A: 韩国也有少数民族吗？ 한국에도 소수민족이 있나요?
Hánguó yě yǒu shǎoshùmínzú ma? 한궈 이예 어우 샤오슈민주 마?

B: 我们只有一个民族。 우린 민족이 딱 하나에요.
Wǒmen zhǐ yǒu yí ge mínzú. 워먼 즈 여우 이 거 민주.

chapter 37

중국은 사회주의? 자본주의?

오늘은 일요일. 영화 '올드보이'의 최민식처럼 10년 넘게 만두를 먹어왔지만, 오늘의 브런치(?)는 만두로 낙점. 골판지 만두 파동으로 길거리 만두는 끊은 지 오래. 대신~ 깔끔한 맛을 자랑하는 대만의 세계적인 만두 체인점 '딘타이펑'으로 고고씽! 베이징 최고 명품관인 '신광티엔띠' 안에 있는 '딘타이펑'은 점심때가 훨씬 지났는데도 문전성시를 이루네요. 30분을 기다리고서 안에 들어가 얇은 만두피 안에 구수한 육즙이 들어 있는 '소롱포'를 주문! 주방장이 정성스레 손으로 빚은 만두는 비싼 만큼 맛은 최고에요. 식사 후 부른 배를 움켜잡고 의자에 기대앉았는데, 막 쇼핑을 끝낸 사람들이 계속 몰려오네요. 저마다 양손 가득 쇼핑백을 들고서요. 2만 위안이 넘는 샤넬 백을 옆에 놓고, 한 판에 우리 돈 만 원이 넘는 만두를 열심히 쌓아놓고 먹는 중국인들을 보고 있자니, 불현듯 드는 생각. '중국인들 정말 용(?) 됐구나!' 90년대 초반까지만 해도 공산주의 계획경제의 상징이

었던 식량 배급표가 존재했었는데……. 부자와 지주들을 몰아내려고 열혈 투쟁을 벌였던 마오쩌둥이 환생해 이 자리에 있다면, 과연 무슨 생각을 할 까요?

중국이란 나라의 정체는 과연 뭘까요? 사회주의 국가? 아니면 무늬 만 사회주의인 자본주의 국가? 중국은 누가 뭐라 해도 분명히 사회주의 국 가에요. 겉으로는 자본주의 시장경제를 표방하지만, 공산당이 모든 걸 통 제하는 사회주의 국가죠. 좀 더 쉽게 얘기하면 경제는 자본주의를, 정치는 사회주의를 혼합한 체제가 바로 '중국식 사회주의'에요. 자장과 짬뽕을 섞 은 '짬짜면'이나 가솔린 엔진과 전기모터를 함께 쓰는 하이브리드카인 격. 〈역사의 종언〉으로 유명한 미국의 정치경제학자 프랜시스 후쿠야마는 이 런 중국식 시스템을 딱히 뭐라고 정의하기 어렵다고 했어요. 왜냐? 전 세

만두 饺子 [jiǎozi 지아오즈]
점심 午饭 [wǔfàn 우판]
식량 배급표 粮票 [liángpiào 리앙피아오]

계에서 그 유래를 찾아볼 수 없을 정도로 독특하니까요. 한마디로 말해 알다가도 모를 나라가 바로 중국이란 얘기! 이러한 실험적인 모델은 많은 문제가 있기도 하지만, 적어도 경제방면에선 대단한 성과를 내며 중국에 가장 적합한 통치 시스템이란 평가를 받고 있어요. 덩샤오핑이 개혁개방을 주창한 지 30년 만에, 중국은 지지리도 가난한 후진국에서 세계 제2위의 경제 대국이 되었어요. 연간 10%의 높은 경쟁성장률을 기록하며, 살벌하게 불어닥친 금융위기 속에서도 승승장구해, 작년에 중국의 국내총생산(GDP)은 일본을 넘어섰어요. 앞으로 20년 후에는 미국을 넘어서 경제에서만큼은 세계 '짱'이 될 거라 보고 있고요. 그야말로 중국판 '한강의 기적'인 '대륙의 기적'이라 할 수 있겠죠. 이 모든 게 공산당이 주도하는 강력한 개발독재 하에 이뤄낸 것이니, 어떻게 보면 우리나라의 박정희식 개발독재와 비슷하다고도 볼 수 있어요.

중국에 살면서 "여기가 사회주의 국가구나."라고 실감할 때는 별로 없어요. 굳이 오성홍기가 펄럭이고, 마오쩌둥 초상화가 걸린 천안문광장을 지나치지 않는다면야. 1996년 중국에 처음 발을 디뎠을 때도, 그냥 우리보다 못사는 후진국이란 인상은 강했어도, 어릴 때부터 세뇌받듯 교육받았던 '공산당'스러운 느낌은 거의 없었어요. 하지만 겉으론 아무리 자본주의를 표방해도, 역시나 근본(?)은 속일 수 없는 법. 1년에 두세 차례 정도는 중국이 사회주의 국가란 걸 몸소 체험하곤 했답니다. 과거 중국의 대부분 상점과 백화점은 국영이라 서비스가 형편없었어요. 뭐 열심히 판매를 하든 말든 받는 월급도 똑같고, 손님과 멱살을 잡고 싸워도 전혀 해고될 위험이 없었으니까요. 거스름돈도 막 표창 날리듯 휙휙 던지고. 그땐 중국어가 짧아 대판 싸울 수도 없었으니, 하루에도 몇 번씩이나 혈압이 올랐다 내렸다 했었더랬죠. 대학시절에는 강의실 벽마다 크게 붙어 있었던 '분투', '전진', '건설'이란 몹시 혁명스러운 구호들이 인상적이었어요. 마르크스주의, 마오쩌둥 이론 같은 정치수업도 모든 학생이 꼭 이수해야 하는 필수과목이었고요. 대학 3학년 때 학생회 회장을 맡았는데, 1년에 한 번씩 대강당에서 중국 학생회와 함께 '송년의 밤'이란 행사를 개최했어요. 이때 한국·중국 학생회 대표가 나와 노래나 악기연주 같은 장기자랑을 합니다. 저는 멋지게 피아노 연주를 하려고 했는데, 어떤 곡인지 미리 사전 검열을 해

유래 来历 [láilì 라이리]
독재 专政 [zhuānzhèng 쥬안정]
혁명 革命 [gémìng 거밍]
검열 审查 [shěnchá 션챠]

야 한다나? 그때 중국 학생회 임원들 앞에서 베토벤의 월광 소나타 1, 2, 3
악장을 폭풍 연주했는데, 다 듣고는 하는 말 "곡 분위기가 너무 우울해. 힘
찬 행진곡으로 바꿔 줘." 헐~ 제가 너무 어이가 없어 "그럼 무슨 혁명가라
도 치란 말이야?" 하니 "엉, 비슷한 걸로. 안 그러면 좀 곤란해……." 저 말
고 다른 외국 유학생들도 비슷한 검열을 당해, 결국 그 행사는 파투가 나버
렸죠. 중국 대학의 학생회 임원은 대부분 공산당 당원이고, 학생회장은 '학
생 주석'이라고 불린답니다.

매년 종교집회에 참가할 때도 마찬가지였어요. 지금은 그나마 나아
졌지만 외국인의 종교집회는 정부의 허가를 받아야만 하는데, 신청해도
안 될 게 뻔하니 몰래 하곤 했거든요. 한 번은 '부처님 오신 날' 시내의 한
호텔 연회장을 빌려 법회를 열고 있었는데, 별안간 기관총을 든 수십 명
의 공안이 들이닥쳐 강제로 집회를 해산시키기도 했었답니다. 한인 교민
들을 대상으로 의료봉사 활동을 할 때도 똑같은 상황이 벌어졌었고요. 이
것도 한두 번 경험하니 금세 적응이 되더군요. 별로 무섭거나 놀랍지도 않
고……. 중국 헌법은 종교의 자유를 보장하고 있지만, 모든 종교활동은 공
산당의 감시와 통제를 받아요. 중국 정부는 개척교회·가정교회를 불법
으로 규정하는데, 지하에서 활동하는 중국 기독교인 수만 1억 명이 넘는
다고 해요. 현지에는 많은 한국 목사들이 선교활동을 펼치고 있지만, 중국

학생 주석 学生主席 [xuéshēng zhǔxí 쒜셩 주씨]
종교 宗教 [zōngjiào 종찌아오]
선교 宣教 [xuānjiào 쒸엔찌아오]

인을 상대로 한 선교활동은 일체 금지에요. 최근에도 이런저런 경험을 했는데요. 2008년도 수십만 명의 사상자를 낸 쓰촨성 대지진이 발생했을 때, 정부에선 3일간의 전국 애도일을 선포했어요. 국가적인 재난이라 희생자를 추모하는 건 너무나 당연하지만, 그 방식이 좀 과하게 느껴졌어요. 사흘 동안 모든 중국 인터넷 사이트가 흑백화면으로 바뀌었고, 오락성 사이트는 아예 접속을 막아놨어요. 또 전국의 모든 노래방, PC방, 술집, 가라오케 등 유흥업소들도 일제히 문을 닫게 했고요. 작년에 일어난 칭하이성 지진과 저우취 산사태 때도 상황은 같았고요. 이렇게 공산당 지도부의 말 한마디에 모든 게 일사천리로 돌아가는 걸 볼 때면, 중국이 사회주의 국가란 걸 아주 실감한답니다.

2007년 10월 1일. 중국에선 건국 이래 최대 중요한 사건이 있었어요.

개인의 재산권을 국유재산과 동등하게 보장한다는 법안인 '물권법'이 마침내 시행되었거든요. 물권법? 이게 대체 뭐기에 그렇게 난리였을까요? 중국은 공유제를 원칙으로 하는 사회주의 체제라 법적으로 개인의 재산권을 보장하지 않았어요. 그래서 예전엔 내 돈 주고 땅 사고, 건물 올려도 국가가 공공이익을 핑계로 "내 놔!" 하면 찍소리 못하고 내줘야 했어요. 하지만 이젠 내가 번 재산에 대해 법적인 보호를 받을 수 있는 안전장치가 생긴 셈이죠. 중국은 지난 수천 년간 단 한 번도 사유 재산권에 대한 법률적 명시를 한 적이 없었거든요. 그러니 이 법안은 엄청나게 파격적인 조치라고 할 수가 있죠. 중국 보수파들로부터 "사회주의 체제가 뿌리째 흔들릴 수도 있다."라는 비판을 받았을 만큼. 이날 중국 정부는 "13억 중국 인민들은 이제 집과 부동산을 자자손손 물려줄 수 있게 됐다."라고 대대적인 발표를 하며 "중국이 자본주의냐? 사회주의냐?"란 논쟁에 종지부를 찍었답니다.

　아무리 둘러봐도 중국은 분명히 그 어떤 나라보다 자본주의적인 나라에요. 하지만 자본주의적인 요소가 아무리 많이 들어갔다 치더라도, 자유 민주주의 국가가 되었다고 볼 순 없어요. 중국은 여전히 체재에 작은 위협이라도 가해지면, 언제라도 물불 가리지 않고 극단적인 조처를 할 수 있는 공산당 일당 독재체제이거든요. 중국 공산당은 "안정이 모든 것을 압도한다."를 제1의 철칙으로 삼고 있어요. 중동에 불어닥친 '재스민 혁명' 열기로 베이징과 상하이에서도 깜짝 시위가 있었지만, 경찰들에 의해 시위자들은 쥐도 새도 모르게 사라져 버렸어요. 2010년 중국인 최초의 노벨 평화상 수상자인 '류샤오보'는 시상식에도 참석하지 못한 채 국가 전복 혐의로 감옥에 수감되어 있고요. 매년 영국의 '이코노미스트'지에서 조사하는 각국의 민주화 지수를 보면 중국은 '독재체재 국가'로 분류되어 있고, 순위는 167개국 중 136위에요. 국경 없는 기자회에서 측정한 2010년 언론자유지수에서도 중국은 총 178개국 중 171위를 차지했고요. 지금 때가 어느 때인데, 중국에선 트위터, 페이스북, 유튜브 같은 소셜네트워크 서비스도 철저히 차단한답니다. 국경 없는 기자회는 인터넷 언론자유를 침해하는 중국을 이집트, 튀니지, 북한 등과 함께 '인테넷의 적'으로 규정하기도 했어요. 중국식 사회주의를 통해 경제가 날로 번영하는 만큼 그에 비례해서 커지는 각종 문제들, 인권, 민주화, 민족분쟁, 부정부패, 소득불균형 등등, 이것들을 어떻게 풀어나가느냐가 중국식 사회주의의 미래를 결정하지 않을까 하는 생각이에요.

물권법 物权法 [wùquánfǎ 우취엔파]
감옥 监狱 [jiānyù 찌엔위]

민주주의 **民主主义**
민주주이, mínzhǔzhǔyì

자본주의 **资本主义**
쯔번주이, zīběnzhǔyì

사회주의 **社会主义**
셔후이주이, shèhuìzhǔyì

공산주의 **共产主义**
꽁챤주이, gòngchǎnzhǔyì

중국식 사회주의 **中国特色社会主义**
중구워 터써 셔후이주이, Zhōngguó tèsè shèhuìzhǔyì

재스민 혁명 **茉莉花革命**
모리화 거밍, mòlìhuā gémìng

종교 **宗教**
종찌아오, zōngjiào

불교 **佛教**
포찌아오, Fójiào

기독교 **基督教**
지뚜찌아오, Jīdūjiào

이슬람교 **伊斯兰教**
이쓰란찌아오, Yīsīlánjiào

가톨릭교 **天主教**
티엔주찌아오, Tiānzhǔjiào

절 **佛庙**
포미아오, fómiào

교회 **教堂**
찌아오탕, jiàotáng

성경 **圣经**
셩찡, shèngjīng

성당 **天主教堂**
티엔주찌아오탕, Tiānzhǔjiàotáng

목사 **牧师**
무스, mùshī

신부 **神父**
션푸, shénfu

승려 **僧侣**
셩뤼, sēnglǚ

예배 **礼拜**
리빠이, lǐbài

석가탄신일 **佛诞节**
포딴지에, Fódànjié

부활절 **复活节**
푸워지에, Fùhuójié

크리스마스 **圣诞节**
셩딴지에, Shèngdànjié

동영상이 왜 이렇게 끊기지?

A: 这个视频怎么这么卡？ 이 동영상 왜 이렇게 끊기지?
Zhè ge shìpín zěnme zhème qiǎ? 져 거 스핀 전머 져머 치아?

B: 我家网速慢。 우리 집 인터넷 속도가 느리거든.
Wǒ jiā wǎngsù màn. 워 지아 왕쑤 만.

다운받다

A: 这资料从哪儿来的？ 이 자료 어디서 구했어?
Zhè zīliào cóng nǎr lái de? 져 쯔리아오 총 날 라이 더?

B: 在网上下载的。 인터넷에서 다운받았어.
Zài wǎngshàng xiàzài de. 짜이 왕샹 씨아짜이 더.

굽다

A: 这电影给我烤一下。 이 영화 나 좀 구워줘.
Zhè diànyǐng gěi wǒ kǎo yíxià. 져 띠엔잉 게이 워 카오 이씨아.

B: 没问题！ 알겠어!
Méi wèntǐ! 메이 원티!

chapter 38

출세의 필수코스, 공산당

중국의 초등학생들은 등교할 때 목에다 붉은색 스카프를 두릅니다. 이 스카프를 중국에선 '홍링진'이라고 불러요. 근데 이게 그저 예쁘다고 매는 스카프가 아니라는 거! 홍링진은 다름 아닌 '중국소년 선봉대'의 상징이에요. 흔히들 줄여서 '소선대'라고 하는데, 일종의 유소년 공산당 조직이라고 보면 돼요. '소선대'라 꼭 무슨 걸그룹 이름 같죠?^^ '소선대'의 가입연령은 만 6~14세로, 대부분은 초등학교 1학년 때 가입한답니다. 이건 강제성은 없고 원하는 학생들만 가입해요. 물론 대부분 다 가입을 하지만……. 예전에 베이징의 한 초등학교에서 행해지는 입단식을 구경한 적이 있었어요. 학생들이 운동장에 쭉 열을 맞춰 서 있고, 행진가가 울려 퍼

홍링진 红领巾 [hónglǐngjīn 홍링찐]
소선대 少先队 [shàoxiānduì 샤오씨엔뚜이]
공청단 共青团 [gòngqīngtuán 꽁칭투안]

지자 '소선대'의 대표학생들이 붉은 깃발을 들고 연단 위로 올라옵니다. 10살 정도의 어린 학생들이 어찌나 혁명스러운 구호를 잘 외치는지, 마치 군인들의 행진을 보는 듯했어요. 잠시 후 전체 학생들은 선생님의 구호에 맞춰 가입 선서를 합니다. 주먹 쥔 오른손을 들고 "조국과 인민을 사랑할 것이며, 공산주의 대업을 위해 분투하겠습니다."라고 우렁차게 외치죠. 어린아이들이 어찌나 혁명구호를 잘 외치는지…… 다시금 중국이 사회주의 국가라는 걸 실감한 순간이었죠.

중학교에 들어간 후 성적이 좋고 모범적인 학생들은 '중국 공산주의 청년단'에 가입할 수가 있어요. 흔히 '공청단'이라 불리는 이 조직은 중국 공산당의 청년조직이에요. 14세부터 입단할 수 있는데, 28세가 넘으면 자동으로 조직을 떠나야 해요. 이 '공청단'은 현재 중국의 정치권력을 이해

하는데 절대적으로 중요한 핵심 키워드에요. 후진타오 국가 주석이 바로 이 공청단 출신이거든요. 공청단 단원은 현재 남·북한 인구를 합친 것보다 많은 8천만 명 정도로, 이곳 출신들은 중국의 정계·교육·경제·문화 방면에 고루 퍼져 있어요. 일단 이 공청단에서 중요한 요직을 맡는다면 앞으로 중앙 정치 무대에 나가기가 훨씬 수월해지죠. 후진타오 주석도 공청단의 장을 맡았었고, 수많은 정부 실세들도 이곳 간부직을 두루 거쳤거든요. 공청단에 가입한 경력은 공무원 채용이나 취업할 때도 큰 플러스가 돼 이력서에 꼭 써넣기도 합니다. 중국에서 정치적으로든 경제적으로든 크게 출세하려면 '소선대 – 공청단 – 공산당원', 이 3단계 풀코스를 꼭 밟아야 해요. 중국에서 기득권층에 속하려면 학연·지연보다 이런 공산당 산하조직의 인맥이 더 중요할 수가 있거든요.

중국의 최고 권력기관은 뭐니뭐니해도 일당 독재를 하는 중국 공산당이에요. 사실 중국에는 공산당 말고도 '민주제당파'라고 하는 8개의 정

이력서 简历 [jiǎnlì 지엔리]
당원 党员 [dǎngyuán 당위엔]

당이 존재하는데, 공산당의 지배를 받고 있어 정치적 영향력은 거의 '제로'에요. 여기서 퀴즈 하나. 중국 공산당의 당원 수는 얼마나 될까요? 2009년 기준으로 7800만 명이었으니, 현재는 8천만 명이 넘었겠네요. 세계에서 당원 수가 가장 많은 정당이자, 인류역사에 출연했던 조직 가운데 최대 규모에요. 중국에서 공산당원이 되기는 쉬울까요? 우리 같으면 정당에 가입하려면 공무원을 제외한 누구라도 입당신청서 내고 당비 내면 끝이지만, 중국은 달라요. 심사가 꽤 까다로운 편이죠. 만 18세가 넘는 중국 국적 소지자는 농민, 학생, 군인, 노동자 등 직업 불문하고 누구든 당원이 될 수가 있어요. 중국 젊은이들은 대부분 대학시절에 공산당에 가입하는데요. 입당 절차를 한번 살펴보자면, 먼저 학교 당지부에 입당원서를 냅니다.

이때 기존 당원 2명의 추천서가 필요해요. 당지부는 신청자의 성적, 국가관, 성실성, 리더십, 주위 평판 등을 자세히 심사합니다. 그리곤 입당 필기시험 시행! 과목은 당 헌장, 마르크스와 마오쩌둥 사상, 공산주의 이론 등등……. 필기와 면접시험을 통과하면 예비당원 신분이 되는데요. 이때까지 1년의 세월이 걸리죠. 예비당원이 되었더라도 또다시 까다로운 심사과정을 거친 후에야 정식 당원이 될 수 있어요. 이 기간은 봉사활동이나 당 토론대회에 꾸준히 참석해야 하고, 일종의 이념검증 리포트인 '사상보고서'도 정기적으로 제출해야 한답니다. 모든 게 순탄하면 정식 당원이 되기까지 꼬박 2년의 세월이 걸리는 셈이죠. 에휴 공상당원 되기 참 쉽지가 않죠? 주위 중국 친구들에게 물어보면 당원되기가 어렵다기 보단 참 많이 짜증난다고 해요.^^ 많은 학생은 여러 번의 낙방 끝에 당원이 되기도 해요.

중국의 차기 주석으로 내정된 '시진핑'도 자신의 회고전에서 과거 10번이나 입당 퇴짜를 맞았다고 밝혔으니까요.

그럼 정식 당원이 되면 뭐가 달라질까요? 학점을 더 잘 준다? 소개팅에서 유리하다? 교수에게 예쁨 받는다? 뭐 이런 실질적인 혜택은 전혀 없어요. 하지만 졸업 후 '당원' 신분이 있으면 취업하는데 훨씬 유리하답니다. 공무원 시험에 합격해도 오직 '당원'만이 갈 수 있는 핵심부처가 있고, 국유기업이나 일반 민간기업에도 죄다 공산당 기층조직이 있어 입사 및 승진하기가 훨씬 수월하죠. 학창시절 당원으로 활동한 경력이 있는 명문대 출신들은 외국계 기업에서도 좋은 대우를 받는다는 사실! 최고 인류대인 베이징대는 전체학생의 10%가 공산당에 가입했답니다. 대학 때 저희 과에서는 50명 학생 중 2~3명이 공산당 당원이었죠. 참! 당원이 되면 매달 당비를 꼬박꼬박 내야 하는데, 이건 개인의 수입에 따라 차등 적용돼요. 월수입 3천 위안 미만이면 수입의 0.5%, 그 이상이면 1% 이렇게……. 하지만 학생들은 매달 단돈 2마오. 우리 돈 40원 정도만 내면 된답니다. 만일 당비를 6개월간 체납하면 당적이 자동으로 박탈되고요.

중국에도 선거란게 있을까요? 많은 사람이 중국에는 투표제도가 없다고 알고 있는데, 매년 6억 명 이상의 인민들이 투표에 참가한다는 사실!

승진 升级 [shēngjí 셩지]
선거 选举 [xuǎnjǔ 쉬엔쥐]

중국에는 한국의 '읍, 면'에 해당하는 '향, 진'이란 말단 행정구역이 있는데, 이곳의 대표는 주민의 직접선거로 선출된답니다. 우리로 치면 면장이나 동장쯤 될까요? 이런 주민 직접투표는 일부 지역에서만 시행되고 있고, 아직 전국적으로 확산하진 못했어요. 그럼 우리의 대통령에 해당하는 국가 주석은 어떻게 뽑히게 되는 걸까요? 중국의 국가 주석 선발과정은 아직도 철저히 베일에 싸여 있어요. 원칙상으로 국가주석은 우리의 국회에 해당하는 '전국인민대표대회'에서 간접선거를 통해 선출하는 것이지만, 실제론 형식일 뿐이란 거! 과거 '마오쩌둥'은 "다음 주석은 자넬세!"하고 '덩샤오핑'을 지명했었고, 덩샤오핑도 비록 원로들의 동의를 얻긴 했지만 여전히 "다음은 당신 차례!"하고 '장쩌민'을 후계자로 지목했답니다. 이렇게 최고 지도부가 차기 또는 차차기 후계자를 지명하는 형태가 바로 실질적인 중국의 권력승계 시스템이에요. 얼마 전 중국의 차기 주석감으로 '시진핑'

이 낙점되었을 때, 영국의 '이코노미스트'지에선 중국의 권력이양 과정이 북한이 '김정일'에서 '김정은'으로 대를 이어 권력을 세습하는 것과 무슨 차이가 있느냐는 논평을 내놓은 적도 있었어요. 뭐, 그렇다고 어느 날 갑자기 '듣보잡' 지도자가 하늘에서 뚝 떨어지는 것은 아니에요. 비록 우리처럼 민주적인 경선방식과 직접투표를 거치진 않지만, 내부적으로 치열한 경쟁과 엄격한 검증과정을 거쳐야 한답니다. 일종의 중국식 민주주의라고 할까요?

근데 중국에 살면서 공산당과 정부관료들은 죄다 썩었다며 욕하는 중국인들은 매일 만나도, 국가주석을 씹는 경우는 못본 거 같아요. 중국인들은 '후진타오' 주석을 "후꺼!"(후형!)하고 친근하게 부르기도 하는데……. 이거 술자리에서 대통령을 단골 안주감으로 삼는 우리나라와 참 다르죠?^^

직접선거 直选 [zhíxuǎn 즈쉬엔]
국회 议会 [yìhuì 이후이]

정치 **政治**
정즈, zhèngzhì

정치인 **政治家**
정즈찌아, zhèngzhìjiā

정당 **政党**
정당, zhèngdǎng

한나라당 **大国家党**
따구워찌아당, Dàguójiādǎng

민주당 **统合民主党**
퉁허민주당, Tǒnghémínzhǔdǎng

민주노동당 **民主劳动党**
민주라오똥당, Mínzhǔláodòngdǎng

국민중심당 **国民中心党**
구워민중씬당, Guómínzhōngxīndǎng

대통령 **总统**
종통, zǒngtǒng

총리 **总理**
종리, zǒnglǐ

부총리 **副总理**
푸종리, fùzǒnglǐ

장관 **长官**
장꾸안, zhǎngguān

국회 **议会**
이후이, yìhuì

국회의원 **议员**
이위엔, yìyuán

전국인민대표대회 **全国人民代表大会**
취엔구워런민따이비아오따후이,
quánguórénmíndàibiǎodàhuì

전국대표대회 **全国代表大会**
취엔구워따이비아오따후이, quánguódàibiǎodàhuì

국무원 **国务院**
구워우위엔, guówùyuàn

당원 **党员**
당위엔, dǎngyuán

중앙위원 **中央委员**
중양웨이위엔, zhōngyāngwěiyuán

중앙정치국 위원 **中央政治局委员**
중양정즈쥐 웨이위엔
zhōngyāngzhèngzhìjú wěiyuán

중앙정치국 상무위원
中央政治局 常务委员
중양정즈쥐 창우웨이위엔
zhōngyāngzhèngzhìjú chángwùwěiyuán

완전 촌티나!

A: 我的发型怎么样？ 내 헤어스타일 어때?
Wǒ de fàxíng zěnmeyàng? 워 더 파씽 전머양?

B: 真够土的。 정말 촌스러운데.
Zhēn gòu tǔ de. 전 꺼우 투 더.

오늘 민얼굴이야!

A: 你化妆了吗？ 너 화장한 거야?
Nǐ huàzhuāng le ma? 니 화주앙 러 마?

B: 今天素颜。 오늘 민얼굴이야.
Jīntiān sùyán. 찐티엔 쑤이엔.

나도 스키니진 입고 싶어.

A: 我想穿铅笔裤。 나도 스키니진 입고 싶다.
Wǒ xiǎng chuān qiānbǐkù. 워 씨앙 추안 치엔비쿠.

B: 你先减肥吧！ 살부터 빼지그래!
Nǐ xiān jiǎnféi ba! 니 씨엔 지엔페이 바!